韓国語
発音ガイド

理論と実践

秋美鎬
William O'Grady　共著
山下佳江

音声DVD付

白帝社

The Sounds of Korean日本語版の出版にあたって

　ここ数年の音楽業界、映画業界における韓国の成功は、自国に目覚しい経済発展をもたらし、それとともに、「韓国語熱」もアジア、アメリカだけでなく、世界のいたるところで起こっているのであるが、そういった世界の要求に十分に応えられる韓国語教材はというと、十分に開発されていないのが現状である。

　特に、韓国語の発音についての教材は大変不足している。ヨーロッパやアジアの言語とは非常に異なる音の対照、音の変化のしくみを持つにもかかわらず、また、こういった音のしくみを身につけることは、相手が話すことを理解し、自分が言いたいことを相手にわかってもらうためには、不可欠であるにもかかわらず、それを手助けできる教材は十分というには程遠い。

　The Sounds of Koreanは、当初英語を母語とする学習者を対象に書かれたのであるが、次の4つの狙いがあった。まず、日常の自然な会話の中で実際に使われる発音を扱い、日常会話では見られない、ゆっくりとした丁寧な発音は扱わないようにした。次に、韓国語の音と学習者の母語の音との違いを紹介し、最も難しいとされる対照的な発音に特に焦点を当てた。さらに、発音が難しい音をしっかり練習できるように、練習問題を豊富に用意した。最後に、初級者から上級者まで、また、大学その他の教育機関で学んでいる学習者から自宅で独学している学習者にいたるまで、さまざまなタイプの学習者が幅広く利用できるようにした。

　これらの4点については、山下佳江の主導のもと作成された日本語版においてもしっかり踏襲されている。日本語版では、日本語との比較・対照により韓国語の音のしくみが紹介され、日本語話者にとって難しいであろうと思われる発音に焦点を当てている。原書と同じように、豊富な発音練習問題が用意されており、韓国語の発音のあらゆる側面を十分に練習できるようになっている。

　最後に、美しい韓国語を身につける、というゴールを目指して前進する日本の学習者の皆さんに、この本を使ってよかった、と思って頂けることを心から願っている。

2008年7月

William O'Grady
University of Hawaii

前書き

　日本で「冬ソナ」から始まった韓流が本格的になった頃、私はドラマや映画を通して韓国語に興味を持つようになり、ドラマを見ながら家で韓国語を勉強していました。韓国語の音のしくみの複雑さに驚いたものの、何とか理解したい、自分のものにしたいという一心で、韓国語の音に関する教材をいろいろと探してみたのですが、どれを見ても疑問が増えるばかりでした。独学で韓国語の音について正確に学ぶことは不可能なのかも、と半ば諦めかけていました。

　そんなとき、恩師であり、言語習得の分野で共同研究を行っていたWilliam O'Grady先生が、Choo Miho(秋美鎬)先生と書かれたThe Sounds of Korean: A Pronunciation Guideに出会ったのです。

　「目から鱗が落ちる」とはこのことで、韓国語の音について、実に正確に、言語学理論を軸にしながらも大変わかりやすく、しかも現実に使用される言語の特徴を踏まえて書かれた本と出会い、それまでの疑問は一度に解消されました！こんなすごい本、日本で韓国語をよりよく理解したい、ちゃんと身につけたいと感じている学習者の皆さんにもぜひ紹介したい、と強く思うようになりました。そして、今から2年半前、韓国語の音についてしっかりと練習できる原書の趣旨に共感してくださった白帝社さんの協力を得て、The Sounds of Korean: A Pronunciation Guide日本語版の企画・製作が始まりました。

　まず、日本語が母語である韓国語学習者向けの本にするために、原書では英語と比較・対照している部分を、すべて日本語との比較・対照となるように書き直しました。

　また、パート1の第5章〈リズムとイントネーション〉、及びそれに対応する練習問題(パート2)は、原書に新しく加筆をした部分なのですが、この章は、音声学の分野において最近注目されているJun Sun-Ah(全善娥)先生の理論に基づいて書かれています。在外研究先のUCLAでのJun Sun-Ah先生の授業を通して学んだ音声学の理論を基に、さまざまな言語の中での韓国語の音声学的な特徴を捉えることから始めたのですが、日本語との比較・対照による韓国語の音声学的特徴についての最新の研究を踏まえた上で、学習者の皆さんにわかりやすいように、要点を簡潔かつ十分に説明しています。第5章に限り、パート1の発音ガイドにおいて、いくつかの例文の実際のイントネーションを音声DVDで確認できるようにしました。この章を執筆するにあたり、豊富な知識・経験をもとに常に明解な説明をされるJun Sun-Ah先生の存在は欠かせませんでした。UCLAで先生と出会っていなければ、この章は生まれなかったでしょう。先生と出会えた幸運に感謝するとともに、お忙しい中、どんな質問にも瞬時に、丁寧に答えてくださったJun Sun-Ah先生に深く感謝いたします。

　さらに、韓国語を学習されている皆さんがこの本をよりよく利用できるように、巻末に〈韓国語文法のまとめ〉を加えました。ここで使われている例文を含め、パート1、パート2全般に亙って、韓国語の文章、及び日本語の訳について、明治大学大学院生のKim Bong-Ju(金奉周)さ

ん、同大学卒業生のJeoung Seo-Yoon(鄭舒允)さんにチェックをして頂きました。お世話になりました。

　最後に、学習者の皆さんに楽しく勉強して頂くために、韓流スターや身近なものを題材にして、日本語の音との比較・対照における韓国語の音の特徴を捉えた〈コラム記事〉をところどころに挿入してあります。韓国語の音について普段から疑問に思っているかも知れないであろう事柄を扱っているのですが、気楽に楽しく読んで頂けるのではないかと思います。

　この本の執筆にあたり、多くの方々の惜しみない協力を得ることができました。高麗大学のYou Seok-Hoon(劉錫勲)先生には、マッキントッシュで書かれていた原書のファイルをPC用に変換して頂いたのですが、突然の依頼に驚かれたことと思います。お忙しい中、心よく引き受けてくださり、ありがとうございました。また、言語理論上のサポートとして、カリフォルニア州立大学サンホセ校の稲葉生一郎先生、国際基督教大学の佐藤豊先生の両先生に、音声学・音韻論、及び日本語・韓国語言語学の見地から原稿を読んで頂き、貴重なコメントを頂きました。お礼申し上げます。原稿執筆の最終的な段階では、ハワイ大学日本語言語学の太田勝博先生に日本語の細かい修正点を指摘して頂きました。感謝いたします。

　さらに、一般の韓国語学習者の立場から、独学で韓国語を学んでいらっしゃる吉田千草さんに原稿を読んで頂いたのですが、本の出版が楽しみ、早く練習問題で発音の練習がしたい、という言葉に大変励まされました。延世大学で韓国文学の研究をしていらっしゃるKhil Tae-Suk(吉兌淑)先生とは、UCLAでお会いしたのですが、先生の幅広い韓国語の知識に触れ、韓国語をより深く理解することで、より相応しい例の作成、コラム記事の内容の工夫につながりました。お二人にお礼申し上げます。

　そして、The Sounds of Korean: A Pronunciation Guideの日本語版作成について、原書をよりいいものにするためのさまざまな工夫は大歓迎！と第5章の加筆を積極的に応援してくださり、原書の編訳ではなく、共著での出版を提案してくださったChoo Miho(秋美鎬)先生、William O'Grady先生に深く感謝いたします。

　最後に、韓国語についての業績がほとんどない私の話を聞いてくださり、The Sounds of Korean: A Pronunciation Guideにおける韓国語という言語についての記述の正確さ、そして、何より他に例を見ない豊富な発音練習問題がすばらしい、と今回の企画に賛同してくださった白帝社さんには本当に感謝しております。特に、編集者の黄珍柱さんには最初から最後まで本当にお世話になりました。深くお礼申し上げます。

　「通じる」韓国語をちゃんと身につけたいと感じていらっしゃる、より多くの学習者の皆さんが、この本に出会えて本当によかったと思える日が一日も早く来ることを願ってやみません。

2008年7月

山下　佳江

目 次

The Sounds of Korean 日本語版の出版にあたって　　　iii
前書き　　　iv

PART 1　発音ガイド　　　1

第1章　韓国語の発音について　　　2
1.1　この本の構成　　　3
1.2　発音と綴り　　　5

第2章　母音　　　8
2.1　単母音　　　9
   2.1.1　母音 ㅣ, ㅡ, ㅜ　　　9
   2.1.2　母音 ㅔ, ㅐ, ㅗ, ㅓ　　　10
   2.1.3　母音 ㅏ　　　12
2.2　合成母音　　　12
   2.2.1　母音 ㅑ, ㅕ, ㅒ, ㅖ, ㅛ, ㅠ, ㅢ　　　12
   2.2.2　母音 ㅟ, ㅘ, ㅝ, ㅙ, ㅞ, ㅚ　　　14
2.3　発展学習　　　15

第3章　子音　　　20
3.1　ㅍ, ㅂ, ㅃ　　　23
   3.1.1　基本的な発音　　　24
   3.1.2　ㅍ, ㅂ, ㅃ：子音の前、語の最後に位置する場合　　　26
   3.1.3　ㅍ, ㅂ, ㅃ：有声音の間に位置する場合　　　27
3.2　ㅌ, ㄷ, ㄸ　　　30
   3.2.1　基本的な発音　　　30
   3.2.2　ㅌ, ㄷ, ㄸ：子音の前、語の最後に位置する場合　　　32
   3.2.3　ㅌ, ㄷ, ㄸ：有声音の間に位置する場合　　　33

3.3	ㅋ，ㄱ，ㄲ	36
	3.3.1　基本的な発音	36
	3.3.2　ㅋ，ㄱ，ㄲ：子音の前、語の最後に位置する場合	38
	3.3.3　ㅋ，ㄱ，ㄲ：有声音の間に位置する場合	39
3.4	ㅊ，ㅈ，ㅉ	41
	3.4.1　基本的な発音	41
	3.4.2　ㅊ，ㅈ，ㅉ：子音の前、語の最後に位置する場合	43
	3.4.3　ㅊ，ㅈ，ㅉ：有声音の間に位置する場合	44
3.5	ㅅ，ㅆ	47
	3.5.1　基本的な発音	47
	3.5.2　ㅅ，ㅆ：'sh' のような発音	48
	3.5.3　ㅅ，ㅆ：子音の前、語の最後に位置する場合	48
3.6	ㅎ	53
	3.6.1　基本的な発音	53
	3.6.2　ㅎ：子音の前、語の最後に位置する場合	53
	3.6.3　ㅎ：有声音の間に位置する場合	54
3.7	ㅁ，ㄴ，ㅇ	55
	3.7.1　基本的な発音	55
	3.7.2　長めのㄴ，ㅁ	56
3.8	ㄹ	57
	3.8.1　ㄹ：母音の間にくる場合	57
	3.8.2　ㄹ：他の位置にくる場合	58
3.9	発展学習：有気音化について	60

第4章　発音変化　63

4.1	子音の連音化	64
4.2	有声音化	65
4.3	合成母音の弱音化	70

4.4	短縮形	72
4.5	母音の特殊な変化	76
4.6	ㅎの弱音化	80
4.7	有気音化	81
	4.7.1 ㅎが子音の前にくる場合	81
	4.7.2 ㅎが子音の後にくる場合	82
4.8	ㄹのように発音されるㄴ	84
	4.8.1 〈ㄹ＋ㄴ〉のパターン	84
	4.8.2 〈ㄴ＋ㄹ〉のパターン	85
4.9	鼻音化	86
	4.9.1 ㅁとㄴの前で起こる鼻音化	87
	4.9.2 ㅁとㄹ以外の子音の後で起こるㄹの鼻音化	88
4.10	ㅁかㅇのように発音されるㄴ	91
4.11	ㄴを加える発音	93
4.12	緊張音化	97
	4.12.1 緊張音化：規則的な場合	97
	4.12.2 1つ1つ覚えなくてはならない緊張音化	99
4.13	ㅅの挿入	104
4.14	ㄷ, ㅌの発音変化	106
4.15	子音の弱音化	107
	4.15.1 ㅍ, ㅋの弱音化	107
	4.15.2 ㅌ, ㅊの弱音化	108
付録	4.12.2 漢字語が接尾辞のような役割をする例	110

第5章 リズムとイントネーション　　113

5.1	音の「高さ」、「大きさ」、「長さ」	113
5.2	さらに音の「高さ」について	115

	5.2.1　ピッチ・フレーズ	115
	5.2.2　フォーカス	118
	5.2.3　ピッチ・フレーズと発音変化が起こらない場合	122
5.3	文末のイントネーション	127
5.4	文末のイントネーションと話者の意図・感情表現	131
	5.4.1　2つのピッチの組み合わせ：HL%, LH%	131
	5.4.2　3つのピッチの組み合わせ：LHL%, HLH%	137
	5.4.3　4つ以上のピッチの組み合わせ	144
5.5	意味のまとまりと発音	148

引用文献　　　　　　　　　　　　　　　　　　　　　　　　　150

用語集　　　　　　　　　　　　　　　　　　　　　　　　　　154

PART 2　発音練習　　　　　　　　　　　　　　　　　157

練習問題の使い方　　　　　　　　　　　　　　　　　　　　　158
- 母音　　　　　　　　　　　　　　　　　　　　　　　　　159
- 子音　　　　　　　　　　　　　　　　　　　　　　　　　170
- 発音変化　　　　　　　　　　　　　　　　　　　　　　　209
- リズムとイントネーション　　　　　　　　　　　　　　　236

巻末付録　韓国語文法のまとめ　　　　　　　　　　　　　259

索引　PART1 発音ガイドの索引　　　　　　　　　　　　288
　　　　練習問題の索引　　　　　　　　　　　　　　　　　290

コラム目次

- 血さんって? ── 29
- 달, 탈, 딸 ── 35
- クォン・サンウ？グォン・サンウ？ ── 40
- 鈴木さんって難しい! ── 46
- 外来語におけるㅅ ── 52
- パリの恋人 vs. バリでの出来事 ── 59
- 有声・無声と音素の話❶ ─ kid vs. kit ── 68
- 有声・無声と音素の話❷ ─ ゆたか vs. 유타카 ── 68
- 有声・無声と音素の話❸ ─ 가방の[바] vs. かばんの「ば」 ── 69
- 그리고 나도 영미하고 거기로 가려고 했다고, 그래가지고… ── 78
- ㅜの発音とカナ文字のハングル表記法 ── 79
- メグ・ライアンの話 ── 103
- ユミンの小学生の話 ── 126
- 歯医者さんが「冬ソナ」を見ると… ── 147

韓国語発音ガイド
－理論と実践－

PART 1

発音ガイド

- 1. 韓国語の発音について
- 2. 母音
- 3. 子音
- 4. 発音変化
- 5. リズムとイントネーション

第1章

韓国語の発音について

　人が話す言葉の中には、一体いくつの音があるのでしょうか。50くらい？ それとも100？ この答えに驚くかも知れません。人が話す言葉の中に存在する音は、実は800(そのうち子音は600、母音は200)もあるのです。[1]

　しかし、これらの全ての音が、1つの言語に使用されているわけではありません。それぞれの言語において使用できる音の数は50を超えることはないのです。そして、全く同じ音のしくみになる言語は存在しません。

　ここに第2言語の習得が容易ではない理由があります。幼児は、どんな言語においても、ほんのわずかな音の差を聞き分けることができるのですが、この能力は生後10ケ月〜12ケ月を過ぎると徐々に失われていきます。小学校に入る頃には母語以外の言語の音を聴き分けたり、発音したりするのが難しくなり、[2] そして、大人になるにつれて母国語以外の言語の音を聞き分ける能力は失われていくのです。

　しかし、それだからといって第2言語を流暢に話せるようにはならないか、と言えばそうではありません。第2言語を体系的に学びさえすれば、第2言語における発音を身につけることは可能です。そのためには、身につけようとしている新しい言語にはどのような音があって、それらの音がどのように作られ、そしてどういった状況でどのように変化するか、ということについて正確に知ることが必要です。そして、「聴くこと」と「話すこと」の両方の面において練習をしなければなりません。

　第2言語学習の第1の目標は、やはり自分が伝えたいことを相手に伝えることができ、

---

1 Ladefoged(1999)
2 Eimas(1996:31), Werker et al.(1996)

そして相手の言っていることがわかるようになることです。[3] この目標を韓国語で達成するためには、次の3つの壁を越えなくてはなりません。

まず、韓国語には、'p'のような音（ㅍ ph, ㅂ p, ㅃ pp）、't'のような音（ㅌ th, ㄷ t, ㄸ tt）、'k'のような音（ㅋ kh, ㄱ k, ㄲ kk）、'ch'のような音（ㅊ ch, ㅈ j, ㅉ cch）のような音がそれぞれ3つずつと、's'のような2つの音（ㅅ s, ㅆ ss）を含め、日本語にはない音が数多くあります。これらの音の他にも日本語話者には馴染みのない母音がいくつかあります。韓国語を流暢に話せるようになるためには、これらの音の区別が十分にできるようになることが必要です。

次に、韓国語の音には、位置によってその発音が大きく変わるものが少なくありません。ㄱを例にとってみましょう。백(100)のように語の最後の位置では、日本語の「北海道」の「っ」の直前でわずかに感じられる「北（ほく）」の'k'のような発音ですが、백일(100日)では'g'のような発音になり、백만(100万)では'ng'のような発音になります。こういった発音変化について学ぶことで、韓国語を話す力、理解する力を大きく伸ばすことができます。

最後に、韓国語には、音の高さ、音の大きさ、音の長さ[4]に見られる特徴のため、日本語とは異なるリズムとイントネーションが存在します。これらの側面について学ぶことも、自然な韓国語、流暢さを身につける上で重要です。

この本では、これらのすべてについて詳しく解説します。初級者には「通じる韓国語」を身につけるための必要な情報を提供し、そして中級者・上級者には、発音をより正確なものにし、聴き取りの力を伸ばし、さらに、発音と聴き取りとの両方の面において母語話者の韓国語に限りなく近くなる機会を提供します。

1.1　この本の構成

この本は、大きく2つの部分からできています。パート1には5つの章が含まれています。これらのすべての章は、韓国語の音の種類、発音の特徴について書かれています。2章では母音、3章では子音、4章では単語や節において起こる音のさまざまな変化、5章

---

[3] Celce-Murcia, Brinton & Goodwin (1996) 他

[4] 言語学者がprosodyと呼ぶ領域です。

では意味合いや感情を表すリズムやイントネーションの役割についてそれぞれ解説します。それぞれの章の解説と例をとおして、「通じる韓国語」、自然な韓国語を身につけるのに必要な基本的なことがらを紹介していきます。

　この本で扱われている韓国語は、標準韓国語といわれるもので、ソウル地域で高等教育を受けた話者が話す韓国語です。また、通常外国語としての韓国語のクラスで教えられているものです。

図1.1　韓国の地図

　パート2には、この本の真髄ともいえる発音の練習問題が入っています。パート1での韓国語の音とその発音のしくみについて学んだことを実践できるよう、それぞれの音、発音変化のしくみについて多くの練習問題が用意してあります。また、練習問題には韓国語の母語話者が録音した音声DVDが付いています。

　練習問題を作るにあたり、実際に話される韓国語の自然な口語にできるだけ近づけるようにしました。新しい言語を学ぶ際の目標は、その言語において熟達すること、つまり、実際の場面で相手が話していることが理解でき、自分の意図を伝えることができる、ということです。この目標は、実際に使われている韓国語が身近になくては達成で

きません。たとえば、봐(見る)はときどき바と発音され、꽃이(花＋は)は꼬시と発音されることもあるのですが、こういったことを知らずに、実際に話される韓国語を理解できるようにはならないし、また、発音が自然になることもありません。

練習問題は、個々の単語の発音と文章全体の発音との両方に焦点をあてていますが、どちらの場合も、日常よく使われる語彙を選び、また自然な口語表現を使うように配慮してあります。さらに、付録のDVDの録音についても、読む速さを適切な速度に保ってあります。初級者には速く感じられるかも知れません。実際、韓国語における(あるいは、どの外国語においても)わずかな音の違いは、どのような速度であっても最初は難しく感じられるものです。しかし、勉強を進めていくにつれて、韓国語の音とリズムに慣れ、聴き取りも発音もぐんと易しく感じられるようになるでしょう。そして、韓国語の読み書きについても力がついていることに気づくはずです。

この本にある練習問題でしっかりと発音の練習をし、短期間で発音と聴き取りの実力を伸ばしましょう。たとえ数週間であっても、集中して丁寧な練習をすれば、かなりの進歩が得られるはずです。

1.2 発音と綴り

先に進む前に、綴りと発音との関係について触れておきます。音を表す文字について学ぶと、普通は綴りを見てそのまま発音しようとしますが、韓国語の場合、これではうまくいきません。

発音と綴りとの関係をどのように表すかは、言語によってそれぞれ異なります。たとえば、スペイン語のような言語では、発音どおりに綴られるのがほとんどで、文字と音の間にほぼ1対1の関係が存在します。一方、中国語では、文字が個々の音を表すのではなく、語全体を表します。

韓国語の文字であるハングル(한글)は、これらの極端な2つの場合の間にあります。[5] 一般的に、ハングルは、さまざまな発音があるにもかかわらず、それぞれの語幹、それぞれの接尾辞に対して1つの綴りが対応するように作られています。したがって、옷(服)

---

5 ハングルの歴史としくみについては、Lee & Ramsey (2000)、Kim-Renaud (1997)、Sampson (1985)にその概要が載っています。

の最後の子音人は、単独では'ｔ'のような音、옷을(服+を)では'ｓ'のような音、옷이(服+が)では'sh'のような音、そして옷만(服+だけ)では'ｎ'のような音になるのですが、こういった最後の子音の実際の発音にかかわらず、옷という1つの綴りしかありません。

　後に続く章で詳しく見ていきますが、韓国語の綴りは、1つの語幹または接尾辞に対して1つの綴り、という原則を非常に忠実に守っています。したがって、韓国語の音のしくみについて学ぶことは、同時にハングル文字のしくみについてより深い理解ができるようになるという利点があります。

　韓国語の音について述べていく上で、綴りだけではうまく説明することが難しく、発音をそのまま表す必要がでてくることがあります。たとえば、입력(入力),꽃잎(花びら)は、実際には綴りとはかなり異なる発音になります。このような場合、입력に対して[임녁]、꽃잎には[꼰닙]といった具合に、かぎ括弧の中にハングルを使って実際の発音を示すことにします。もちろん、こういったやり方で発音におけるすべての詳細を捉えることはできませんが、付録のDVDを使って練習するときに、特に参考になるでしょう。

●音節と連音化

　韓国語ではハングル文字を使いますが、日本語のカナ文字のように、ハングル文字も音節を表しています。音節とは、母音のまわりに作られた音のグループのようなもので、母音の数と音節の数は一致します。韓国語では、나무(木)、먹다(食べる)、자동차(自動車)の単語に見られるように、ハングルの文字数と音節の数が一致します。

　しかし、밥이(ごはん+が)、언어(言語)、앞에(前+に)のように、最初の音節が子音で終わり、次の音節が母音で始まる場合には、事情が異なってきます。このような場合、最初の音節の最後の子音は、次の音節の母音と連結され、2番目の音節の初めに発音されるようになります。この現象を「子音の連音化」と呼びます。[6] その結果、밥이は[바비]、언어は[어너]と発音されます。

　この子音の連音化は、韓国語では広範囲に渡って起こります。1つの語の中だけでなく、2つの語が1つのものとして、間を置くことなく続けて発音されるときにも起こります。したがって、예쁜 우산(きれいな傘)は、예쁜のㄴが最初の音節の最後としてではなく、2番目の音節の最初の音となり、[예쁘누산]と発音されます。また、물 있어요(水あります)の場合の물のㄹにも同じことが起こります。こういった例は無数にあります。

---

[6] 子音の連音化は、子音の再連結とも再音節化とも呼ばれます。

例		発音
밥이	（ごはん＋が）	［바비］
언어	（言語）	［어너］
예쁜 우산	（きれいな傘）	［예쁘누산］
물 있어요	（水あります）	［무리써요］

　この子音の連音化のしくみは、綴りに直接見ることはできませんが、手がかりがないわけではありません。밥이、언어などの子音の連音化の例を見てみると、2番目の音節の最初の音が、いわゆるゼロ子音ㅇで始まっているのに気がつきます。このㅇは、音節の最初の位置で使われるとき、この場所が「空(から)」であることを示します。そして、この場所に前の音節の最後の子音がきて発音されます。[7]

밥／이

　子音の連音化の発音の練習問題は、付録のDVDの「発音変化1」に入っています。
　これらのことがらはひとまず置いておいて、韓国語の個々の音がどのように発音されるか見ていくことにしましょう。次の章では、母音を、続いての章では子音を見ていきます。

---

[7] 音節の最初にくるㅇと音節の最後にくるㅇを混同しないよう注意しましょう。音節の最初にくるㅇは場所を確保するためだけにあり、それ自体の発音はないのですが、音節の最後にくるㅇは、'ng'の音を表します。(3.7参照)

第2章

母音

　どの言語においても、母音は、舌、顎の位置を調節することによって作られます。たとえば、日本語の「市(し)」の最後の音'i'と「酢(す)」の最後の音'u'を比べてみましょう。この2つの音を続けて'i-u'と発音してみると、舌の前の方の高い位置から舌の後ろの方へ動きます。つまり、'i'に比べて'u'は舌が後ろに引っ張られます。そして、'i'のときには丸くなっていなかった唇が、'u'に移るときにはやや丸くなることに気がつきます。

　「愛(あい)」、「会う(あう)」の最初の音'a'の発音は少し異なります。舌は低い位置にあり、唇も'i'や'u'よりも大きく開いています。('i'から'a'に移るとき、指を顎に置いてみると、顎が下に落ちるのに気づくはずです。)

　韓国語の母音を学ぶにあたって、基本的に2つの方法があります。1つは、日本語の母音からスタートし、韓国語の音に似ている音(あるいは似ていない音)を発音するために必要な調節を行っていくやり方です。もう1つは、自分の舌、唇、そして顎が一緒にどのように動いて母音を発音しているのか、ということを意識しながら学んでいくやり方です。この本では、両方のやり方を採用し、自分に最も合った方法を適宜選んでいけるようにしてあります。

　この章では、韓国語の母音と、それに最もよく対応する日本語の音を比べながら、やさしく説明していきます。2.3では、母音の発音についてもっと深く理解したいと望む学習者のために、より音声学的な解説を行っています。

　次の節では、韓国語の母音を、単母音と合成母音の2つのグループに分けて説明します。

2.1　単母音

韓国語には8つの単母音があります。[1] これらの8つの音は、発音をする際、お互いに似かよっているものとそうでないものがあるので、1つ1つ解説するのではなく、小さなグループに分け、整理して説明していきます。

2.1.1　母音 ｜, ㅡ, ㅜ

母音の ｜ は、日本語に既にある音に大変似ているので、発音も聞き取りもそれほど難しくありません。

母音 ｜

この母音は、日本語の「イ」に近く、口を横に引いて発音しますが、舌の位置は「イ」よりも少し高めです。

母音 ㅡ

日本語の「ウ」の音に近い母音です。日本語の「ウ」より、舌は少し高めで、唇を丸めず平たくしたまま、口を横に引いて発音します。

母音 ㅜ

この母音は日本語にはないものです。日本語の「ウ」よりは、舌の位置は少し高めで、かなり後ろの方になります。そして、唇を丸めて前に尖らせます。鏡を見ながら、ㅡ と ㅜ を発音して比べてみると、その違いがよくわかります。

初級者は、平たい母音ㅡと丸い母音ㅜとの区別ができず、たとえば、그(あれ)と구(数字の9)、あるいは、들(野原)と둘(数字の2)の区別ができないことがよくあります。

日本語話者には、平たい母音ㅡと丸い母音ㅜのどちらも「ウ」と聞こえてしまいますが、日本語の「ウ」の発音はどちらの発音にも当てはまらず、このふたつの母音を区別して正確に発音できることは重要なポイントの1つです。

---

[1] 韓国語では母音の長さの区別をすることがあります。たとえば、눈は'目'という意味で使うときは短く、'雪'という意味のときは長い母音です。また、새は短く発音すると'新しい'という意味になり、長く発音すると'鳥'になります。さらに、병は短く発音すると'びん'で、長いと'病気'になります。しかし、現在、年配の話者を除いて、ほとんどの韓国語話者は、母音の長さで意味の区別をしません。

付録のDVDの「母音1」に、平たい母音ーと丸い母音ㅜを練習するための問題があります。練習しましょう。

2.1.2 母音 ㅔ, ㅐ, ㅗ, ㅓ

これらの母音のうち、ㅔ以外は日本語に同じ音がないので、発音・聞き取りの際の区別が難しい音になります。

母音 ㅔ

この母音は、日本語の「エ」の発音とほとんど同じで、口をあまり開けず、狭くしたまま発音します。

母音 ㅐ

日本語の「エ」よりは、口を広く開け、舌の位置を少し下げ、そして、舌を前の方に出す感じで発音します。指を顎の上にのせて比べてみると、ㅔよりは顎が少し下がることがわかります。

●母音ㅔと母音ㅐの区別

現代韓国語では、母音ㅔと母音ㅐの区別はなくなっており、いずれもㅔのように、つまり、日本語の「エ」のように発音します。ただし、今でも話者によっては、特に正確に発音した場合、最初の音節の場合に限ってその区別をすることがあります。たとえば、게(蟹)と개(犬)、세 집(三軒の家)と새 집(新しい家)、제(私の)と재(灰)の場合、話者によっては、2つの母音を区別することがあります。一方で、모레(あさって)と모래(砂)のように、最初の音節でない場合は、ほとんどすべての話者が2つの母音をㅔと発音します。[2]

この2つの母音の区別は、最初の音節であっても単独で発音された場合、多くの母語話者にとって聞き分けることが難しいほどわずかで、「これは'ㅓ, ㅣ'(ㅔ)か、'ㅏ, ㅣ'(ㅐ)か?」とお互いに聞いて確認することがあるほどです。[3] 実際、この区別が難しいため、よく使われる単語の発音が変化しました。口語では、네(あなたの)という単語は、

---

[2] Martin(1992:28), Sohn(1994:433)

[3] Lee(1995)

내(私の)と混同しないよう、[니]と発音します。(6ページでも説明しましたが、この本では、綴りと発音を区別するために、発音は[ ]を使って示します。)

このように、発音においてはその区別が失われたㅔとㅐですが、綴りにおいては、英語からの外来語を含め、しっかり区別されています。以下の例を見てみると、ㅔは英単語のbell, tableなどに使われる母音に使われ、ㅐはappleなどに使われる母音を表すのに使われます。

英語からの外来語の綴りの例			
벨	(bell)	애플	(apple)
에릭	(Eric)	앤디	(Andy)
테이블	(table)	로맨스	(romance)
멕시코	(Mexico)	샌드위치	(sandwich)
레스토랑	(restaurant)	캘리포니아	(California)

母音 ㅗ

日本語の「オ」に近い音です。唇を丸く尖らせて、日本語の「オ」のときより顎を下げて、やや強く発音します。

母音 ㅓ

ㅗの発音から始めて、だんだんと唇の丸みを緩め、口を少し開けて発音してみてもいいでしょう。

この母音は、日本語話者にとって最も難しい母音かもしれません。この音の発音をするには、唇を丸く尖らせずに、舌を奥に引いて発音します。ㅗの発音から始めて、だんだんと唇の丸みを緩め、顎を少し下げ、口を開けて発音してみましょう。[4] このやり方は、難しいとされるㅗとㅓの対比を同時に練習できます。この2つの音の区別は、돌(石)と덜(より少ない)、고기(肉)と거기(そこ)のような語を区別する上で重要です。

付録のDVDの「母音2」には、ㅔ, ㅐ、「母音3」には、ㅗ, ㅓ、「母音4」には、ㅗ, ㅜの練習問題がそれぞれ入っているので、それぞれの母音の発音練習をしましょう。

---

4 ㅗの顎の位置のままで、舌を少し前の方に動かしてㅓを発音する韓国語話者もいます。

2.1.3 母音 ㅏ

母音 ㅏ

　この母音は、日本語の「ア」とほぼ同じように発音します。母音 ㅓ よりは、舌はやや前方で、少し下げます。ㅓ から ㅏ を発音すると、顎がわずかに下がるのが感じられるはずです。

　ㅏ と ㅓ の区別は、발(足)と벌(蜂)、다(すべて)と더(より、もっと)のような単語を区別する上で重要です。

　付録のDVDの「母音5」の部分に、ㅏ, ㅓ の練習問題が入っています。練習しましょう。

2.2　合成母音

　合成母音は、半母音と母音との2つ音が合わさって作られます。半母音とは、「ヤ、ユ、ヨ」の最初の'y'の音と、「ワ」の最初の'w'の音です。

2.2.1　'y'合成母音 ㅑ, ㅕ, ㅐ, ㅖ, ㅛ, ㅠ, ㅢ

　韓国語では'y'と母音が組み合わさってできた合成母音は、ㅑ, ㅕ, ㅐ, ㅖ, ㅛ, ㅠ の6つです。これらの合成母音は、ちょうど日本語の「ヤ、ユ、ヨ」のように、'y'と ㅏ が合わさって ㅑ、'y'と ㅓ が合わさって ㅕ、という具合に作られています。ただし、最後の合成母音 ㅢ は、母音が'y'より先にきます。この音の発音については後に述べます。('y'合成母音の表は次のページ)

　これら6つの合成母音の発音について、気をつけなければならない点がいくつかあります。

　まず、単母音 ㅔ と合成母音 ㅖ についてです。合成母音の最初の'y'半母音がしばしば弱く発音されるため(4.3参照)、合成母音として聞き取れず、単母音 ㅔ として聞き取ってしまう場合があります。

'y'合成母音

合成母音	例	
ㅑ	약	(薬)
ㅕ	역	(駅)
ㅒ	얘기	(話)
ㅖ	예	(例)
ㅛ	욕	(悪口)
ㅠ	육	(数字の6)
ㅢ	의사	(医者)

次に、単母音のㅓとㅗは、日本語話者には、どちらも「オ」と聞こえてしまい、区別することが難しい音なのですが、同様に合成母音のㅕとㅛは、どちらも「ヨ」と聞こえてしまい、区別の難しい合成母音です。しかし、合成母音ㅕとㅛの区別は、역(駅)と욕(悪口)のような語を区別する上で重要です。

また、単母音ㅔとㅐの区別がほとんどなくなったため(2.1.2参照)、合成母音ㅖとㅒの区別もほぼなくなりました。この区別が残っている場合(主に語の最初の位置)、単母音のㅐとㅔの場合と同様、ㅒはㅖより少し舌を下げ、口をもう少し開けて発音します。

最後に、合成母音ㅢについてです。この合成母音は3通りに発音されます。

まず、의사(医者)や의자(いす)のようにこの合成母音が語の最初に現れる場合で、しかもそれを丁寧に発音する場合、〈母音ㅡ＋半母音'y'〉と発音します。ただし、話者によっては、'y'の音が大変弱いか、またはまったく落ちる場合があり、その際、의사は[으사]と発音されます。

次に、미국의 수도(アメリカの首都)のように、의が所有の意味(〜の)で用いられた場合、에(〜へ)という助詞と同じように、単母音ㅔとして発音されます。

また、合成母音ㅢが、単語の最初の位置に現れず、また所有の意味として使われないとき、単母音ㅣとして発音されます。したがって、희망(希望)と거의(ほとんど)は、それぞれ[히망]と[거이]と発音されます。

ㅢの3通りの発音

位置/用途	発音	例
・語の最初の位置	ㅢ（または ㅡ）	의사, 의자
・所有の助詞（〜の）	ㅔ	미국의 수도
・その他	ㅣ	희망, 거의

'y'合成母音の練習問題は、付録のDVDの「母音6~7」に入っています。練習してみましょう。

2.2.2 'w'合成母音 ㅟ, ㅘ, ㅝ, ㅙ, ㅞ, ㅚ

韓国語の'w'合成母音は、日本語の「ワ」のように、唇を丸める発音を母音に加えて作ります。韓国語の'w'合成母音は全部で、ㅟ, ㅘ, ㅝ, ㅙ, ㅞ, ㅚの6つです。最後のㅚを除いて'w'の音の後に母音が続いて作られます。たとえば、'w'とㅣが合わさってㅟ（「ゥイ」）、'w'とㅏが合わさってㅘ（「ォア」）、といった具合です。最後のㅚだけは、このように2つに分けることができず、その発音は、ㅞ（'w'＋ㅔ「ゥエ」）と基本的に同じです。

'w'合成母音

合成母音	例	
ㅟ	위기	（危機）
ㅘ	왕	（王）
ㅝ	월급	（月給）
ㅙ	왜	（なぜ）
ㅞ	웬일이야?	（どうしたの？）
ㅚ	외국	（外国）

4.3で詳しく説明しますが、'w'合成母音は口語の韓国語では、語の最初にないときは大変弱く発音される傾向にあります。

6つの'w'合成母音について、日本語話者にとって難しい区別が少なくとも3つあります。

まず、위기(危機)と의기(精気、元気)の語に見られるように、最初のㅟは、'w'の後

にㅓが合わさってできた合成母音で、次のㅢは、ㅡの後に'y'(ヤ行)半母音が続いてできた合成母音です。

次に、ㅘとㅝの合成母音の区別です。これらの合成母音の区別は、2.1.3で触れた母音のㅏとㅓの区別を前提としていますが、완만하다(なだらかな)と원만하다(円満だ)のような語を区別する上で重要です。

最後に、よく似た発音のㅙ, ㅞ, ㅚの3つの合成母音についてです。2.1で触れたように、ㅔとㅐの区別はほぼなくなっており、使われている状況を見てどちらの母音なのかを判断するしかありません。同じように、ㅙ, ㅞ, ㅚの3つの合成母音についても、発音は基本的にどれもㅞですから、どの合成母音かを判断するには使用状況を見るしかありません。話者によっては、ゆっくりと丁寧に話した場合、3つの区別をすることがありますが、その場合、ㅙの音は、ㅞやㅚの発音のときよりは、舌を少し下げ、口をより開けて発音します。

3つの合成母音ㅙ, ㅞ, ㅚが区別されて発音されることはほとんどありません。외국(外国)、외식(外食)、회사(会社)といった頻度の高い語にあるように、ㅚは、ㅙに比べるとよく使われます。ㅙの代表的な例として、왜(なぜ)があります。さらに頻度が低いのがㅞで、最もよく使われる表現は웬일이야?(どうしたの?)です。

付録のDVDの「母音8」に、'w'合成母音の練習問題が入っています。練習してみましょう。

2.3　発展学習：母音の発音のしくみ

ここでは、韓国語の母音がどのようにして作り出されるか、音声学的な観点から少し詳しく解説します。なお、この部分を読まなくても後にある練習問題はできます。

● 母音の発音の詳細

どのような母音も、次の3つの質問に答えることで作られます。

> 1. 舌の位置は、口の中の、高、中、低のうちどの高さにあるのか？
> 2. 舌の位置は、口の中の、前方、中心、後方のうちどの位置にあるのか？
> 3. 唇を丸くするかしないか？

下の図は、母音が作られるときの舌の位置と唇の様子を表します。[5]

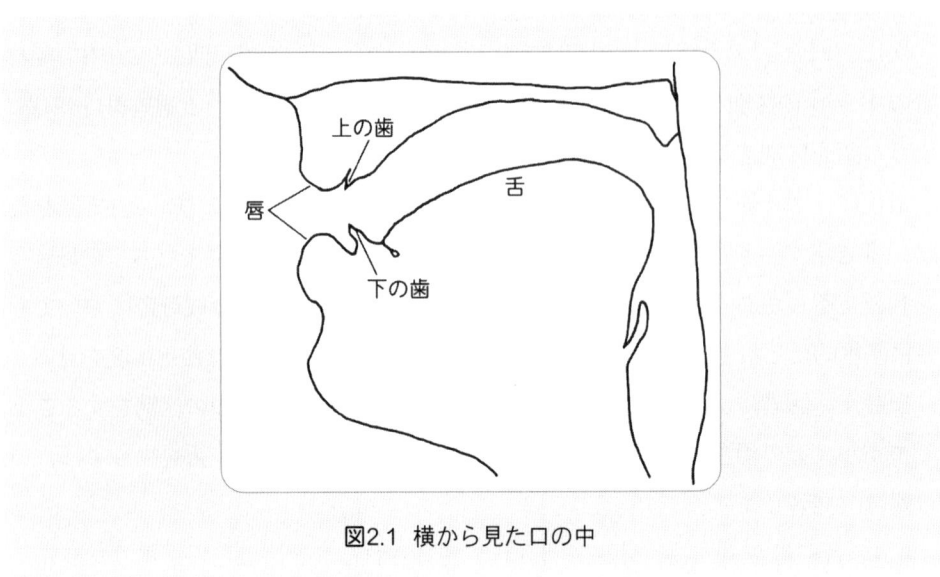

図2.1 横から見た口の中

韓国語の母音がどのようにして作られるのか、その具体的な形として、口の中を下の図2.2のように下から上に向かって4つに区切ります。

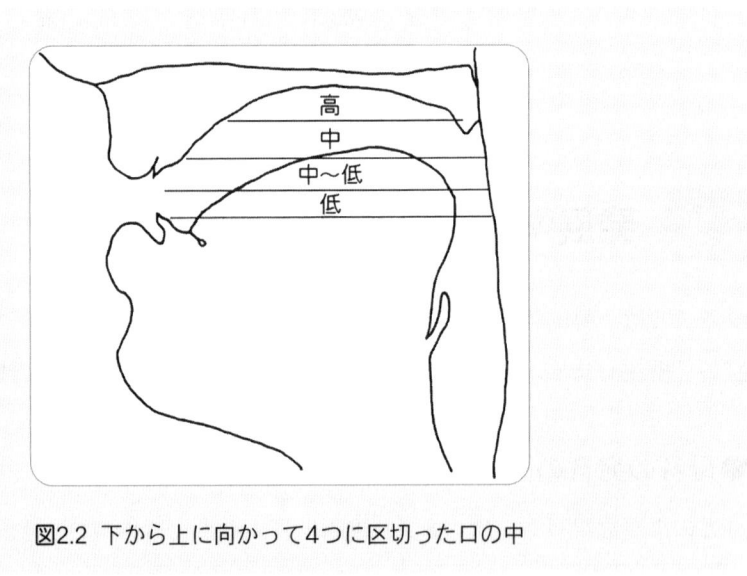

図2.2 下から上に向かって4つに区切った口の中

---

5 この本で使われている音声器官は、UCLAのPeter Ladefoged氏と彼の助手Peter Kobayashi氏によって開発された'Draw Vocal Tract'のソフトウエアをもとにしています。

今度は、口の前から後の方へ向かって3つに区切ります。

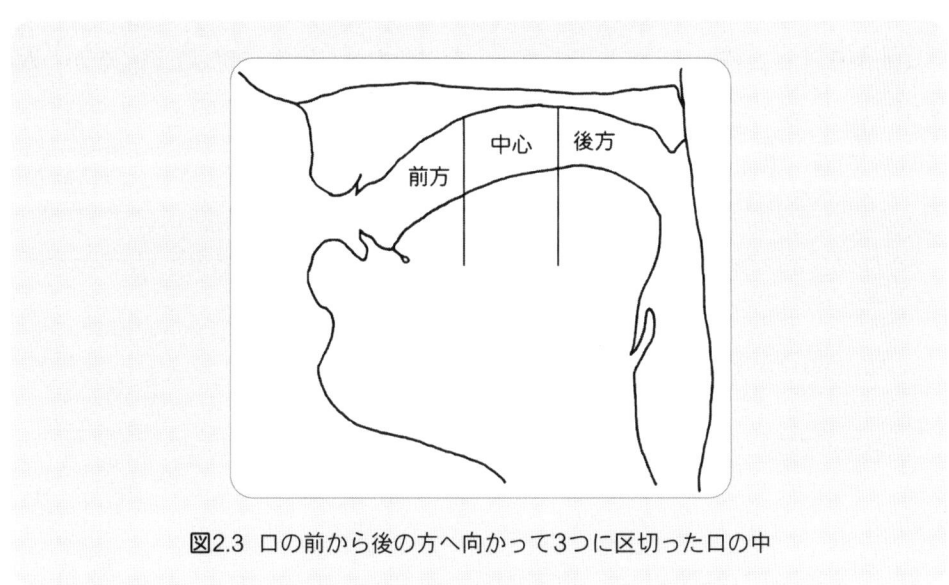

図2.3　口の前から後の方へ向かって3つに区切った口の中

また、単母音が作られるときの舌の高低と前後の位置によって、発音が行われる母音空間の中身を表すと、韓国語の母音の空間と単母音の関係は、図2.4の四辺形のように表すことができます。

	前方	中心	後方
高	ㅣ	ㅡ	ㅜ
中	ㅔ		ㅗ
中〜低	ㅐ		ㅓ
低		ㅏ	

図2.4　韓国語の母音の四辺形 [6]

韓国語の母音を習得するためには、舌が、ここにある〈前方、中心、後方〉と〈高、中、中〜低、低〉という2つの次元で調節されていることをまず認識することが重要です。

---

6 Yang(1996)

この母音の四辺形における左側の母音は、舌が口の中の前方で作られ、右側の母音は、後方で作られます。前後で対となっている母音を、たとえば、│からㅜ、ㅔからㅗ、ㅐからㅓへと続けて発音してみると、舌が前方から後方へ動いていくのがわかるはずです。

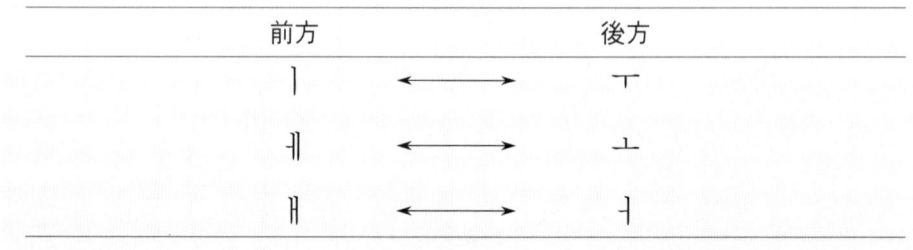

図2.5　前方−後方の区別

　母音の四辺形の一番上のところにある母音は、舌が口の中の高い位置にあり、一番下のところにある母音は、舌が低い位置で作られます。顎は、低い母音のときにより下がる傾向にあるので、舌の高さは、顎に指を乗せて母音を発音してみることで、舌の位置がある程度わかります。

　まず、│, ㅔ, ㅐ, ㅏと順番に発音してみます。次に、ㅜ, ㅗ, ㅓ, ㅏと順番に発音してみます。それぞれ顎が4つの異なる位置にくることがわかるはずです。│とㅜのときはほとんど閉じており、ㅔとㅗでわずかに開き、ㅐとㅓのときにさらに開き、ㅏのときには、大きく開いています。ㅜとㅗを発音するときは、唇を丸めることを覚えておきましょう。

顎の位置	舌の位置	母音		
ほとんど閉じる	高	│	ㅡ	ㅜ
わずかに開ける	中	ㅔ		ㅗ
さらに開ける	中〜低	ㅐ		ㅓ
大きく開ける	低	ㅏ		

図2.6　高−低の区別

これらの舌の4つの高さ・低さの位置に一度慣れると、難しいとされている舌の前後の区別、つまり、ㅡとㅜの区別に集中することができます。前に述べましたが、これらの母音はどちらも舌の位置が高いのですが、ㅡの方は、後方母音のㅜより舌が前の方で作られます。さらに、ㅜはㅡと違って唇を丸めて作ります。

第3章

子音

　すべての子音は、口か喉のどこかの部分を狭くしたり閉じたりして作られます。さまざまな子音がどのようにして作られるかは、以下の3つの質問に答えることで決まります。

---

1. 「どこ」の質問：
   口か喉の「どこ」が狭くなったり閉じられたりするのか？[1]
2. 「どのようにして」の質問：
   狭くしたり閉じたりする際、「どのようにして」それを行うのか？（例：唇を合わせて閉じるのか、舌を上に持ち上げ、上顎にくっつけるのか？）
3. 「他に」の質問：
   口か喉で行われる動きとは別に何か「他に」動きはないのか？（例：声帯は振動しているのか？　発音するときに特に強く発音していないか？　緊張した箇所はないか？）

　これらの質問に対してそれぞれ答えていくと、どの言語であっても、すべての子音についてどのように発音されるのか正確に知ることができます。

　日本語の音に似た音との関係についてもそうですが、韓国語の子音の発音自体についての理解を高めるためには、特に3番目の「他に」の質問に注意を払う必要があります。つまり、有気音化、有声音化、緊張音化の3つの点についてです。

---

[1] この質問事項については、ハワイ大学でIn-Sung Ko氏とVictoria Anderson氏のアドバイスを受けながら実際に5名の韓国語の母語話者に対して行った実験の中で得られたデータに基づいています。

● 「他に」起こる3つの動き

(1) 有気音化

　手のひらを口よりわずかに下の方に持っていき、「パイ」、「鯛」と発音してみると、最初の子音を発音したとき、息が手のひらにかかるのがわかります。有気音化とは、発音の際に、この「気」または「息」が加わることです。有気音化については、3.9でもう少し詳しく説明しますが、有気音化が起こるときの発音の説明を読んで、付録のDVDで練習することで理解を深めましょう。

(2) 有声音化

　「のど仏」（男性の場合、外見からすぐにその場所がわかります）がある場所より少し上のところに指を当てて、日本語の「すきやき」の「す」の音をゆっくり発音してみると、最初の's'の音のときには、声帯が振動していませんが、次の'u'を発音するときには振動しているのがわかります。声帯が振動せずに作られる音を「**無声音**」、声帯が振動して作られる音を「**有声音**」といいます。日本語の無声音と有声音の例（最初の音）をいくつかあげます。のど仏の上のところに指を当ててゆっくり発音してみると、違いがわかります。（母音はすべて有声音なので、声帯の振動は常にあります。）

無声音の例		有声音の例	
パパ	（'p'のような音）	馬場	（'b'のような音）
鯛	（'t'のような音）	大	（'d'のような音）
軽	（'k'のような音）	芸	（'g'のような音）
血	（'ch'のような音）	字	（'j'のような音）
酢	（'s'のような音）	図	（'z'のような音）
		炉	（'r'のような音）
		目	（'m'のような音）
		名	（'n'のような音）

　韓国語の有声子音（＝声帯が振動して作られる子音）の場合、たいていは音のもともとの性質ではなく、むしろ発音変化の結果によって生まれます。この変化の過程について、4章で説明がありますが、韓国語の音のしくみの中で非常に一般的なものなので、この章でも説明します。

(3) 緊張音化

　有声音化が起こると振動する声帯は、伸縮性のある柔らかい2枚の筋肉でできています。声帯は、下の図のように、2枚の筋肉が一方で繋がり、もう一方は別になっていて、付けたり離したりすることができるようになっています。ここを付けたり離したりすることで、声帯の間の空間(＝声門)を開けたり閉じたりします。

　「あっ、痛い!」、「あっ、あった!」の「あっ」のように、驚きを表すときの喉の様子を感じてみましょう。「あっ」というときの喉の様子に注意してみると、「あ」の音の直前に喉が一瞬塞がっていることに気がつきます。このとき、離れている2枚の筋肉(声帯)は合わさり、声門は瞬間固く閉ざされ、これらの筋肉の、特に真ん中の部分が強く緊張します。このように、声門を閉じ、声帯を緊張させて作る音のことを「**緊張音**」と呼びます。韓国語には、緊張音があります。そして、もともとは緊張を伴わない子音が緊張音に変る発音変化も広く見られます。この変化の過程については、4章で詳しく説明します。

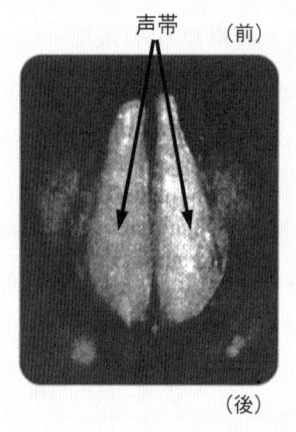 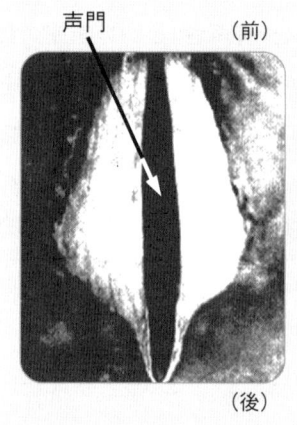

図3.1a 声門が閉じた状態(有声)　　図3.1b 声門が開いた状態(無声)
　　　　　　　　　　　　　　　　　　　　　　　　　　　Ladefoged(2006)

●韓国語における「語」とは？

　韓国語の子音の発音を理解する上でもう1つ大変重要な点があります。それは、韓国語における「語」という概念です。最も単純な単語のタイプは、[語幹＋接尾辞]の組み合わせです。たとえば、主語を表す助詞-이/가(〜が)、直接目的語を表す助詞-을/를、場所を表す助詞-에, -에서、そして、過去を表す-았/었、文末助詞の-요, -습니다、補助動詞の-이다(〜だ)などがあります。以下の文章では、ボックスで囲んであるものが「語」

と見なされます。

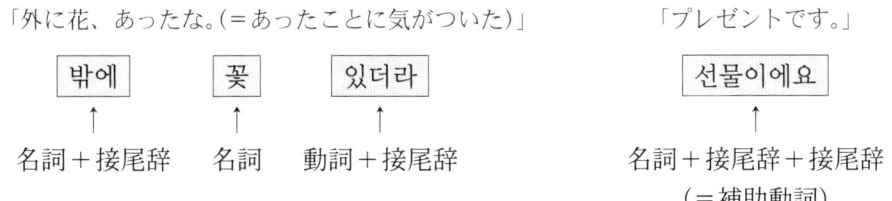

「外に花、あったな。(＝あったことに気がついた)」   「プレゼントです。」

밖에   　꽃   　있더라   선물이에요
 ↑   ↑   ↑   ↑
名詞＋接尾辞 名詞 動詞＋接尾辞   名詞＋接尾辞＋接尾辞
                                                （＝補助動詞）

　これらの例を見ると、名詞の場合は、語幹だけでも、語幹＋接尾辞(＋接尾辞)の形でも構いませんが、動詞の場合は、動詞の語幹だけで使われることはなく、常に接尾辞を伴います。
　また、いくつかの語が合わさって作られる「複合語」と呼ばれる語もあります。

〈複合語〉　　〈成り立ち〉
겉옷　　　　겉 ＋ 옷　　　（外に出かけるときの服）　　〈スペースなし〉
꽃집　　　　꽃 ＋ 집　　　（花屋）　　　　　　　　　〈スペースなし〉
부엌 바닥　　부엌 ＋ 바닥　（台所の床）　　　　　　　〈スペースあり〉

　上の例を見てわかるように、日本語と違って韓国語の複合語の場合、合わさった語をそのままスペースを入れずにくっ付けるものとスペースを入れるものと両方あります。
　こういった韓国語の「語」の特徴を理解しておくことは重要です。というのも、今後紹介される発音変化のしくみが、文字間のスペースのあるなしにかかわらず、単独で使われる語(語根のみ)ばかりでなく、複合語の中の語全体にも同じように適用されるからです。

3.1　ㅍ, ㅂ, ㅃ

　ㅍ, ㅂ, ㅃの発音は、語のどの位置にくるかによって変わってきますが、語の最初の位置にきたときの発音が、ㅍ, ㅂ, ㅃの基本的な発音です。

3.1.1 基本的な発音

ㅍ, ㅂ, ㅃの音は、すべて唇を完全に閉じて作ります。日本語の「パ行」の最初の'p'の音や「バ行」の最初の'b'の音に似ています。しかし、韓国語のㅍ, ㅂ, ㅃの音の違いを理解するためには有気音化に注目する必要があります。(語の初頭にあるときのㅍ, ㅂ, ㅃの発音はすべて無声音なので、これらの3つの音の違いを有声音化で語ることはありません。)

手のひらを口よりわずかに下の方に持っていき、日本語の「パイ」と発音してみると、最初の'p'を発音した後、息が手のひらにかかるのが感じられるはずです。韓国語のㅍの音の場合、日本語の'p'のときよりもはるかに多くの息がかかります。非常に多くの息が出される音という意味で、ㅍを「有気音」と呼びます。[2]

ㅍとは対照的に、ㅂは有気音化がほとんどなされません。息がほとんど加わらないため、'b'の音のように聞こえるかもしれませんが、無声音です。日本語の「バ」の'b'の発音ではないので注意が必要です。ㅍ, ㅂはともに無声音ですが、有気音ㅍと対照的な音として区別する意味で、息がほとんど加わらないㅂを「無気音」とします。[3,4]

ㅃは、息が全く出ない無気音です。[5] この点で、無気音ㅂと同じグループに入りますが、ㅃの場合、声門を固く閉じ、声帯を緊張させて作るという点でㅂとは大きく異なります。ㅍ, ㅂの音の場合は、息がどの程度出るかによって区別しましたが、ㅃの場合は、声門を閉じ、声帯を緊張させて発音するという点で、他の2つの音と区別します。このようなㅃを「緊張音」と呼びます。[6]

日本語の小さな「ッ」を発音するときに起こる声帯の緊張に似ていますが、ㅃはそれよりもさらに強く声帯を緊張させて発音します。もちろん、日本語の場合、小さな「ッ」で始まる単語はありませんから、「湿布」の最後の「ップ」、「あっ、見つけた！」の「ア」の音の

---

[2] ㅍは激音とも呼ばれます。英語の名は、aspiratedです。

[3] ㅂは平音とも呼ばれます。英語の名は、lax、またはlenisです。

[4] 有気音・無気音の区別は、発音の際の息の量(音声学的な数字)をもとに行いますが、一方で、各言語の音のしくみの中での位置づけ(音韻論的な理論)も重要な判断基準となります。たとえば、日本語の「パ行」の'p'の音の場合、韓国語のように、別の無声音の'p'の音がないため、有声音の「バ行」の'b'の音との対照においては、有声音・無声音における区別の方が重要です。したがって、日本語の'p'の音は、有気音化の程度について語られることはあっても、日本語の音のしくみの中で有気音と呼ばれることはありません。

[5] ㅍ, ㅂ, ㅃを出される息の量で比べると、ㅍの場合が極端に多く、ㅂとㅃの息の量は少ないです。したがって、ㅍは有気音、ㅂとㅃは無気音です。ㅂとㅃの2つを比べた場合、わずかな息が出るㅂに対して、ㅃの場合は全くと言っていいほど息は出ません。

[6] ㅃは濃音とも呼ばれます。英語の名は、tense、tensed、またはfortisです。

直前の部分の感触を思い出しながら、そして息を出さないように、喉を強く絞める感じで発音してみるとㅃの発音に近くなります。

語の最初の位置にある場合の、韓国語のㅍ, ㅂ, ㅃと日本語の「パ」の最初の'p'と「バ」の最初の'b'の発音の特徴を比較して以下にまとめます。

語頭におけるㅍ, ㅂ, ㅃの発音：日本語＊との比較

	例	有気音化（息の量）	有声音化（声帯の振動）	緊張音化（声帯の緊張）
ㅍ	풀(糊)	非常に多い	無	
	＊プール	少なめ	無	
ㅂ	불(火)	非常にわずか	無	無
	＊ブル(ドッグ)	無	有	
ㅃ	뿔(つの)	無	無	強い緊張

ㅍ, ㅂ, ㅃの音の違いを区別することは、日本語話者にとって簡単ではありませんが、韓国語を学ぶ上で大変重要です。次の例からもわかるように、これらの音を区別することは語の意味の違いを理解する上で重要だからです。

ㅍ	vs.	ㅂ
팔(腕)		발(足)
피(血)		비(雨)

ㅂ	vs.	ㅃ
방(部屋)		빵(パン)
빈(空＝から)		삔(ひねった)

語の最初の位置にくる場合のㅍ, ㅂ, ㅃの発音の特徴を表にまとめます。

	「どこ」で「どのようにして」	「他に」
ㅍ	唇を閉じる	息を勢いよく、多く出す
ㅂ	唇を閉じる	非常にわずかな息を出す
ㅃ	唇を閉じる	息を全く出さない；唇をさらに固く閉じる；喉を強く緊張させ、声門を閉じる；最後にすばやく唇を開ける

付録のDVDの「子音1〜4.1」に、ㅍ, ㅂ, ㅃの音の聞き取りと発音の練習問題があります。練習しましょう。

3.1.2 ㅍ, ㅂ, ㅃ：子音の前、語の最後に位置する場合

ㅍ, ㅂ, ㅃの3つの音の語頭での発音は、3つとも唇を閉じて行われます。有気音ㅍの場合、多くの息を出し、無気音ㅂの場合は、非常にわずかな息を加え、そして、ㅃの場合、息は全く出さないかわりに声帯を緊張させて発音します。(3.1.1参照) 語頭ではこのように違いのある3つの音ですが、ㅍ, ㅂ, ㅃが別の子音の前や語の終わりにくる場合、3つとも唇を完全に閉じた状態で、息を全く出さないまま発音します。その結果、息を極端に多く出したり(＝有気音化)、喉を強く締めたり(＝緊張音化)することがなくなり、語頭では見られた3つの音の違いは、全くなくなります。[7]

実際には、ㅍ, ㅂ, ㅃのうち、ㅃは子音の前や語の最後にくることはありませんが、ㅍとㅂが別の子音の前や語の最後にきた場合、両方とも口の中に息を閉じ込めたまま発音します。息を口の外に出さないまま終える発音を「息を開放しない発音」と呼びます。

したがって、깊다(深い)は、ㅍが子音の前にきているので、息を開放しないㅂで[깁따]と発音し、깁다(縫い付ける)と同じ発音になります。[8] また、잎(葉)は、ㅍが語の最後にくるので[입]と発音され、입(口)とまったく同じ発音になります。さらに、息を開放しない発音は、語の最後で、後に続く語の最初の音が母音の場合でも同じように起こります。したがって、잎(葉)の最後の位置にあるㅍは、잎 있어요(葉があります)や맨 앞 아니야(真ん前ではないよ)のような文の場合のㅂと同じように発音されます。また、잎 안(葉の中)のような複合語の場合もㅂと同じように発音されます。(안の意味は'中'で、韓国語では잎 안は複合語です。)

例(2語)		発音
잎 있어요	(葉あります)	[이비써요]
맨 앞 아니야	(真ん前ではないよ)	[매나바니야]

---

[7] 語の最後の子音は一般的に「パッチム」と表記されますが、韓国語の받침のことを指します。最初の「パ」は有気音ではないので発音に気をつけましょう。

[8] 前の章と同じように、綴りと発音を区別するため、発音はかぎ括弧で示します。かぎ括弧内で示される内容の詳細は章を追うごとに説明される(다が따となる発音変化については4.12に説明があります)ので、当分はポイントのところだけわかれば大丈夫です。

잎 안	(葉の中)	[이반]
입 안	(口の中)	[이반]

ただし、母音が続いても、有気音がそのまま維持される場合があるので注意が必要です。それは、主語を表す助詞-이(〜が)、場所を表す助詞-에(〜に)、動詞の活用語尾-어/아のように、母音で始まる接尾辞が続く場合です。以下にその例をあげます。

例(1語)		発音
앞이	(前＋が)	[아피]
잎에	(葉＋に)	[이페]
깊어요	(深いです)	[기퍼요]

子音の前、語の最後に位置する場合のㅍ, ㅂの発音

どのように発音するか？	例
息を開放しないㅂの発音をする	잎, 입
	잎 안, 입 안
	깊다, 깁다

付録のDVDの「子音4.2」に含まれている練習問題で、子音の前、語の最後に位置する場合のㅍ, ㅂの発音を練習しましょう。

3.1.3 ㅍ, ㅂ, ㅃ：有声音の間に位置する場合

この章の最初で、声帯の振動を伴う音は「**有声音**」、振動を伴わない音は「**無声音**」と説明しました。たとえば、「倍」の最初の'b'は有声音、「パイ」の最初の'p'は無声音です。のど仏のちょっと上のところに指をあてて、これらの音を発音してみると、「倍」のときは声帯の振動が感じられ、「パイ」のときは感じられないはずです。(すぐ後に続く母音は2つの場合とも有声音です。)

無気音であるㅂは、通常無声音ですが、有声音(＝母音とㅁ, ㄴ, ㅇ, ㄹの4つの有声子音)の間にくると有声音になります。つまり、有声音の間では、隣の有声音から声帯の

振動の影響を受けてㅂのときも一緒に声帯が振動します。その結果、ㅂは有声音となり、さらに有気音化は全く起こらず、「倍」のときの'b'のような音になります。

この有声音化のしくみは、불(火)vs.이불(掛け布団)の2つを比べてみるとよくわかります。最初の불のㅂは無声音ですが、次の이불のㅂは有声音です。同じような例として、바지(ズボン)vs.내 바지(私のズボン)があげられます。(後の例は有声音化が語の境界を越えて行われていますが、これについては、4.2に説明があります。)

一方、ㅍとㅃは常に無声音です。[9] したがって、풍(風)と태풍(台風)のㅍはともに無声音であり、また뿔(つの)と아뿔싸(感嘆詞'しまった!')の場合も、ㅃはともに無声音です。

このように声帯の振動なしに発音されるㅍとㅃですが、語の最後の位置にくる場合には注意が必要です。(ㅃはこの位置にはきません。) つまり、語の最後にきた場合、唇でふさがれていた息を開放せずに発音するため、息を開放せずにㅂを発音したときのㅂの音と同じになります。(3.1.2参照) したがって、有声音が後に続く場合、ㅂの場合と同じように有声音化が起こります。たとえば、잎(葉)の最後の子音であるㅍは、この語だけだと無声音ですが、잎 안(葉の中)や잎 없어요(葉がない)のような場合、有声音となります。同じように、ㅂは、입(口)では無声音ですが、입 안(口の中)や입 아파요(口が痛いです)の場合は有声音です。

例	発音
잎 안 (葉の中) [이반]	('b'のようなㅂ)
입 안 (口の中) [이반]	('b'のようなㅂ)

有声音化

どこで起こるか?	何が起こるのか?
有声音(母音とㅁ, ㄴ, ㅇ, ㄹ)の間に位置する場合	ㅂの発音をする子音は、'b'のような音になり、完全に有声音となる

付録のDVDの「子音1」、「発音変化2」の練習問題で、有声音化の発音練習をしましょう。

---

9 Kagaya(1974:162)

'피さん'って？

韓国語のㅂは、息が多く出ないため、日本語の「パ行」の'p'よりは、「バ行」の'b'の音に近いと言えます。ところが、声帯の振動の有無の点では、無声なので、「パ行」の'p'の方に近くなります。その結果、韓国の名前をカナ表記すると、実際の発音から違ったものとなることがよくあります。

たとえば、韓国人歌手の비(雨、英語名Rain)は、カナ表記で「ピ」と書かれますが、日本語の「ピ」のように発音してしまうと、ㅍの音よりも息が多く出るため、ㅍ、つまり、'피'と聞こえてしまいます！ 一方、ヨン様(배용준)の場合は、このようなことは起こらないようです。というのも、배は、カナで「ペ」と書かれますが、後に続く母音が高い母音ではないので、普通に「ペ」と発音しても「ピ」のときほど息が多く出ないからです。(低い母音のときと比べると、高い母音が後に続くとき、p, t, kの子音には、息がより多く出ます。)

語の最初のところでのㅂとㅍの区別は、息が多く出るか出ないかの方が、有声/無声の区別より重要なので、ㅂを発音するときは、「バ行」の'b'を弱めに、有声にならないように発音する方がいいかも知れません。「ピさん」と言って、'피さん'とならないように気をつけましょう！

ㅃの発音は、「葉っぱ」の「ッパ」の発音のときの、喉のところで息を詰まらせる感じで発音します。日本語の小さな「ッ」で始まる語はありませんが、感覚は同じです。ただし、韓国語のㅃの場合は、日本語の「ッ」の場合よりもはるかに強い緊張を伴うので、日本語の「ッ」のときよりはずっと強く喉を締める感じで発音しましょう。

3.2　ㅌ, ㄷ, ㄸ

ㅌ, ㄷ, ㄸの発音は、語のどの位置にくるかによって変わってきますが、語の最初の位置にきたときの発音が、ㅌ, ㄷ, ㄸの基本的な発音です。

3.2.1 基本的な発音

韓国語のㅌ, ㄷ, ㄸは、舌を使って作られます。これらの音を発音するときは、舌の先の方をちょうど上の前歯から歯茎の裏のあたりに付けて、吐き出す空気の流れを止めます。この点で、日本語の「タ、テ、ト」の't'の音と似ています。ただし、日本語の't'の方が、韓国語のㅌ, ㄷ, ㄸの場合に比べて、舌が後ろよりです。

次のイラストは、これらの違いを表しています。

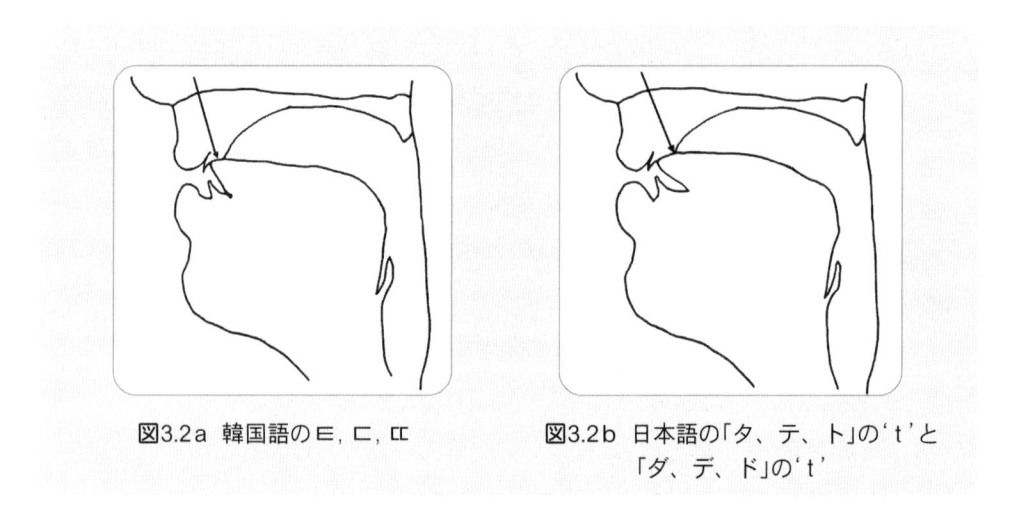

図3.2a　韓国語のㅌ, ㄷ, ㄸ　　　図3.2b　日本語の「タ、テ、ト」の't'と「ダ、デ、ド」の't'

さらに重要な点は、ㅌ, ㄷ, ㄸの場合も、ㅍ, ㅂ, ㅃの場合と同じ対照のパターンが存在する点です。つまり、出される息の量と緊張の程度によって、**有気音ㅌ**、**無気音ㄷ**、そして、**緊張音ㄸ**、という3つの異なる't'が存在します。[10] (語頭のㅌ, ㄷ, ㄸはすべて無声音なので、ㅌ, ㄷ, ㄸの基本的な発音において、有声音化は関係ありません。)

韓国語のㅌは、日本語の「タ、テ、ト」の't'の音に比べるとはるかに多くの息を伴います。また、無気音ㄷは、日本語の't'の場合より出される息がずっと少なく、日本語の「ダ、デ、ド」の'd'の音に聞こえるくらいです。ただし、ㄷは、声帯が振動しない無

10　ㅌ, ㄷ, ㄸは、それぞれ、激音、平音、濃音とも呼ばれます。

声音です。「ダ、デ、ド」の'd'の音ではないので気をつけましょう。

　これらの2つの音とは対照的に、ㄸの場合、息が全く出ません。ㄸは、ㅃの場合と同じように声帯の緊張を伴います。全く息を加えずに、舌を歯茎から前歯の裏にかけて固く押し付けた後、すばやく舌を離して発音します。ㄸは、喉のあたりから、舌、歯茎にかけての緊張を伴って作り出される音です。

　日本語話者の耳には、ㄸは日本語の「ダ、デ、ド」の'd'のように聞こえることがあります。これらの音は、ともに息が全く出ないので、同じように聞こえてしまうのです。しかし、ㄸは無声音であり、有声音である日本語の'd'とは異なります。また、声帯を強く緊張させる、という点でも日本語の'd'の音とは異なるので注意しましょう。

語頭におけるㅌ, ㄷ, ㄸの発音：日本語＊との比較

	例	有気音化 （息の量）	有声音化 （声帯の振動）	緊張音化 （声帯の緊張）
ㅌ	탄(焼けた)	非常に多い	無	
	＊短(距離)	少なめ	無	
ㄷ	단(甘い)	非常にわずか	無	無
	＊段	無	有	
ㄸ	딴(異なる)	無	無	強い緊張

　ㅌ, ㄷ, ㄸの音の違いを区別することは、日本語話者にとって容易なことではありませんが、韓国語を学ぶ上で大変重要です。次の例からもわかるように、これらの音を区別することは語の意味を理解する上で重要となってくるからです。

ㅌ	vs.	ㄷ
탑(塔)		답(答え)
통(缶)		동(東)

ㄷ	vs.	ㄸ
달(月)		딸(娘)
덕(美徳)		떡(餅)

語の最初の位置にくる場合の、ㅌ, ㄷ, ㄸの発音の特徴を表にまとめます。

	「どこ」で「どのようにして」	「他に」
ㅌ	舌の先の部分を上の歯茎から前歯の裏にかけて付ける	息を勢いよく、多く出す
ㄷ	舌の先の部分を上の歯茎から前歯の裏にかけて付ける	非常にわずかな息を出す
ㄸ	舌の先の部分を上の歯茎から前歯の裏にかけて付ける	息を全く出さない；舌をさらに強く押し付ける；喉を強く緊張させ、声門を閉じる；最後にすばやく舌を離す

付録のDVDの「子音5~8.1」に、ㅌ, ㄷ, ㄸの音の聞き取りと発音の練習問題が含まれています。練習しましょう。

3.2.2 ㅌ, ㄷ, ㄸ：子音の前、語の最後に位置する場合

3.1.2において、ㅍ, ㅂ, ㅃが別の子音の前や語の最後に位置する場合、「息を開放せずに発音する」という説明がありました。これをㅌ, ㄷ, ㄸの場合にあてはめると、舌の先を上の歯茎または前歯の裏に強く押し付けたままの状態で、息を外に出さずに発音することになります。3.1.2で、ㅍ, ㅂ, ㅃの間の区別がなくなったのと同じように、この位置にくると、ㅌ, ㄷ, ㄸの音の区別はなくなります。実際には、ㄸがこの位置にくることはありません。ㅌ, ㄷの音に限り、この位置にくると、ともに息を開放しないまま発音されるㄷとなります。したがって、밭다(とても近い)と받다(受け取る)は、同じ発音[받따]になります。[11] また、밑(下)は[믿]と発音されます。

息を開放しない発音は、솥 없어요(釜がありません)や밥솥 있어요(炊飯器があります)の例のように、あとに続く語の最初の音が母音の場合でも同じように起こります。また、솥 안(釜の中)のような複合語の場合でも同じように見られます。(안は「中」という名詞で、韓国語では솥 안は複合語です。)

---

11 ㄷの後のㄷがㄸとなる「緊張を伴う発音変化」については、4.12に説明があります。

例（2語）		発音
솥 없어요	（釜がありません）	[소덥써요]
밥솥 있어요	（炊飯器があります）	[밥쏘디써요]
솥 안	（釜の中）	[소단]

ただし、母音で始まる接尾辞が続くときは、語頭のときに起こる有気音化(＝息が勢いよく、多く出る)がそのまま維持されるので注意しましょう。以下にその例をあげます。

例（1語）		発音
솥에	（釜＋に）	[소테]
밑에	（下＋に）	[미테]
같아요	（同じです）	[가타요]

子音の前、語の最後に位置する場合の ㅌ, ㄷ の発音

どのように発音するか？	例
息を開放しない ㄷ の発音をする	밑, 곧, 솥
	솥 안
	받다, 받다

付録のDVDの「子音8.2」に、子音の前、語の最後に位置する場合のㅌ, ㄷの練習問題があります。練習しましょう。

3.2.3 ㅌ, ㄷ, ㄸ：有声音の間に位置する場合

無気音のㄷは、通常無声音ですが、有声音(＝母音とㅁ, ㄴ, ㅇ, ㄹの4つの有声子音)の間に位置するときはㅂのように有声音になります。ㅂの場合は「バ行」の'b'のような音になりますが、ㄷの場合は、「ダ、デ、ド」の'd'のような音になります。도(都)vs.포도(ぶどう)、다(すべて)vs.길다(長い)、돌(石)vs.큰 돌(大きい石)のペアをそれぞれ比べてみると、左の語のㄷは無声音ですが、右の語のㄷは有声音で'd'のような音です。

(3番目のペアは、有声音化が単語の境界を越えて行われていますが、これについては4.2に説明があります。)

有気音ㅌと緊張音ㄸは、常に無声音で声帯の振動を伴わずに作られます。ところが、前に述べたように、ㅌが語の最後に位置する場合(ㄸはこの位置にくることはありません)には、息が出ず、空気を口の中にとどめたまま発音を終えるㄷの音になります。さらに、この位置にきた場合、母音で始まる語が次に続くと、有声音化が起こります。たとえば、솥(釜)のㅌは単独では無声音ですが、솥 없어요(釜がありません)、솥 안(釜の中)では有声音になり、「ダ、デ、ド」の'd'のような音になります。同じように、ㄸは맏-(一番上の〜)では無声音ですが、맏아들(一番上の息子)では有声音の'd'のような音になります。

例		発音
솥 없어요	(釜がありません)	[소덥써요]¹² ('d'のようなㄷ)
맏아들	(一番上の息子)	[마다들] ('d'のようなㄷが2つ)

有声音化

どこで起こるか？	何が起こるのか？
有声音(母音とㅁ, ㄴ, ㅇ, ㄹ)の間に位置する場合	ㄷの発音をする子音は、'd'のような音になり、完全に有声音となる

付録のDVDの「子音5」、「発音変化2」の練習問題で、有声音化の発音練習をしましょう。

---

12 ㅂの後のㅅがㅆとなる発音変化については、4.12に説明があります。

달, 탈, 딸

달(月), 탈(仮面), 딸(娘)を異なるものとして発音し、また聞き分けられるようになるには、どのようにしたらいいのでしょうか。달, 탈, 딸…달, 탈, 딸…달, 탈, 딸…何度発音しても同じだと韓国人に言われた、という経験を持つ学習者は多いかも知れません。

　これらの3つの音を区別する際、息が出る量や、喉の緊張の程度を参考にしますが、それとは別に、これらの3つの音自体が、韓国語の音として聞こえるために、重要な点があります。それは、舌のどの部分を使うか、上顎のどのあたりに付けるか、どのようにして舌を離すか、といった点です。

　まず、日本語の「タ、テ、ト」の発音ですが、'アタ、アタ、アタ'と言ってみましょう。「タ」のときに、舌の前方の部分、そして、その側面にかけても上顎に付けられていることに気がつきます。そして、舌を離す際、舌の先から中ほどにかけて力を入れ、ペタっと歯茎の裏をなでるように離しているのが感じられるはずです。

　一方、韓国語のㄷ, ㅌ, ㄸの場合、舌の先の狭い部分を、歯茎の裏から歯の裏にかけて付け、舌を離す際も、舌の先の方を前に出すように力を入れます。歯の裏につく舌の面積も、日本語の場合よりも少し小さい面積です。しかし、舌の先端のとがった部分ではありません。舌の先の、ある程度面積のある部分を、歯の裏に一度つけ、舌が上と下の歯の間から出てくるくらい、前方に力を入れながら離します。実際、歯の間から舌を少し出しながら発音する韓国語話者(特に、男性)もいます。さらに、韓国語のㄷ, ㅌ, ㄸの場合、日本語の「タ、テ、ト」の場合に比べると、舌を離すと同時にすばやく顎が下がります。顎の動きに注意しながら、韓国語のㄷ, ㅌ, ㄸを発音してみて、力が入った舌の先の部分が、下の歯の裏におさまる感覚が出てくれば、韓国語の発音に大分近づいたと言えるでしょう。

　〈덕, 턱, 떡〉(徳, 顎, 餅)、〈당, 탕, 땅〉(糖, 湯, 地)など、いろいろな母音、子音が続く場合で、舌の動き、顎の動きを感じながら、試してみましょう。

3.3 ㅋ, ㄱ, ㄲ

ㅋ, ㄱ, ㄲの発音は、語のどの位置に起こるかによって変わってきますが、語の最初の位置にきたときの発音が、ㅋ, ㄱ, ㄲの基本的な発音です。

3.3.1 基本的な発音

韓国語のㅋ, ㄱ, ㄲは、舌の後方の広い部分を使って作られます。これらの音を発音するときは、舌の付け根の部分を上顎の後方の柔らかい部分に押し付けることにより、吐き出す空気の流れを止めます。この点で、日本語の「カ行」の'k'の音と似ています。

しかし、韓国語のㅋ, ㄱ, ㄲは、ㅍ, ㅂ, ㅃやㅌ, ㄷ, ㄸの場合と同じように、出る息の量、声帯の緊張を伴うかどうかによって、**有気音ㅋ**、**無気音ㄱ**、**緊張音ㄲ**の3つに区別されます。[13] (ㅋ, ㄱ, ㄲは語頭ではすべて無声音なので、基本的なㅋ, ㄱ, ㄲの発音に有声音化は関係ありません。)

まず、韓国語のㅋは、日本語の「カ行」の'k'の音に比べるとはるかに多くの息を伴います。一方、無気音のㄱは、「カ行」の'k'の場合より出される息がはるかに少なく、日本語の「ガ行」の'g'の音に聞こえるくらいです。ただし、ㄱは無声音です。日本語の'g'の音ではないので気をつけましょう。

これらの2つの音とは対照的に、ㄲの場合、息は全く出ませんが、声帯の緊張を伴います。ㄲを発音するときは、舌の付け根の部分を上顎の後方にさらに強く2押し付け、喉を強く締め、そして、付けた舌を最後にすばやく離します。

日本語話者の耳には、ㄲは日本語の「ガ行」の'g'のように聞こえるかもしれません。これらの音は、ともに息が全く出ないので、同じように聞こえてしまうのです。しかし、ㄲは、無声音です。また、日本語の「ガ行」の'g'の音よりもはるかに強い緊張を伴うという点でも日本語の'g'とは異なるので注意しましょう。

---

13 ㅋ, ㄱ, ㄲは、それぞれ、激音、平音、濃音とも呼ばれます。

語頭における ㅋ, ㄱ, ㄲ の発音：日本語＊との比較

	例	有気音化 （息の量）	有声音化 （声帯の振動）	緊張音化 （声帯の緊張）
ㅋ	키(身長)	非常に多い	無	
	＊気	少なめ	無	
ㄱ	기(気)	非常にわずか	無	無
	＊義(理)	無	有	
ㄲ	끼(食事の回数)	無	無	強い緊張

ㅋ, ㄱ, ㄲ の音の違いを区別することは、日本語話者にとって易しくはありませんが、韓国語を学ぶ上で大変重要です。次の例からもわかるように、これらの音の区別することは語の意味の違いを理解する上で重要です。

ㅋ	vs.	ㄱ
콩(豆)		공(ボール)
큰(大きい)		근(およそ)

ㄱ	vs.	ㄲ
개(犬)		깨(ゴマ)
굴(牡蠣)		꿀(はちみつ)

ㅋ, ㄱ, ㄲ の発音の重要な特徴を表にまとめます。

	「どこ」で「どのようにして」	「他に」
ㅋ	舌の後方から付け根の部分を上顎の後方から真ん中あたりに押し付ける	息を勢いよく、多く出す
ㄱ	舌の後方から付け根の部分を上顎の後方から真ん中あたりに押し付ける	非常にわずかな息を出す
ㄲ	舌の後方から付け根の部分を上顎の後方から真ん中あたりに押し付ける	息を全く出さない；舌の付け根の部分をさらに強く押し付ける；喉を強く緊張させ、声門を閉じる；最後にすばやく舌の付け根を離す

付録のDVDの「子音9〜12.1」に、ㅋ, ㄱ, ㄲ の音の聞き取りと発音の練習問題が含まれています。練習しましょう。

3.3.2 ㅋ, ㄱ, ㄲ：子音の前、語の最後に位置する場合

他の2つの子音のグループ（ㅍ, ㅂ, ㅃとㅌ, ㄷ, ㄸ）の場合もそうでしたが、ㅋ, ㄱ, ㄲの場合も、別の子音の前や語の最後に位置する場合、息を開放せずに発音します。つまり、舌の後方から付け根の部分を上顎の後方から真ん中の部分に強く押し付け、息を開放することなくそのままの状態で発音します。その結果、ㅋ, ㄱ, ㄲの音の区別はなくなり、すべて息を止めたままのㄱの発音になります。したがって、박(箔)と밖(外)はともに[박]と発音され、섞다(混ぜる)は[석따]、[14] 부엌(台所)は余分な息を伴わず[부엌]と発音されます。

息を開放しない発音は、밖 안 보여요(外が見えません)や부엌 있어요(台所があります)の例のように、後に続く語の最初の音が母音の場合でも同じように起こります。また、부엌 안(台所の中)のような複合語の場合でも同じように起こります。

例		発音
밖 안 보여요	(外が見えません)	[바간보여요]
부엌 있어요	(台所があります)	[부어기써요]
부엌 안	(台所の中)	[부어간]

ただし、ㄲは、밖에(外に)や섞어요(混ぜます)の例のように、母音で始まる接尾辞が続くときは語頭のときに起こる緊張がそのまま維持され、無声音の状態が維持されます。同じように、ㅋも부엌에(台所に)の場合のように、本来の有気音化された状態で、無声音の発音が維持されます。

例(1語)		発音
밖에	(外に)	[바께]
섞어요	(混ぜます)	[서꺼요]
부엌에	(台所に)	[부어케](または[부어게])[15]

---

14 ㄱの後のㄷがㄸになる発音変化については、4.12に説明があります。
15 ただし、ほとんどの韓国語話者は、子音の弱音化(4.15参照)の発音変化のため、この語のㅋの音をㄱのように発音します。

子音の前、語の最後に位置する場合のㅋ, ㄱ, ㄲの発音	
どのように発音するか？	例
息を開放しないㄱの発音をする	밖, 박, 부엌, 약
	부엌 안
	섞다, 약다

　付録のDVDの「子音12.2」に含まれている練習問題で、子音の前、語の最後に位置する場合のㅋ, ㄱ, ㄲの発音練習をしましょう。

3.3.3　ㅋ, ㄱ, ㄲ：有声音の間に位置する場合

　無気音のㄱは、通常無声音ですが、有声音(＝母音とㅁ, ㄴ, ㅇ, ㄹの4つの有声子音)の間に位置するときは有声音、つまり、日本語の「ガ行」の'g'のような音になります。たとえば、금(金) vs. 지금(今)、구(九) vs. 친구(友達)、가방(かばん) vs. 작은 가방(小さいかばん)のペアのㄱの音をそれぞれ比べてみると、左の語のㄱは無声音ですが、右の語のㄱは有声音で'g'のような音です。(3番目のペアは、有声音化が語の境界を越えて行われていますが、これについては、4.2に説明があります。)

　有気音ㅋと緊張音ㄲは、常に無声音で声帯の振動を伴わずに作られます。ところが、ㅋとㄲが語の最後にくる場合には、多く加わっていた息や緊張は消えて、空気を口の中にとどめたまま発音したときのㄱの音になります。(3.3.2参照) さらに、この位置にきた場合、母音で始まる語が次に続くと、有声音化が起こります。たとえば、부엌(台所)、밖(外)の最後の子音は、これらの語が単独で使われた場合は無声音ですが、부엌 안(台所の中)、밖 안 보여요(外が見えません)のように母音で始まる語が続くと有声音になります。同じように、単独使用の백(百)ではㄱは無声音、母音で始まる語が続く백 원(100ウォン)では有声音です。

例		発音	
부엌 안	(台所の中)	[부어간]	('g'のようなㄱ)
백 원	(百ウォン)	[배권]	('g'のようなㄱ)
밖 안 보여요	(外が見えません)	[바간보여요]	('g'のようなㄱ)

有声音化

どこで起こるか？	何が起こるのか？
有声音(母音とㅁ, ㄴ, ㅇ, ㄹ)の間に位置する場合	ㄱの発音をする子音は、'g'のような音になり、完全に有声音となる

付録のDVDの「子音9」、「発音変化2」の練習問題で、有声音化の発音練習をしましょう。

クォン・サンウ？ グォン・サンウ？

　インターネットや韓国に関する情報雑誌を見てみると、韓国人俳優권상우は、クォン・サンウともグォン・サンウとも書かれていることに気がつきます。권상우の主演ドラマを放送した某テレビ局は、名字を「クォン」と書くと、最初の音がㄱではなく、ㅋと発音されてしまうことが多く、別の名前になってしまう、という理由から、グォン・サンウとして紹介しました。しかし、ㄱは、本来無声なので、そのまま「クォン」と書く方が韓国語のしくみにより適っていると感じる人も少なくありません。

　日本語話者にとっては、「クォン」の「クォ」に息がたくさん出ても、出なくても、無声である限りどちらも同じ音「クォ」なのですが、韓国語話者にとっては、息がたくさん出るかどうかによって、ㄱ（無気音）なのか、ㅋ（有気音）なのか、大きな違いなのです。

3.4　ㅊ, ㅈ, ㅉ

これまで見てきた他の子音と同じように、ㅊ, ㅈ, ㅉの発音も、語のどの位置に起こるかによって変わってきますが、語の最初の位置にきたときの発音が、ㅊ, ㅈ, ㅉの基本的な発音です。

3.4.1　基本的な発音

他の子音と同じように、ㅊ, ㅈ, ㅉも、空気を口の中に完全に閉じ込めるところから発音を始めます。しかし、他の子音と違って、発音の最後に向けて狭い空間から閉じ込めた空気を漏らす瞬間があります。肺から上がってきた空気がこの狭い「空気の道」をすばやく通るこの瞬間があるため、他の子音には見られない摩擦が起こります。日本語の「血（チ）」、「字（ジ）」をゆっくり発音してみると、最初の音の'ch'や'j'のところで、閉じ込められた空気が漏れる瞬間この摩擦が感じられるはずです。

ㅊ, ㅈ, ㅉは、ㅌ, ㄷ, ㄸの発音のときとだいたい同じ場所で作られます。舌の先の部分を歯茎の前方の部分にくっ付けて発音します。[16] 日本語の'ch'や'j'の場合の位置よりは少し前方の、前歯の裏にかけての位置です。

さらに、重要な点は、日本語にはない〈有気音ㅊ, 無気音ㅈ, 緊張音ㅉ〉の対照パターンがあることです。[17]（語頭のㅊ, ㅈ, ㅉはすべて無声音なので、ㅊ, ㅈ, ㅉの基本的な発音において、有声音化は関係ありません。）

ㅊは、日本語の「チ」の'ch'の音よりはるかに多くの息を出して発音します。その結果「シ」の'sh'のときのように空気が長く漏れる摩擦が見られます。[18] 一方、無気音のㅈは、日本語の'ch'の音よりはるかに少ない息しか伴わないため、日本語の「ジ」の'j'のように聞こえることがあります。しかし、ㅈは無声音で、'j'は有声音なので注意しましょう。

これらの2つの音とは対照的に、ㅉの場合、息は全く出ませんが、声帯の緊張を伴います。そのため、速くて詰まった発音になります。日本語話者の耳には、ㅉは、息が全くでないので「ジ」の'j'の音のように聞こえたり、また、無声音なので「チ」の'ch'の音

16　もう少し後方につける話者もいます。Kim(1999)

17　ㅊ, ㅈ, ㅉは、それぞれ、激音、平音、濃音とも呼ばれます。

18　Shin & Hayward(1997:14)

のように聞こえるかもしれませんが、ㅉは、声帯の振動がなく、喉から舌にかけての筋肉の緊張を伴った音です。

語頭における ㅊ, ㅈ, ㅉ の発音：日本語＊との比較

	例	有気音化 （息の量）	有声音化 （声帯の振動）	緊張音化 （声帯の緊張）
ㅊ	침(唾)	非常に多い	無	
	＊珍味	少なめ	無	
ㅈ	짐(荷物)	非常にわずか	無	無
	＊事務	無	有	
ㅉ	찜(煮もの)	無	無	強い緊張

ㅊ, ㅈ, ㅉ の音の違いを区別することは、日本語話者にとって容易なことではありませんが、韓国語を学ぶ上で大変重要です。次の例で違いを確かめましょう。

ㅊ	vs.	ㅈ
찬(冷たい)		잔(小さい)
총(銃)		종(鐘)

ㅈ	vs.	ㅉ
잠(眠り)		짬(暇)
족(食用の牛の足)		쪽(かけら；側)

語の最初の位置にくる場合の、ㅊ, ㅈ, ㅉ の発音の特徴を次の表にまとめます。

	「どこ」で「どのようにして」	「他に」
ㅊ	舌の先の部分を上の歯茎の部分に押し付けた後、少し後ろよりに引いてわずかな隙間を作る	息を勢いよく、多く出す
ㅈ	舌の先の部分を上の歯茎の部分に押し付けた後、少し後ろよりに引いてわずかな隙間を作る	非常にわずかな息を出す
ㅉ	舌の先の部分を上の歯茎の部分に押し付けた後、少し後ろよりに引いてわずかな隙間を作る	息を全く出さない；舌をさらに強く押し付ける；喉を強く緊張させ、声門を閉じる；最後にすばやく舌を離す

付録のDVDの「子音13~16.1」に、ㅊ, ㅅ, ㅆの音の聞き取りと発音の練習問題が含まれていますので、練習しましょう。

3.4.2 ㅊ, ㅅ, ㅆ：子音の前、語の最後に位置する場合

ㅊ, ㅅは、別の子音の前や語の最後にくる場合、息を開放せずに発音します。(ㅆは、これらの位置にくることはありません。) 最後まで息を開放しないままなので、通常最後にわずかな隙間から漏らしていた息もなくなり、摩擦も起こりません。その結果、息を開放しないまま発音したㄷの音と同じになります。したがって、낯(顔), 낮(昼間)は、ともに[낟]と発音します。同じように、単独で使われた場合の빛(光)と빚(借金)の最後の子音はㄷであり、빛깔(色彩)や빚쟁이(借金取り)の場合も、別の子音の前に位置するので、ㅊとㅈはともにㄷになります。

息を開放しない発音は、빛 안 나요(光が出てきません)や빚 안 져요(借金しません)の例のように、後に続く語の最初の音が母音の場合でも同じように起こります。また、複合語の場合でも同じように起こります。したがって、꽃 안(花の中)の発音は[꼳단]、몇 월(何月)の発音は[며둴]となります。

例		発音
몇 월	(何月)	[며둴][19]
꽃 안	(花の中)	[꼳단]
빛 안 나요	(光が出てきません)	[비단나요]
빚 안 져요	(借金しません)	[비단져요]

ところが、꽃이(花＋主語を示す助詞)や낮에(昼間に)や잊어요(忘れなさい)のように、ㅈやㅊが母音で始まる接尾辞の前にきた場合は、通常の発音どおり息を開放して発音します。

---

[19] 며칠(何日)は、〈몇(何)＋일(日)〉という2つの単語からなりますが、몇のㅊは、有気音の発音がそのまま維持されます。これは、韓国語話者が며칠を몇 일のような2つの単語からなるものではなく、分けることのできない1つの単語として捉えているからで、それは綴り(며칠)にも見られます。

例		発音
꽃이	（花＋が）	[꼬치]
낮에	（昼間＋に）	[나제]
잊어요	（忘れなさい）	[이저요]

子音の前、語の最後に位置する場合のえ, スの発音

どのように発音するか？	例
息を開放しないㄷの発音をする	낯, 낮
	빛, 빚
	빛 안 나요, 빚 안 져요
	솥 안
	밭다, 받다

　付録のDVDの「子音16.2」に含まれている練習問題で、子音の前、語の最後に位置する場合のえ, スの発音練習をしましょう。

3.4.3 ㅊ, ㅈ, ㅉ : 有声音の間に位置する場合

　無気音のスは、通常無声音ですが、有声音（＝母音とㅁ, ㄴ, ㅇ, ㄹの4つの有声子音）の間に位置するときは有声音、つまり、日本語の「ジ」の'j'のような音になります。たとえば、제（私の）vs. 어제（昨日）、장（ソース）vs. 간장（しょうゆ）、자리（席）vs. 친구 자리（友達の席）といったペアのスとㅉの音をそれぞれ比べてみると、右の語では有声音で、声帯の振動が起こります。（最後のペアは、有声音化が語の境界を越えて行われていますが、これについては、4.2に説明があります。）

　一方、有気音えは、常に無声音で声帯の振動を伴わずに作られます。ただし、えとスが語の最後に位置する場合には、ともに息を開放しないㄷの発音になります。（ㅉはこの場所では起こりません。）しかし、この位置にきた場合で、母音で始まる語が次に続くと、有声音となり'j'のような音になるので注意が必要です。たとえば、빚（借金）や몇（何；いくつの）の最後の子音は、これらの語が単独で使われた場合は無声音のㄷですが、빚 없어요（借金はありません）や몇 월（何月）のように母音で始まる語が続くと有声

音となり、'd'のような音になります。

例		発音	
어제	(昨日)	[어제]	('j'のようなㅈ)
빚 없어요	(借金はありません)	[비덥써요]	('d'のようなㄷ)
몇 월	(何月)	[며둴]	('d'のようなㄷ)

有声音化

どこで起こるか？	何が起こるのか？
有声音(母音とㅁ, ㄴ, ㅇ, ㄹ)の間に位置する場合	ㅈの発音をする子音は、'j'のような音になり、完全に有声音となる
	ㄷの発音をする子音は、'd'のような音になり、完全に有声音となる

付録のDVDの「子音13」、「発音変化2」の練習問題で、有声音化の発音練習をしましょう。

'鈴木さん'って難しい!

　〈ㅂ, ㅍ, ㅃ〉,〈ㄷ, ㅌ, ㄸ〉,〈ㄱ, ㅋ, ㄲ〉の3つのグループの場合、無気音と有気音は、出る息の量や喉の緊張の程度は別として、基本的な発音は、それぞれ「パ行」の'p'、「タ、テ、ト」の't'、「カ行」の'k'、のような、無声の発音をする、ということでした。

　〈ㅈ, ㅊ, ㅉ〉の場合、有気音ㅊは、「チ」の'ch'のような発音で、無気音のㅈは、「ジ」の'j'のような、しかし無声の発音です。ㅈが有声音化された場合、他の無気音ㅂ, ㄷ, ㄱの場合と違って、「ジ」の'j'のような音に近くはなっても、「ザ、ズ、ゼ、ゾ」の'z'のような音には対応しません。これは、言い換えると、韓国語の音のしくみの中には、日本語の「ザ、ズ、ゼ、ゾ」の'z'のような音は存在しないことを意味します。したがって、韓国語話者にとって、経済(けいざい)、鈴木(すずき)、演説(えんぜつ)、家族(かぞく)といった単語に見られる'z'の発音は易しいものではないので、'z'を'j'と、つい置き換えて発音してしまう韓国語話者も少なくありません。

3.5 ㅅ, ㅆ

　ㅅとㅆの発音は、後に続く母音と語のどの位置にくるかによって、それぞれ3種類あります。最初の2つの発音は、同じ語の中の母音の前にきたときで、もう1つは、別の子音の前、語の最後の場所にきたときです。

3.5.1 基本的な発音

　同じ語の中の母音の前では、ㅅ, ㅆはともに、舌の先の部分と上の歯茎から前歯の裏にかけての場所に狭い隙間を作ることによってできる音です。この2つの音を区別することは容易ではないのですが、それはそのまま次のような語をそれぞれ区別することの難しさにつながります。

　　살(肉)　　　　　　vs.　　　쌀(米)
　　삼(朝鮮人参)　　　vs.　　　쌈(ごはんを野菜で巻いた食べ物)
　　가서(行って…)　　vs.　　　갔어(行った)

　実際、韓国南部にある경상도(慶尚道)出身の人たちのように、この区別をしない韓国語話者もいます。この地方の韓国語話者は、ㅅもㅆも[ㅅ]として聞き取り、また2つを同じように発音します。しかし、韓国語標準語の話者にとって、ㅅとㅆはそれぞれ別の音であり、この2つの音を区別できるようになることは重要です。

　ㅅとㅆは、すべての位置において無声音です。ㅅは無気音なので、舌の先の部分と上歯茎から前歯の裏にかけての場所で作る隙間を極端に狭めることなく、音が固くならないよう緩やかに発音します。また、ㅅは非常に軽いですが、最初に余分な息が加わり、最後にかすかに息を開放します。[20] やわらかく発音する、という点においては、日本語の「サ行」の's'とほとんど同じ感覚です。一方、ㅆは緊張音です。非常に狭い隙間から空気を力強く出して発音します。日本語の「喫茶」の「ッサ」の詰まった音の感じに似ていますが、これよりもさらに強く喉を緊張させます。

20　Kagaya(1974:171ff), Iverson(1983:193), Sohn(1994:434), Lee & Ramsey(2000:63)

ㅅとㅆの基本的な発音

	「どこ」で「どのようにして」	「他に」
ㅅ	舌の先の部分を上の前歯の後ろにもっていくが、わずかな隙間ができるようにする	非常にわずかな息を出す
ㅆ	舌の先の部分を上の前歯の後ろにもっていくが、わずかな隙間ができるようにする	息を全く出さない；喉を緊張させ、声門を閉じる

付録のDVDの「子音17.1」に、ㅅとㅆの音の聞き取りと発音の練習問題が含まれていますので、練習しましょう。

3.5.2 ㅅ, ㅆ：'sh'のような発音

ㅅとㅆが語の中にあり、以下の母音の前ではすべて'sh'、つまり日本語の「シ」の'sh'のような発音になります。ㅅの場合は緩やかな'sh'のような音、ㅆの場合は緊張を伴った'sh'のような音になります。日本語の'sh'の場合より舌を前の方に持ってきて歯茎に近いところで発音します。

- 母音 ㅣ の前　　시 (詩)、다시 (また)
  　　　　　　　　맛이 (味+主格の助詞)
- 半母音'y'の前　　셔요 (すっぱいです)、마셔요 (飲みなさい)
  　　　　　　　　샤워 (シャワー)
- ㅟの前[21]　　　쉬워요 (簡単です)

3.5.3 ㅅ, ㅆ：子音の前、語の最後に位置する場合

これまで見てきた子音の場合もそうでしたが、ㅅとㅆの場合も、別の子音の前や語の最後に位置する場合、息を開放せずに発音します。つまり、ㅅとㅆの通常の発音をするときの空気の流れは外に出ることなく、息を開放しないままのㄷの音になります。した

---

21 英語の(milk) shakeやSheratonの場合、韓国語ではしばしば쉐이크、쉐라톤と綴られますが、実際の音は'sh'のような音です。

がって、낫다(より良い)、났다(出てきた)は[낟따]という同じ発音になり、また、옷(服)は、単独で使われたときも、옷도(服も)のように別の子音の前で使われたときも、ㄷの音になります。

この「息を開放しない発音」は、옷 있어요(服があります)や붓 아니에요(ブラシではありません)の例のように、あとに続く語の最初の音が母音の場合でも同じように起こります。また、옷 안(服の中)のように、複合語の場合でも同じように起こります。

例		発音
옷 있어요	(服があります)	[오디써요]
붓 아니에요	(ブラシではありません)	[부다니에요]
옷 안	(服の中)	[오단]

ところが、옷은(服+は), 빗어요(髪をとかす), 갔어요(行きました)のように、ㅅとㅆが母音で始まる接尾辞の前にきた場合は、通常のㅅ, ㅆの発音となります。

例		発音
옷은	(服+は)	[오슨]
빗어요	(髪をとかす)	[비서요]
갔어요	(行きました)	[가써요]

子音の前、語の最後に位置する場合のㅅ, ㅆの発音

どのように発音するか？	例
息を開放しないㄷの発音をする	났다, 낫다
	옷, 옷 안

さて、옷이에요(服です)と옷 있어요(服があります)は、特別な注意を要するペアの1つです。表にあるように、ともにㅅは語の最後の位置にあるのでㄷの音となり、さらに、次の語が母音で始まっているので、ともに'd'のような発音になるはずです。ところが、옷이에요(服です)のㅅは、ㅅの発音が維持されます。これは、옷이에요で使われている-이다(〜です)が話す場合でも書く場合でも、単独で使われず、常に他の語と一

緒に使われるからです。したがって、옷이에요は、1語として扱われ、ㅅは'sh'のような発音になります。옷 있어요(服があります)の場合は、このようなことがないので、2語として扱われ、息を開放しないままのㄷの音となり、次に母音が続くので、'd'のような発音になるのです。同じような例として、빗이에요(櫛です)vs.빗 있어요(櫛があります)があげられます。

例		発音
1語		
옷이에요	(服です)	[오시에요]
빗이에요	(櫛です)	[비시에요]
2語		
옷 있어요	(服があります)	[오디써요]
빗 있어요	(櫛があります)	[비디써요]

さらに興味深いペアは、맛없다(まずい)と맛있다(おいしい)です。最初の맛없다のㅅは、맛という語の終わりにくるので、息を開放しないままのㄷの音となり、[마덥따]と発音されます。

ところが、맛있다(おいしい)の方は、ほとんどの韓国語話者によって、'sh'のような緩やかなㅅの音で、[마싣따]と発音されます。これは、맛있다が一般的に大変よく使われる語で、1語として捉えられているからだと考えられます。そして、同じ語内において母音の前では息を開放しないままの音ㄷにならず、ㅅの音のままであるというのは、これが実は例外ではない、ということです。

どのくらい頻繁に使われるかによって、その語で使われているㅅの発音が例外のままになるのか、例外でなくなるのかが決まってくるようです。입맛 있다(食欲がある)や멋없다(かっこよくない)は、あまり使われないため、息を開放しないままのㄷの音の発音になり、それぞれ[임마딛따]と[머덥따]なりますが、一方、멋있다(かっこいい)や맛있다(おいしい)は、日常的に大変よく使われるため、まるで1語であるかのように、ㅅの音でそれぞれ[머싣따]、[마싣따]と発音されます。[22]

---

[22] 韓国教育人的資源部は、맛있다、멋있다の標準発音を、それぞれ[마딛따]、[머딛따]としています。しかし、韓国教育人的資源部の長年の努力にもかかわらず、[마싣따]、[머싣따]と発音する韓国語話者は多くいます。

例		発音
1語として扱われる		
맛있다	(おいしい)	[마싣따]
멋있다	(かっこいい)	[머싣따]
2語として扱われる		
맛없다	(まずい)	[마덥따]
멋없다	(かっこよくない)	[머덥따]

　1章でもふれましたが、ハングルの分かち書き(語と語の間のスペースの有無)は、語の区切りがどこなのかを知る手がかりとしてはあまり役に立ちません。上で述べたように、맛없다(まずい)と맛있다(おいしい)は、両方とも語と語の間のスペースはありませんが、맛없다(まずい)は、実は2語です。

　付録のDVDの「子音17.2」に含まれている練習問題で、子音の前、語の最後に位置する場合のㅅ,ㅆの発音練習をしましょう。

外来語における ㅅ

語の最後にくる ㅅ の発音は、語が単独で使われた場合(息を開放しない ㄷ の発音)と、母音で始まる接尾辞が続く場合(本来の ㅅ の発音)とで異なります。このしくみは、外来語にも適用されます。

韓国語では、Internet のように、語の最後が息を開放しない発音の 't' の場合、ㄷ ではなく、ㅅ が使われます。その後に、「～が」などの母音で始まる接尾辞がつくと、本来の ㅅ の発音になります。外来語の場合、日本語にすでにあるものが多く、日本語での発音に慣れているので、'イントネシ' のように聞こえるものが実は、인터넷이(インターネット＋が)であることに少し驚くかも知れません。

		外来語	～＋が～	＋は
例：	Internet	인터넷	인터넷이	인터넷은
		[인터넫]	[인터네시]	[인터네슨]
	Mnet	M넷	M넷이	M넷은
		[엠넫]	[엠네시]	[엠네슨]
	Gmarket	G마켓	G마켓이	G마켓은
		[지마켇]	[지마케시]	[지마케슨]

国民の大部分が自分のホームページを持っている程インターネットの発達した韓国では、人々の関心・興味がネット上の言語にすぐに反映され、また、最新の流行がネット上で生まれることもしばしばです。外来語がどのように綴られているかも含めて、一度ネット上の韓国を訪れてみましょう。

- Daum　http://www.daum.net
- Yahoo! Korea　http://kr.yahoo.com
- Naver(知識検索)　http://www.naver.com
- Newspaper(韓国の主な新聞紙、テレビ、ラジオなど)
　　　　http://www.newspaper.co.kr
- News stand(韓国の雑誌)　http://www.newsstand.co.kr
- Yahoo Dictionary　http://kr.dic.yahoo.com/
- Naver Dictionary　http://dic.naver.com/
- 翻訳サイト(韓国語を含め8ヶ国語)　http://babelfish.altavista.com

3.6　ㅎ

ㅎの発音は、語のどの位置に起こるかによって変わってきますが、語の最初の位置にきたときの発音がㅎの基本的な発音です。

3.6.1　基本的な発音

ㅎの基本的な発音は、日本語の「ハ行」の'h'の音とほぼ同じです。声帯は、部分的に閉じて、肺からあがってくる空気の通り道となる隙間を作ります。その結果、喉のところで起こる摩擦によりㅎの音が作られます。

ㅎが力強く発音された場合、힘(力)のようにㅣの前にくると、歯茎の後ろのところでさらに摩擦が起こったり、후추(胡椒)のようにㅜの前にくると、唇のところでさらなる摩擦が起こります。

ㅎの基本的な発音	
音	「どこ」で「どのようにして」
ㅎ	声帯を途中まで閉じ、肺からの空気の通り道を狭くして作る

付録のDVDの「子音18.1」に含まれている練習問題で、ㅎの発音練習をしましょう。

3.6.2　ㅎ：子音の前、語の最後に位置する場合

ㅎで終わる韓国語の語はありませんが、[23] ㅎが他の子音の前にくることはあります。この場合、2番目の子音に多くの息が加わります。たとえば、좋다(よい)は[조타]と発音されます。この発音変化については、4.7で詳しく説明します。

しかし、ㅎがㅅの前にくる場合、前の節で述べた他の子音と同じように、息を開放しないㅎの音になります。たとえば、파랗습니다(青いです)は[파랄씀니다]、그렇습니다(そうです)は[그럴씀니다]と発音します。

---

[23] ㅎの名前である'히읗'はㅎで終わる単語のように見えますが、これはㅎの文字に影響されたものであり、実はㅅで終わると考えられます。히읗は単独で使われた場合、最後の子音のㅎはㄷのように発音されますが、히읗이や히읗을のように主語や目的語の助詞がつくとㅅの発音になります。また、도(~も)が続いた場合(히읗도)、도の最初のㄷの発音は、息が出る有気音ではなく、むしろ喉を詰まらせた緊張音ㄸとなることから、このように考えられます。

人の前にきた場合のㅎの発音	
何が起こるか？	例
息を開放しないㄷの音を発音する	파랗습니다
	그렇습니다

●「息を開放しない発音」のまとめ

ㅎの場合、息を開放しない発音になるのはㅅの前にくるときに限られています。これに対して、これまでみてきた他の子音は、別の子音の前にくる場合と、語の最後にくる場合に息を開放しません。以下にこの発音の影響についてまとめます。

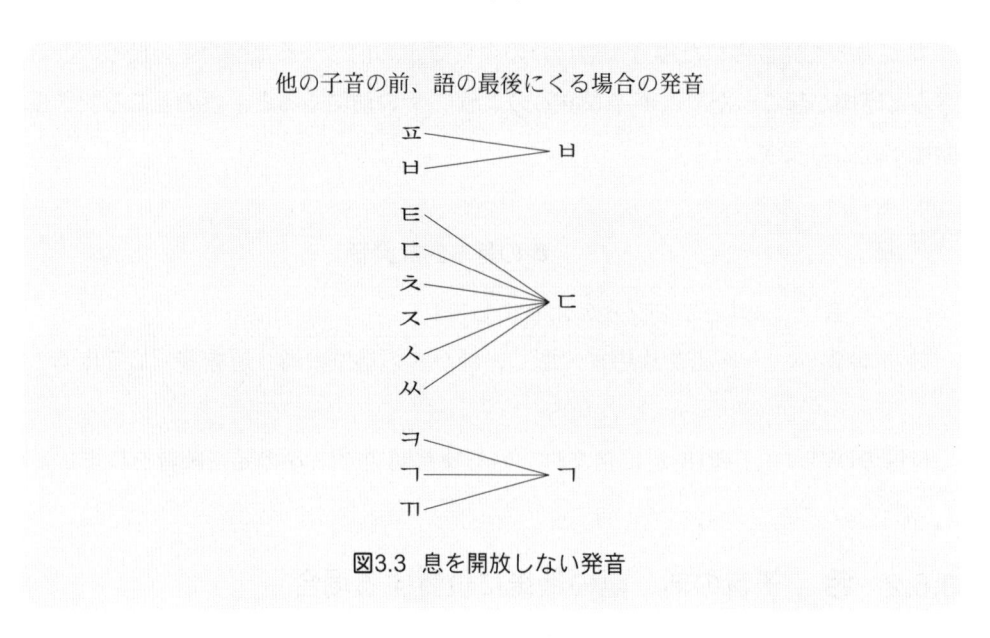

他の子音の前、語の最後にくる場合の発音

ㅍ, ㅂ → ㅂ

ㅌ, ㄷ, ㅊ, ㅈ, ㅅ, ㅆ → ㄷ

ㅋ, ㄱ, ㄲ → ㄱ

図3.3 息を開放しない発音

付録のDVDの「子音18.2」に含まれている練習問題で、子音の前、語の最後に位置する場合の、これらの子音の発音を練習しましょう。

3.6.3　ㅎ：有声音の間に位置する場合

ㅎが有声音の間にくると、次の2つのうちのどちらかが起こります。1つは、좋아요（よいです）のように単に脱落して［조아요］のようになる場合です。もう1つは、전화（電話）のように、脱落するか、あるいは弱く発音されるか、どちらかになる場合です。これについては、4.6で詳しく述べます。

3.7 ㅁ, ㄴ, ㅇ

　ㅁ, ㄴ, ㅇの3つの子音においては、他の子音のときのような発音の変化はありません。しかし、別の要因によって影響を受けます。次の章で述べますが、特にㄴの発音は隣の子音の特性によって変化します。(4.8と4.10参照) また、ㅇの音は音節の最後においてのみ使われる特殊な子音です。(ㅇの文字は、우유'牛乳'のように、それ自身の発音はなく、場所を確保するだけの目的で使われることもあります。)

3.7.1 基本的な発音

　ㅁ, ㄴ, ㅇは**鼻音**で、発音の際、振動する空気が口から出るのではなく、鼻から抜けます。(空気の振動は、これらの音を発音するとき鼻に指をあてるとよくわかります。) ㅁは、日本語の「マ行」の'm'のような音で、唇をしっかりと閉じて鼻から息を抜いて発音します。このとき、母音「ウ」を入れて、日本語の「ム」にならないように気をつけます。ㄴは日本語の「ナ行」の'n'のような音です。舌の先を上の歯茎の骨のところに押し付けて発音します。ㅇは、日本語の「金庫(キンコ)」の「ン」の音、'ng'のような音です。舌の奥の部分を上顎の後方に押し付けて発音します。

ㅁ, ㄴ, ㅇ

	「どこ」で「どのようにして」	「他に」
ㅁ	唇を固く閉じる	鼻音
ㄴ	舌の先を前歯の裏にある歯茎の骨のところに押し付ける	鼻音
ㅇ	舌の付け根の部分を上顎の後ろの方にかけて押し付ける；舌の先はどこにも触れない	鼻音

次の図は、ㅁ, ㄴ, ㅇの発音時の口の中の様子を表しています。

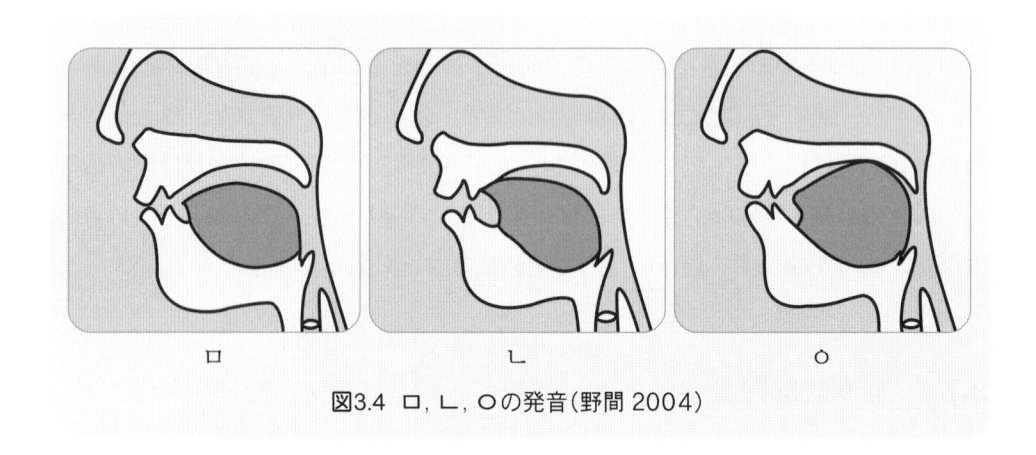

図3.4 ㅁ, ㄴ, ㅇの発音 (野間 2004)

ㅇの発音について日本語の「ン」を使って説明しましたが、ここで少し注意が必要です。日本語の「ン」の発音は、後に続く音によって変わってきます。韓国語のㅇの音のようになって'ng'と発音するのは、「ン」が語中で使われるときだけで、しかも「金庫(キンコ)」のように後に続く子音が喉の奥で作られる場合に限られています。通常日本語話者が「金庫」の「ン」の音を'ng'だと意識して発音することはほとんどないでしょう。というのも、日本語では「ン」を'ng'と発音しても'n'と発音しても、意味に違いがないからです。

韓国語のㄴ, ㅇの場合は異なります。これらの音の違いを区別することは、韓国語を学ぶ上で大変重要です。次の例で違いを確かめましょう。

ㄴ	vs.	ㅇ
간 (間)		강 (江 ; 大きな川)
산 (山)		상 (賞)
이산 (離散)		이상 (理想)
안전 (安全)		안정 (安静)
간장 (肝臓)		강장 (強壮)
전자 (前者)		정자 (精子)

3.7.2 長めの ㄴ, ㅁ

ㄴとㅁについて、1つ気をつけなくてはならないのは、ともに長さに区別があることです。たとえば、많아요(たくさんあります)のㄴと만나요(会います)のㄴでは、最初のㄴが短く、後のㄴが長くなっています。만나요には、最初の音節の終わりと次の音節の初めと、ㄴが2つありますが、これらは一緒になって発音されます。一方、많아요の方には、ㄴは、1つしかなく、1章でふれた連音化のしくみによって[마나요]と発音されます。(この場合のㅎは全く発音されません。)

ㅁについても、그물(魚網)vs.금물(禁じられたこと)のペアのように、同じような違いを見ることができます。

韓国語の3つの鼻音と、こういった長さの違いの聞き取りと発音の練習問題が付録のDVDの「子音19」にあります。練習しましょう。

3.8 ㄹ

韓国語のㄹには、2つの発音があります。ともに、舌の先の方(または一番先端部分)を使って、上の前歯の裏か歯茎の後ろの部分にあてて発音しますが、その他の点においては大きな違いが見られます。

3.8.1 ㄹ：母音の間にくる場合

ㄹが、노래(歌)や얼음(氷)、あるいは물 있어요(水があります)のように母音に挟まれるとき、舌の一番先端か先の部分で歯茎にすばやく打ちあてて発音します。その結果、日本語の「春(ハル)」の'r'のような音になります。[24]

このㄹの音は、母音の間に挟まれる場合に起こるのですが、리을(ㄹの文字の呼び名)のように語の最初にくる場合も同じ発音になります。もともと韓国古来の語には、ㄹで始まる語はないので、この리을が韓国古来の語の唯一の例です。また、레스토랑(レストラン)や리본(リボン)の'r'のように、外来語の最初の音のときにもこの発音になります。

---

[24] Sohn (1994:435)

3.8.2 ㄹ：他の位置にくる場合

ㄹが날씨(天候)のように子音の前にきたり、불(火)のように語の最後にきて単独で使われるときは、舌を歯の裏側の歯茎のところに押しあてて発音します。このときのㄹの音は、母音の間のくるときのㄹの音とは異なります。舌を歯茎にすばやく打ちあてるのではなく、歯茎に舌先を軽く押しあてます。この発音は、英語のlegやlipのような単語の最初の'l'の発音と同じです。

また、빨래のように、ㄹが2つ並ぶときもこの'l'の発音になります。綴りからわかるように、最初のㄹは、最初の音節の最後に、2番目のㄹは、次の音節の最初に発音されます。したがって、2つのㄹの場合のㄹの発音は、1つのㄹの場合のㄹの発音とは異なります。たとえば、다리(足；橋)のㄹは、日本語の「春(ハル)」の'r'の発音ですが、달리(異なって)のㄹは、舌の先の方を上の歯茎から歯の裏にかけて軽く押しあてた'l'を2つ重ねた発音になります。

また、렌즈(レンズ) vs. 립스틱(リップ・スティック)のような、外来語の最初の'l'の発音は、この'l'の発音ですが、日本語の「春(ハル)」のような'r'の発音をする韓国語話者もいます。

ㄹ

音	「どこ」で「どのようにして」
母音の間と語の最初にくる場合	舌の先の方(または一番先端部分)を上の歯茎から歯の裏にかけてすばやく打ちあてる
子音の前、単独で使用される語の最後の位置、もう1つのㄹの後	舌の先の方(または一番先端部分)を上の歯茎から歯の裏にかけて軽く押しあてる

付録のDVDの「子音20」に含まれている練習問題で、これらの音に慣れるよう、しっかり練習をしましょう。

パリの恋人 vs. バリでの出来事

　韓国でも日本でも人気を博した韓国ドラマ「パリの恋人」と「バリでの出来事」の原題は、それぞれ"파리의 애인", "발리에서 생긴 일"です。パリは、フランス語のParis, バリはインドネシアの島、Baliのことを指します。日本語では書き分けることができないParisの'r'とBaliの'l'ですが、韓国語では、1つのㄹと2つのㄹを使って、母音に挟まれた'r'と'l'を区別しているのがわかります。同じような例として、2つのㄹで綴られる올리브 olive(オリーブ)、밀라노 Milano(ミラノ)、1つのㄹで綴られる카메라 camera(カメラ)、앙카라 Ankara(アンカラ)などがあります。

　それでは、chlorella(クロレラ)は、韓国語ではどのように綴られるのでしょうか？最初は'l'なので、ㄹが2つ、次に'r'がきて、ㄹが1つ、最後の'l'には、ㄹを2つで、しめて……클로렐라となります。

3.9 発展学習：有気音化について

ここでは、韓国語の子音がどのようにして作られるか、技術的に少し詳しく説明します。(後の練習問題は、この部分の説明を読まなくてもできます。)

これまでの説明からもわかるように、韓国語において、語の最初にくる子音を区別する上で、また、これらの子音が日本語の子音とどのように違うのかを理解する上で、出される息の程度が非常に重要です。肺からあがってくる空気が外に出るのを遮断して発音されるどの子音についても、母音の前にくるときは次の3つのステップの流れに沿って発音されます。

ステップ1.　口の中のどこかの部分(例：唇、上の前歯の裏の歯茎、あるいは上顎の真ん中のあたり)を固く閉じます。

ステップ2.　この閉じられた状態で、空気が肺から上がってくるにつれて、空気は圧縮されます。

ステップ3.　発音の最後のところで、閉じられた状態が開放され、次の母音の発音のための声帯の振動が始まります。

3番目のステップは、非常に重要なポイントです。というもの、次の母音の声帯の振動がどのタイミングで始まるかによって、加わる息の量が決まってくるからです。これは、声帯の振動が、肺から上がってくる空気が咽頭を通るのを邪魔することが原因です。空気を開放するや否や声帯が振動すれば、息は全く加わりません。ところが、この空気が開放されたあと、声帯の振動が遅れて始まるとき、より多くの息が加わります。

これは非常に微妙ですが、日本語の「パイ」と「バイ」を発音して比べてみるとその違いがわかるはずです。手(または紙)を口の前にもってきて、もう1つの手をのど仏のあたりにあてて、これらの語をゆっくり言ってみましょう。「バイ」の場合の声帯の振動(図3.5参照)は、唇を開ける少し前に始まり、息が出てないのに気がつくはずです。

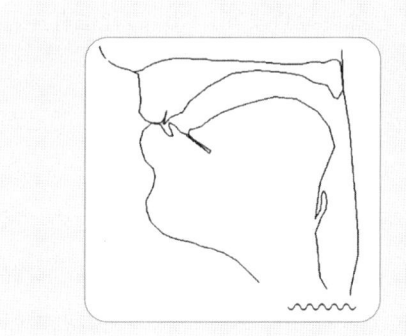

ステップ1： 唇を閉じる；唇が閉じられている	ステップ2： 唇の開放と声帯の
　　　　　　うちに声帯の振動が始まる	　　　　　　振動

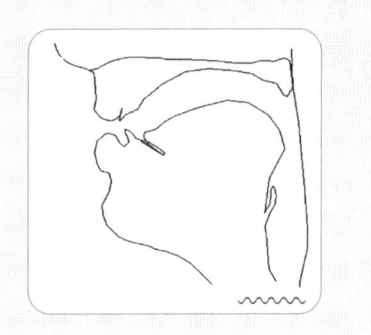

図3.5 「バイ」の'b'の発音における2つのステップ

　これを「パイ」を発音するときと比べてみましょう。この語における声帯の振動は、唇を開ける瞬間まで始まらず、したがって息が加わります。実際に、声帯の振動を遅らせると息の量を多くすることができることに気がつくはずです。「パイ」という語をゆっくりと言ってみましょう。唇を開けたあと、少し遅れて声帯が振動し始め、息がより多くでているのに気がつくはずです。

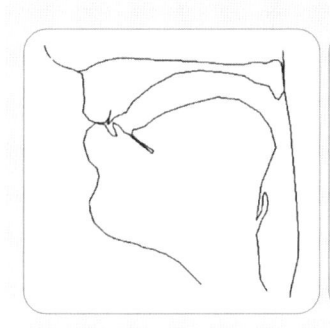

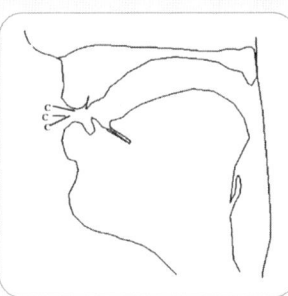

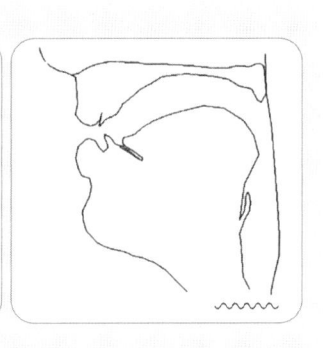

ステップ1： 唇を閉じる　　ステップ2： 唇を開け、　　ステップ3： 母音のための
　　　　　　　　　　　　　　　　　　　　息を開放　　　　　　　　　声帯の振動

図3.6 「パイ」の'p'の発音における3つのステップ

　韓国語のㅍは、日本語の「パ」の'p'の場合にくらべて、この声帯の振動がはるかに遅く始まり、したがってより多くの息が加わります。逆に、ㅂは、ㅍよりずっと短い遅れで発音されるため非常にわずかな息しか加わりません。そして、ㅃは、この遅れが全くありません。つまり、声帯は常に、唇を開けるや否や振動し始め、息が全く加わらない

第3章 子音　61

のです。図3.5にある日本語の「バ」の'b'の発音とは異なります。'b'の音は有声音なので、声帯の振動は、唇を開ける前にすでに始まっています。

〈ㅌ, ㄷ, ㄸ〉、〈ㅋ, ㄱ, ㄲ〉、〈ㅊ, ㅈ, ㅉ〉の子音のグループについても同じことが言えます。つまり、多くの息を伴うㅌ, ㅋ, ㅊは、対応する日本語の「タ、テ、ト」の't'、「カ行」の'k'、「血(チ)」の'ch'の音よりは、声帯の振動がはるかに遅れるため、はるかに多くの息が加わります。無気音であるㄷ, ㄱ, ㅈは、声帯の振動が、それほど遅れないためほんのわずかの息しか加わりません。一方、ㄸ, ㄲ, ㅉは、息の開放と声帯の振動との差が全くなく、同時に起こります。ㄸ, ㄲ, ㅉの息の開放時期と、日本語の「ダ、デ、ド」の'd'、「ガ行」の'g'、「字(ジ)」の'j'の音の場合のそれとを比べてみると、有声音である日本語のこれらの音は、声帯の振動が息を開放する前に始まります。

第4章

発音変化

　糸を通したビーズは隣のビーズに影響されその姿を変えることはありません。ところが、語を作る「音」はそうではありません。むしろ、いろいろな面で隣の音と関わり合い、お互いの存在を尊重し合うかのようにその形を変えることが少なくありません。

　すべての言語は、このような音の変化を伴います。日本語でいうと、「やるのですか。」が日常の会話で「やるんですか。」となったり、「てんぷら」の「ん」が後に続く子音'p'の影響を受けて実際には'm'に変化したりすることなどがそういった例です。

　韓国語においてもさまざまな発音の変化があります。これらの発音の変化は、ときにはもとの音からかなり違う音になる場合があります。この章では、これらの変化をもたらす15の重要な音のしくみについて述べます。15のそれぞれの発音変化のしくみについて説明を読んだ後、付録のDVDでそれぞれの発音変化を聞き取ったり、発音したりして練習できるようになっています。これらの発音変化のしくみについて学ぶことで、聞き取りと発音の力がつくだけでなく、韓国語の綴りのしくみについてもより深い理解ができるようになるでしょう。

4.1 子音の連音化

韓国語の最も基本的な発音変化のしくみは、音節の構造と深い関係があります。1章でも触れましたが、子音が音節の終わりにきて次の音節が母音で始まると、子音は次の音節に押し出されます。したがって、밥이(ごはん＋が)は、最後の子音が次の音節の母音に「連音化」され、[바비]と発音されます。(他の章と同じように、この章でもかぎ括弧は綴りではなく発音を示します。)

他にも以下のような例があります。

単語		発音
믿음	(信念)	[미듬]
악어	(ワニ)	[아거]
밖에	(外＋に)	[바께]
음악	(音楽)	[으막]

子音は、一息で発音されるいくつかの語の中においては、語の境界を超えて連音化されることもあります。たとえば、예쁜 우산(きれいな傘)は、[예쁘누산]と発音され、꼭 오세요(是非いらしてください)は、[꼬고세요]と発音されます。

韓国語では、連音化が子音の発音が語の最後で息を開放せずに発音する場合にも起こります。したがって、옷 안 사요(服を買いません)は、[오단사요]と発音され、꽃 아니에요(花ではありません)は、[꼬다니에요]と発音されます。

子音の連音化
(語の境界を越えて適用)

どこで起こるか？	何が起こるか？
次の音節が母音で始まるとき発音される	子音は次の音節の初めに移って

また、子音の連音化が起こることによって、通常発音されない子音が発音されます。

たとえば、韓国語では通常、音節の最後の2つの子音がともに発音されることはありません。したがって、넓다(広い)のㅂは普通は発音されません。ところが、子音の連音

化が起こって、ㅂが次の音節に移る넓어요(広いです)においては発音されます。同じように、값(値段)のㅅも通常は発音されませんが、값이(値段＋が)では連音化の結果、ㅅが次の音節の初めの位置に移って発音されます！[1] さらに、젊다(若い)のㄹも젊다では発音されませんが、젊어요(若いです)ではㅁが次の音節に移るため、音節の最後の唯一の子音となり、ㄹの発音が復活するのです！

子音の連音化がない場合	子音の連音化が起こる場合
넓다[널따]　(広い)	넓어요[널버요]
값[갑]　　（値段）	값이[갑씨]
젊다[점따]　(若い)	젊어요[절머요]

付録のDVDの「発音変化1」に、子音の連音化の発音練習が入っています。練習しましょう。

4.2　有声音化

3章で触れたように、無気音のㅂ, ㄷ, ㄱ, ㅈは、有声音(母音とㅁ, ㄴ, ㅇ, ㄹ)に挟まれると完全に有声音になります。その結果、ㅂは「バ行」の'b'のような発音になり、ㄷは「ダ、デ、ド」の'd'のような発音になり、ㄱは「ガ行」'g'のような発音になり、ㅈは「ジ」の'j'のような発音に変化します。

無声音	完全な有声音化	
비 (雨)	준비 (準備)	ㅂは「バ行」の'b'のような発音
다 (すべて)	멀다 (遠い)	ㄷは「ダ、デ、ド」の'd'のような発音
개 (犬)	조개 (貝)	ㄱは「ガ行」の'g'のような発音
자 (ものさし)	상자 (箱)	ㅈは「ジ」の'j'のような発音

---

1 ところが、값어치(価値)は常にㅅを発音することなく[가버치]と発音され、밥값은(ごはんの値段＋は)も、しばしばㅅを発音せず[밥까븐]と発音されます。さらに、닭이(鶏肉＋が)と흙이(土地＋が)は、ほとんど常にㄹを発音せず、それぞれ[다기], [흐기]という発音になります。

有声音化は、子音が語の最後にきて次の語が母音で始まる場合にも起こります。したがって、입 안(口の中)の입(口)の最後のㅂは、母音に挟まれるため「バ行」の'b'のような発音になります。同じように、백 원(100ウォン)の백(百)の最後のㄱは「ガ行」の'g'のような音に変化します。

有声音化は、내 바지(私のズボン)のㅂや큰 가방(大きいカバン)のㄱのように、語の枠を越える場合にも起こります。

前の章で詳しく説明しましたが、語の最後の子音は、肺からの空気を全く出さず、息を開放しないままで発音します。

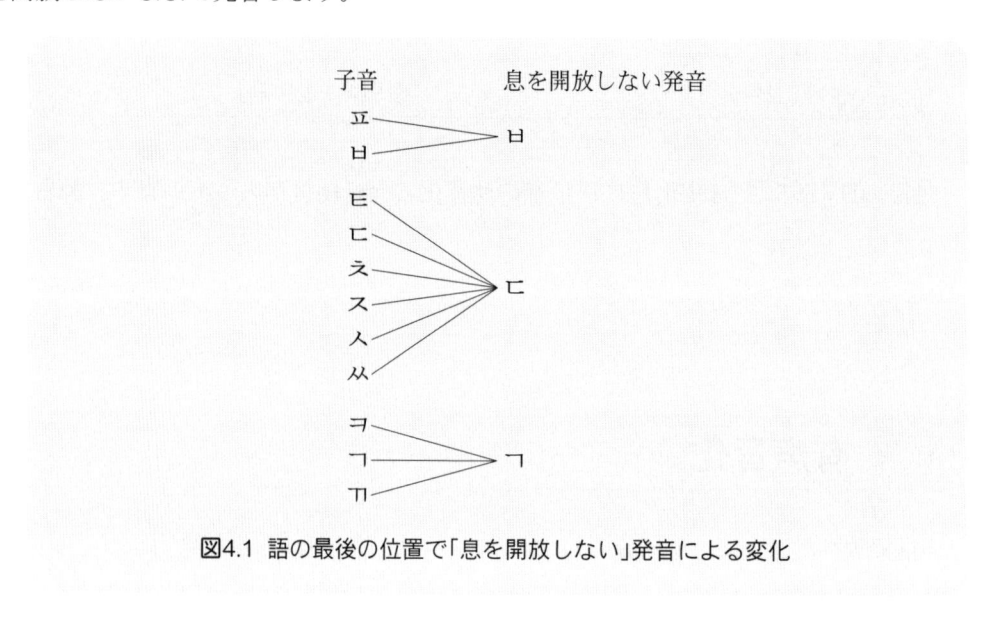

```
子音            息を開放しない発音
ㅍ ─┐
ㅂ ─┴─────── ㅂ

ㅌ ─┐
ㄷ ─┤
ㅊ ─┼─────── ㄷ
ㅈ ─┤
ㅅ ─┤
ㅆ ─┘

ㅋ ─┐
ㄱ ─┼─────── ㄱ
ㄲ ─┘
```

図4.1 語の最後の位置で「息を開放しない」発音による変化

これらの子音が語の最後にきて次の語が母音で始まる場合、これらの子音のどれについても有声音化が起こります。以下にいくつか例をあげます。

例	息を出さない状態	有声音化が起こった後
잎 안(葉の中)	[입]안	「バ行」の'b'のような発音
솥 없어요(釜がありません)	[솓]없어요	「ダ、デ、ド」の'd'のような発音
꽃 아니야(花じゃない)	[꼳]아니야	「ダ、デ、ド」の'd'のような発音
빚 안 져요(借金はしません)	[빈]안 져요	「ダ、デ、ド」の'd'のような発音
맛 없어요(まずいです)	[맏]없어요	「ダ、デ、ド」の'd'のような発音
부엌 안(台所の中)	[부억]안	「ガ行」の'g'のような発音
밖 안 보여요(外が見えません)	[박]안 보여요	「ガ行」の'g'のような発音

有声音化	
(語の境界を越えて適用)	
どこで起こるか？	何が起こるか？
有声音(母音とㅁ, ㄴ, ㅇ, ㄹ)に挟まれたとき	ㅂ, ㄷ, ㄱ, ㅈの発音となる子音は完全に有声となる
	ㅂ →「バ行」の'b'のような発音
	ㄷ →「ダ、デ、ド」の'd'のような発音
	ㄱ →「ガ行」の'g'のような発音
	ㅈ →「ジ」の'j'のような発音

　付録のDVDの「発音変化2」および「子音1(ㅂ)」、「子音5(ㄷ)」、「子音9(ㄱ)」、「子音13(ㅈ)」に、有声音化の発音練習が含まれています。これらの練習問題で有声音化の発音練習をしましょう。

有声・無声と音素の話❶ － *kid* vs. *kit*

　韓国語の音のしくみにおいて、無気音（ㅂ, ㄷ, ㄱ, ㅈ）は、音素（母語話者が'心理的に'区別する最小の音の単位）として存在します。一方、無声であるこれらの音素が、実際の発音で有声音化された音は、韓国語における音素ではありません。

　有声音化されたㅂ, ㄷ, ㄱ, ㅈは、音素ではないので、たとえば、他の言語で、これらの音の有声/無声の区別があったとしても、韓国語話者にとっては同じものになります。したがって、英語のPat（名前）とpad（座ぶとん）, kit（ひとそろいのもの）とkid（子ども）, tuck（押し込む）とtug（引く）などの単語では、最後の子音が「息を開放しない発音」のため、韓国語話者にとっては、それぞれ同じものとして聞こえていると考えられます。

有声・無声と音素の話❷ － ゆたか vs. 유타카

　日本語においては、「カ行」に対して「ガ行」があるように、無声のものに限らず、有声のものも音素として存在します。韓国語話者が日本語を学ぶ場合、たとえば、「信号（しんごう）」と「信仰（しんこう）」、「郊外（こうがい）」と「後悔（こうかい）」のように、有声と無声で対照的な語を学ぶことは容易ではありません。「信号」の「ご」、「郊外」の「が」の有声のところは、韓国語の有声音化のしくみを参考に発音しますが、無声の子音のところは、音素として持っているㅍ, ㅌ, ㅋ, ㅊのように、息を多く出して有声の子音と区別しようとします。その結果、「信仰」の「こ」、「後悔」の「か」のところに極端に息を加えて、強く発音してしまいがちです。また、「豊（ゆたか）」という日本語の名前を呼ぶときも、「ゆだが」にならないよう発音するため、「ゆたか」と最後の2つの子音を特に強く、高く発音する傾向があります。

有声・無声と音素の話 ❸ — 가방の[바] vs. かばんの「ば」

　韓国語において、ある音が、音素であるか、音素でないか、ということは、実際の発音においても微妙な違いをもたらします。有声音化された無気音ㄱは、日本語の「ガ行」の'ｇ'のような音である、完全に有声音化される、という説明がありました。しかし、音声学的な有声の程度を機械で測ってみると、実は、音素としての'ｇ'の音とは、微妙な違いがあることがわかっています。(Jun 1993, Keating 1996)

　つまり、有声音化されたㄱは、日本語の「ガ行」の有声の子音ほど、音の最初から最後まで、しっかりと、そして、十分に声帯が振動しているわけではありません。솥 없어요, 부엌 있어요, 밖 안 보여요のように、語の境界を越えて、特に、無気音でない子音が有声音化される場合は、有声の程度はさらに弱まります。

　したがって、韓国語で有声音化された子音(ㅂ, ㄷ, ㄱ, ㅈ)を発音するときは、日本語の有声の子音ほど、しっかりと声帯を振動させるのではなく、隣の有声音(母音、ㄹ, ㄴ, ㅇ, ㅁ)の声帯の振動をそのまま受け止める感じで発音する方が、韓国語の音により近い発音になるといえます。

4.3 合成母音の弱音化

話し言葉では、合成母音(「ワ行」の'w'と「ヤ行」の'y')の半母音の部分は弱まるだけでなく、すべて消えてしまうこともあります。最もよく見られるのは'w'の弱音化で、語の最初にこなければ、早い話し言葉ではほとんど失われてしまいます。

例		発音
사과 먹어요	(りんごを食べなさい)	[사가머거요]
추워요	(寒いです)	[추어요]

사과(りんご)の例では、合成母音ㅘがㅏの単母音となり、추워요(寒いです)の例では、ㅝがㅓとなっています。

合成母音ㅘ, ㅝの場合ほど頻繁に見られませんが、下の例は、弱音化の結果、合成母音ㅟが単母音ㅣとなる例です。

例		発音
가위 있어요?	(はさみはありますか)	[가이이써요]
귀 아파요	(耳が痛いです)	[기아파요]

ただし、半母音'w'は、위(上), 왕(王), 월요일(月曜日)のように、語の最初にくるときは落ちないので注意しましょう。

「ヤ行」の'y'については、特にㅒとㅖが弱音化の影響を受けます。얘(この子)や예습(予習)のように、語の最初の位置では保たれますが、一般的には次の例のように他の位置では消えてしまいます。

例		発音
걔	(その子)	[개]
폐	(肺)	[페]
시계	(時計)	[시게]
얼마예요?	(いくらですか)	[얼마에요]

他の'y'合成母音(ㅑ, ㅕ, ㅛ, ㅠ)は、すべての場合において、もとの発音が保たれます。

　このように、半母音が発音の上で失われても綴りの上では変わりません。この本では、実際に起こる発音は、かぎ括弧の中に入れて示し、綴りと区別できるようにしてあります。少しややこしく感じるかもしれませんが、こういった方法で発音変化のしくみを十分に理解することは、結局、どのような発音であるかを覚えることだけでなく、単語の綴りを覚えることにもつながります。

合成母音の弱音化

影響を受ける合成母音	どこで起こるか？	何が起こるか？
「ワ行」のㅘ, ㅝと「ヤ行」シリーズのうちㅒとㅖ	語の最初にくる場合以外すべて	半母音'w'及び'y'が話し言葉では弱まるか完全に失われる

　最後に、ㅢ('y'合成母音)について注意点を述べておきます。2.2.1で述べましたが、ゆっくりと丁寧に話す話し言葉において、의사(医者)や의자(いす)のように単語の最初にきた場合のㅢは、十分に発音されます。しかし、早い話し言葉においては、半母音'y'が非常に弱くなるか、全くなくなってしまいます。

　また、ㅢは、他の位置にくると、2つの異なる発音になります。미국의 수도(アメリカの首都)のように、「〜の」という所有の助詞として使われるときは、単なる母音ㅔと発音します。さらに、語の最初の位置でもなく、所有の助詞でもないときは、희망(希望)や거의(ほとんど)がそれぞれ[히망], [거이]となるように、単なる母音ㅣになります。

　付録のDVDの「発音変化3」に、合成母音の弱音化の発音練習が含まれています。練習しましょう。

4.4 短縮形

　短縮形は、音節の数が減ることによって語が短くなったものです。韓国語には、高い頻度で使われるさまざまなタイプの短縮形があります。ここで説明する短縮形になじむことで、聴き取りとスピーキングの両方において力をつけることができるようになります。

●単母音ㅗとㅜが'w'合成母音に短縮される

　　ㅗ ＋ ㅏ → ㅘ
　　ㅜ ＋ ㅓ → ㅝ

　非常に一般的な短縮形なのですが、早い話し言葉において母音ㅗ, ㅜの後に続く接尾辞が母音ㅏで始まる場合、2つの母音が短縮され、ㅗとㅜは、それぞれㅘ, ㅝとなります。したがって、3つの音節からなる보아요(見てください)は、ㅗとㅏが合成母音ㅘとなって[봐요](2つの音節)と短縮され、주어요(ください)は、ㅜとㅓが合成母音ㅝとなって[줘요]と短縮されます。

短縮されない場合	短縮形
보아요　（見てください）	[봐요]
주어요　（ください）	[줘요]

　このタイプの短縮形は、綴りにおいても短縮されます。つまり、보아요は봐요と書かれることもあり、주어요は줘요と書かれることがあります。また、오＋아＋요(来てください)は、常に短縮形の와요が使われます。

　さらに、語の最初の位置でない場合、短縮形の半母音'w'の部分が完全に落ちることもあり得ます。(4.3参照) つまり、ㅘの場合、ㅗの部分が落ちて単なる母音ㅏ、ㅝの場合、ㅜがなくなって単なるㅓとなるのです。[2] したがって、綴りではそうなりませんが、봐(見て)は[바]、뭐(何)は[머]と発音されます。

---

[2] ㅜが落ちるだけでなく、ㅝのㅓが単にㅗとして残ることもあります。したがって、뭐예요?[何ですか?]は[머예요]とも[모에요]とも発音されます。さらに、주어(ちょうだい)の[조]のように、半母音の脱落の結果、ㅗとだけ発音される場合もあります。

半母音'w'が落ちない場合	半母音'w'が落ちた場合
여기 봐요 （ここを見てください）	[여기바요]
뭐예요? （何ですか）	[머에요]

● 母音 ㅣ が 'y' 合成母音に短縮される

ㅣ + 母音 ㅓ (接尾辞) → ㅕ

短縮形のしくみは、母音のㅣの音にも影響し、後に続く接尾辞が母音で始まっている場合、合成母音ㅕに短縮されます。したがって、시어요(すっぱいです)は[셔요]、기어요(這っています)は[겨요]と発音されます。

短縮されない場合	短縮形
시어요 （すっぱいです）	[셔요]
기어요 （這っています）	[겨요]
피어요 （咲いています）	[펴요]

마시＋어＋요(飲みなさい)は、常に[마셔요]と発音され、また綴りも短縮されます。(綴りまで短縮されるかどうかについては、それぞれの場合で異なります。そのときそのとき学んでいくしかないようです。)

● 를(〜を)と는(〜は)の短縮形

非常に一般的なもう1つの短縮の形は、母音で終わる名詞につく直接目的語を示す助詞를(〜を)に起こります。次の例のように、話し言葉では、를はㄹと短縮されます。

短縮されない場合		短縮形
나를	（私＋を）	[날]
너를	（お前；君＋を）	[널]
누구를	（誰＋を）	[누굴]
여자를	（女＋を）	[여잘]
녹차를	（緑茶＋を）	[녹찰]
냉장고를	（冷蔵庫＋を）	[냉장골]

第4章 発音変化

話題を示す는(〜は)についても同じような短縮が起こります。つまり、母音で終わる名詞につく는が短縮され、ㄴとなります。

短縮されない場合		短縮形
나는	(私＋は)	[난]
너는	(お前；君＋は)	[넌]
누구는	(誰＋は)	[누군]
아빠는	(お父さん＋は)	[아빤]
아까는	(さっき＋は)	[아깐]
자전거는	(自転車＋は)	[자전건]

　直接目的語を指す助詞를(〜を)と話題の助詞는(〜は)は、代名詞においては날や난のように綴りにおいても短縮されますが、普通の名詞の場合、綴りは短縮されません。

●-이다(〜だ)の短縮形

　-이다(〜だ)や、その丁寧な形-입니다、また、-이다を使った表現-인데요(〜んだけれど)が、母音で終わる語の後に続くと、最初の이が落ちます。したがって、가수입니다(歌手です)は、短縮されて[가슴니다]となり、저입니다(私です)は[점니다]となります。[3] 一般的に、〈代名詞＋-이다〉の組み合わせのときは、綴りも短縮されるのですが、それ以外の普通の名詞の場合でも、記事の引用文や、小説などでは、短縮形が広く文字化される傾向にあります。

短縮されない場合		短縮形の発音	短縮形の綴り
저인데요	(私ですが…)	[전데요]	전데요
가수입니다	(歌手です)	[가슴니다]	가슴니다
의사입니다	(医者です)	[의삼니다]	의삼니다
학교입니다	(学校です)	[학굼니다]	학굼니다

　-이다(〜だ)のさまざまな形のうち-이세요と-이다の場合、母音で終わる語に続くとき、発音と綴りとの両方において、누구세요?(どなたですか)や전화다(電話だ)のように

3　ㅂを[ㅁ]と発音するしくみについては、4.9に説明があります。

必ず短縮形を使わなくてはならないので気をつけましょう。

●よく使われる短縮形の単語

これまでみてきたタイプほどは一般的ではありませんが、短縮が起こる語を以下にまとめます。

短縮されない場合		短縮形
나의	(私+の)	[내]
저의	(私+の)	[제]
무엇	(何)	[뭐]
무엇을	(何を)	[무얼]/[뭘]
이것을	(これ+を)	[이걸]
이것은	(これ+は)	[이건]
이것이	(これ+が)	[이게]
그런데	(ところで)	[근데]
그러면	(そうであれば)	[그럼]
그렇지	(そうでしょ)	[그치]
－때문에	(〜のせいで)	[때메] (＊短縮形の綴り→땜에)
다음	(次)	[담]
마음	(心)	[맘]
처음	(最初)	[첨]

　내と제については、ほとんど常に発音されるように綴りも短縮されたものが使われますが、その他のものについては場面によって異なります。少なくともあまり正式でない書き物においては、短縮された発音と同じように綴りも短縮される場合がほとんどです。

●同じ母音が続いたときの短縮

　最後に、同じ母音が2つ続く場合、1つの母音に短縮される場合についてです。재미있어요(おもしろいです)や어디 있어요(どこにありますか)のように、母音 ㅣ が2つ重なる場合、1つの母音に短縮されて、それぞれ[재미써요], [어디써요]と発音されることがあ

ります。(普段の書き物では、綴りにおいても재밌어요, 어딨어요という短縮形がしばしば使われます。)

短縮されない場合	短縮形
재미있어요　（おもしろいです）	[재미써요]
어디 있어요?　（どこにありますか）	[어디써요]

付録のDVDの「発音変化4」にある練習問題で短縮形の練習をしましょう。

4.5　母音の特殊な変化

文末に尊敬を表す語尾の-요とさまざまな文法語尾におけるㅗの音の特殊な変化について説明します。[4]

●ㅕのように発音されるㅛ

くだけた話し言葉では、聞き手を敬う文末の-요の発音は、唇の丸みがなくなりㅕの発音に近くなります。したがって、가요(行ってください)は[가여]、보세요(見てください)は[보세여]となります。(ただし、綴りはもとのままで変わりません。)

例	発音
가요　（行ってください）	[가여]
보세요　（見てください）	[보세여]
우표요　（切手、お願いします）	[우표여]

この母音の変化は、文末の-요にのみ起ります。したがって、名詞の가요(歌謡)は가요(行ってください)と同じ綴りですが、発音は[가요]のままです。

---

[4] ここに含まれていませんが、ㅓは、ㅡのように発音されることがあります。よく見られるのが、過去の回想の接尾辞で、連体形(巻末付録文法サマリー参照)で使われる-던です。たとえば、먹던 밥(昔よく食べたごはん)は、[먹든 밥]と発音されることがしばしばあります。また、덜(より少ない)も、[들]と発音されることがよくあります。同じような例として、언제(いつ)も[은제]というふうに、発音の際、舌の位置が高くなります。

● ㅜのように発音されるㅗ

　-하고(〜と)、-고(そして；〜と)、-로(〜へ；〜によって)、-도(〜も)などの文法語尾に現れるㅗは、しばしばㅜと発音されます。この発音の変化は、사과하고 배(りんごと梨)や뭐라고(何て言った？)の-고、어디로(どこへ？)や차로(車で)の-로、빵도(パンも)の-도の発音に見られます。

例		発音
사과하고 배	(りんごと梨)	[사과하구배]
뭐라고?	(何て言った？)	[뭐라구]
어디로?	(どこへ？)	[어디루]
차로	(車で)	[차루]
빵도	(パンも)	[빵두]

　この母音の発音の変化について注意点が2つあります。1つは、広告や親しい人宛の手紙、また話し言葉独特のニュアンスを伝えたい場合(たとえばドラマや映画のシナリオ)を除いて、発音が変わっても綴りは変わらない、という点です。もう1つは、文法語尾である場合に限りこの変化は起る、という点です。名詞の最後の고は変化しません。したがって、냉장고(冷蔵庫)や차고(車庫)の고、지도(地図)や괘도(掛図)の도、피로(疲労)や과로(過労)の로は、もとの発音のままです。

　付録のDVDの「発音変化5」にある練習問題で、これらの母音の変化の練習をしましょう。

그리고 나**도** 영미하**고** 거기**로** 가려**고** 했다**고**, 그래가지**고**…

韓国ドラマや映画を見ていると、[ㅗ]が[ㅜ]のように発音されることが実に多いことに気がつきます。나**도**(私も), 이거하**고** 이거(これとこれ), 그래가지**고**(それなので…), 어디**로**?(どこ?), 뭐라**고**?(何だって?)のような表現では、必ずといっていいほど、[ㅗ]は、[ㅜ]と発音されます。

뭐라고?(何だって?)は、뭐라고 했어?(何て言った?)の했어(言った)の部分が省略されたものです。日本語でも、「何て言った?」を「何て?」というふうに「言った」の部分を省略することがありますが、韓国語の場合、動詞の部分がなく、引用の接尾辞-고で終わる文末表現が、日本語の場合よりもはるかに頻繁に使われます。もともとは、「言う」を省略した形である引用の接尾辞-고ですが、これがさらに発展し、話者の強い主張を意図する接尾辞となる場合も頻繁に見られます。上の文章の했다고の고は、そのような機能を持つものです。文章全体は、「それに、私もヨンミとそこへ行こうとしたんだってば、それだから…」といった意味なのですが、太字の音節の[ㅗ]は、すべて[ㅜ]と発音します。

ㅜの発音とカナ文字のハングル表記法

　一般的に紹介される、日本語のカナ文字のハングル表記法は、日本の文部科学省に相当する「韓国教育人的資源部」で作られたものです。サ行、ザ行、タ行、ダ行のウ段以外のウ段は、ㅜを使うことに決められています。この表記法は、学習者が、自分の名前や日本の地名をハングルで書いてみて、ハングルに親しみを感じる上で、とても便利なのですが、[ㅜ]の発音を身につける上では、問題です。

　日本語の「ウ」の発音は、唇を丸めて発音しないので(唇を使う「プ」と喉の奥で作る「ク」だけは他のウ段に比べて少し丸まります)、[ㅡ]の発音の方に近くなります。ところが、ハングル表記法では、「ス、ツ、ズ、ヅ」以外の、ウ段のほとんどにㅜを使っているため、'ㅜ'の文字を見ると、日本語の「ウ」を思い浮かべてしまい、そのため[ㅡ]と発音してしまいがちです。[ㅜ]のつもりで発音していても、韓国語話者には、[ㅡ]と聞こえているかも知れません。

　通常の[ㅜ]の発音をするときもそうですが、引用の接尾辞-고が[구]となる例のように、話し言葉で頻繁に起こる、ㅗがㅜとなる発音変化の場合にも、[ㅜ]を[ㅡ]と発音しないよう、唇をしっかり丸めて発音するようにしましょう。

4.6 ㅎの弱音化

ㅎが有声音(母音とㅁ, ㄴ, ㅇ, ㄹ)の間にくるとき、普段の会話では弱く発音され、早い話し言葉の場合には全く失われてしまうことがあります。このㅎの弱音化の例を以下にあげます。

例		発音
영화	(映画)	[영와]
여행	(旅行)	[여앵]
죄송합니다	(すみません)	[죄송암니다]
전화	(電話)	[저놔]

上の例で、전화(電話)の場合を見てみると、ㅎが全く失われた結果、2番目の音節の最初の子音の場所が空き、その結果ㄴがその場所を占め、最終的に連音化が起きています。

ㅎの弱音化は、2つの単語が1つのものとして一緒に発音される場合、以下の例のように、語の境界を越えて起こります。

例		可能な発音
언제 해요?	(いつやりましょうか)	[언제애요]
다시 해요	(もう一度やってください)	[다시애요]
파란 하늘	(青い空)	[파라나늘]

ㅎが語幹の最後にきて後に母音が続く場合、ㅎの消失は必ず起こります。したがって、좋아요(よいです)や많아요(たくさんあります)のような場合、ㅎが発音されることはありません。

例		発音(ㅎの消失は必須)
좋아요	(よいです)	[조아요]
많아요	(たくさんあります)	[마나요]

ㅎの弱音化	
(語の境界を越えて適用)	
どこで起こるか？	何が起こるか？
有声の母音と ㅁ, ㄴ, ㅇ, ㄹの間	語幹の最後にくる場合は必ず消失； そうでない場合は、ㅎは弱く発音されるか、 消失する

付録のDVDの「発音変化6」にある練習問題で、ㅎの発音の練習をしましょう。

4.7 有気音化[5]

ㅎは有声音に挟まれると弱まったり消えたりしますが、一部の子音(無気音)の前後にくると、その子音の中に吸収され、その音に非常に多くの息を加えます。ㅎの影響で、無気音が有気音となる発音変化を「有気音化」といいます。

4.7.1 ㅎが子音の前にくる場合

ㅎが、ㅅ以外の無気音の前にきた場合の発音変化の例を次にあげます。

例		発音	
좋다	(よいです)	[조타]	ㅎ + ㄷ → ㅌ
그렇게	(そのように)	[그러케]	ㅎ + ㄱ → ㅋ
그렇지만	(けれども)	[그러치만]	ㅎ + ㅈ → ㅊ

上の例にあるように、ㅎがㄷと合わさってㅌ、ㄱと合わさってㅋ、ㅈと合わさってㅊ、という具合にそれぞれ変化します。(ㅎがㅂの前にくることはありません。)

---

5 激音化と呼ばれることもあります。

4.7.2 ㅎが子音の後にくる場合

ㅎが無気音の後にくる場合も、有気音化が起こります。

例		発音	
급히	（急いで）	［그피］	ㅂ＋ㅎ → ㅍ
맏형	（一番上の兄）	［마텽］	ㄷ＋ㅎ → ㅌ
백화점	（百貨店）	［배콰점］	ㄱ＋ㅎ → ㅋ

有気音化は、合計で11の異なる子音がㅎの前にくる場合に起こります。ところが、発音についてだけみると、11の子音は息を外に出さない発音であるため、有気音化は、実は3つの子音についてだけ起こります。次の図4.2は、この状況についてまとめたものです。

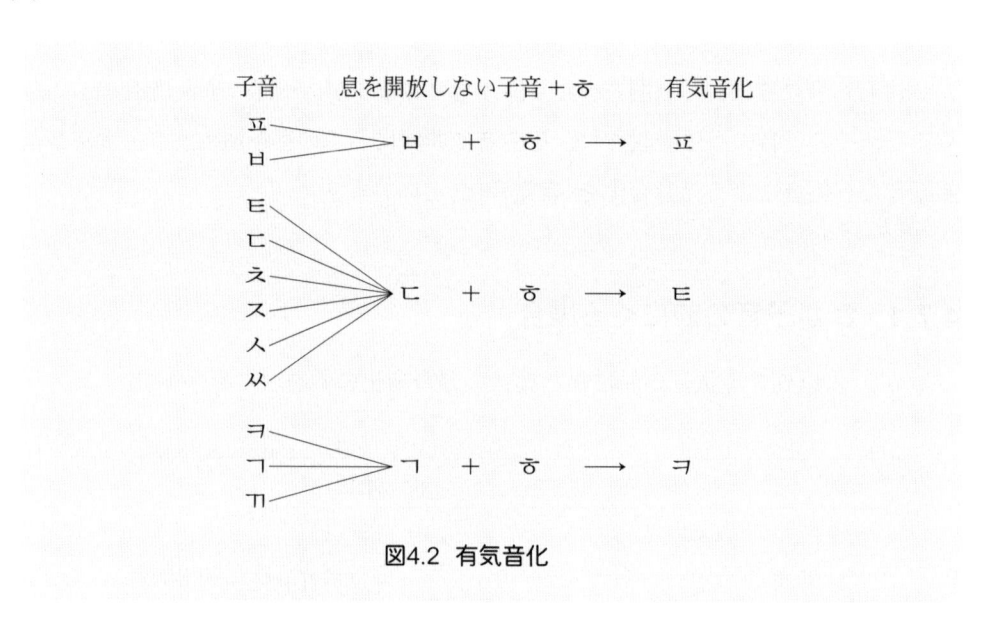

子音　　息を開放しない子音＋ㅎ　　有気音化

ㅍ, ㅂ → ㅂ ＋ ㅎ ⟶ ㅍ

ㅌ, ㄷ, ㅊ, ㅈ, ㅅ, ㅆ → ㄷ ＋ ㅎ ⟶ ㅌ

ㅋ, ㄱ, ㄲ → ㄱ ＋ ㅎ ⟶ ㅋ

図4.2　有気音化

次の例は、有気音化が、息を開放しないで終わる子音に対してどのように起こるかを示しています。

例	息を開放しない状態	有気音化後
옷하고…（服と…）	［옫］하고	［오타고］
낮하고…（日中と…）	［낟］하고	［나타고］

重要なことは、綴りにまどわされないことです。옷(服)の最後の子音はㅅですが、発音は息を開放しないㄷの発音です。옷하고…(服と…)のようにㅎが後に続くと、[오타고]となります。同じように、낮하고…(日中と…)のㅈは、息を開放しないㄷとなり、ㅎが後に続いて、多くの息が加わり、[나타고]と発音します。

　有気音化は、上の例のような語の中だけに限りません。2つの語が1つのものとして一緒に発音されるとき、語の境界を越えて起こります。밥해요(ごはんを作ります)や꼭 할게요(必ずやります)がその例で、ㅂとㄱは後に続くㅎのため、多くの息が加わります。

例		発音
밥해요	(ごはんを作ります)	[바패요]
꼭 할게요	(必ずやります)	[꼬칼께요]
옷 한 벌	(スーツ一着)	[오탄벌]
솥 하나	(釜1つ)	[소타나]
꽃 한 송이	(花一輪)	[꼬탄송이]

　ここでも重要なことは綴りにまどわされないことです。たとえば、옷 한벌(スーツ一着)は、ㅅは息を開放しないㄷとなり、息が多く加わって[오탄벌]と発音します。

有気音化
(語の境界を越えて適用)

どこで起こるか？	何が起こるか？
ㅎが前後にくる場合	無気音ㅂ, ㄷ, ㄱ, ㅈが有気音となる
	ㅂ → ㅍ, ㄷ → ㅌ, ㄱ → ㅋ, ㅈ → ㅊ

付録のDVDの「発音変化7」にある練習問題で、有気音化の練習をしましょう。

4.8 ㄹのように発音されるㄴ[6]

ㄴとㄹが隣り合わせになったとき、ㄴはㄹと発音されます。[7] 〈ㄹ＋ㄴ〉と〈ㄴ＋ㄹ〉の2つのパターンがあります。

4.8.1 〈ㄹ＋ㄴ〉のパターン

ㄹがㄴの前にくるとき、ㄴは常にㄹに変わります。

ㄹ ＋ ㄴ
↑
ㄹと発音

월남(ベトナム)や일년(1年)はその例です。この変化は、늘 늦어요(いつも遅れます)や설탕을 넣어요(砂糖を入れて下さい)のように、語の境界を越えたところでも起こります。〈ㄹ＋ㄴ〉は、〈ㄹ＋ㄹ〉となり、'l'を2つ重ねて発音します。

例		発音
월남	(ベトナム)	[월람]
일년	(1年)	[일련]
늘 늦어요	(いつも遅れます)	[늘르져요]
설탕을 넣어요	(砂糖を入れてください)	[설탕을러어요]

ㄹのように発音されるㄴ：その1
(語の境界を越えて適用)

どこで起こるか？	何が起こるか？
ㄹの後	ㄴがㄹに変わる
	ㄹ＋ㄴ → ㄹ＋ㄹ
	'l'を2つ重ねた発音

---

6 流音化と呼ばれることもあります。

7 この変化は、漢語に見られるㄹ～ㄴの変化とは異なります。たとえば、난(乱)は、난리(乱利)のように語頭では난ですが、소란(騒乱)のように語中の位置にくると란として現れます。

4.8.2 〈ㄴ＋ㄹ〉のパターン

ㄴがㄹの前にくるとき、ㄴは常にㄹに変わります。

ㄴ ＋ ㄹ
↑
ㄹと発音

この変化の例は、전력(電力)や선로(線路)をはじめ数多くあります。

例	発音
전력 （電力）	[절력]
선로 （線路）	[설로]
신라 （新羅）	[실라]
편리 （便利）	[펼리]
전례 （前例）	[절례]

ㄹが先にくる〈ㄹ＋ㄴ〉に比べると、〈ㄴ＋ㄹ〉の場合は少し複雑です。

〈ㄴ＋ㄹ〉が〈ㄹ＋ㄹ〉と変化した上の例を見ると、〈ㄴ＋ㄹ〉から〈ㄹ＋ㄹ〉への変化は、2つの音が直接組み合わさる音節にある場合に限られています。以下の例を見てみましょう。

정신＋력　（精神力）　　　　　［정신녁］
精神　力
신문＋로　（新門路；通りの名前）　［신문노］
新門　路

上の2つの例では、最初の2音節がそれぞれ最初に組み合わさっているため、次の段階で3番目の音節と組み合わさっても、〈ㄹ＋ㄹ〉とは変化しません。[8] このような場合、逆にㄹがㄴとなり、ㄴが2つ重なった発音になります。[9] 次にこのような例をあげます。

8　例外として、선릉(宣陵 朝鮮成宗と貞顯王后の墓)があります。선と릉の2つの音節が直接組み合わさっているにもかかわらず[설릉]と発音します。これは、別に능(王と王妃の墓)という単語が単独で使われることがあるからかもしれません。

例		発音
〈판단〉력	（判断力）	[판단녁]
〈한인〉록	（韓人録＝韓国系米国人録）	[하닌녹]
〈철산〉리	（鐵山里）	[철싼니]
신〈라면〉	（辛ラーメン）	[신나면]
예쁜〈리본〉	（きれいなリボン）	[예쁜니본]

したがって、〈ㄴ＋ㄹ〉の場合のㄴがㄹに変わる発音変化は、2つの音が直接組み合わさる音節にある場合に限られます。

ㄹのように発音されるㄴ：その2
（語の境界を越えて適用）

どこで起こるか？	何が起こるか？
ㄴで終わる音節がㄹで始まる音節と直接結びついたとき	ㄴがㄹに変わる ㄴ＋ㄹ → ㄹ＋ㄹ 'ㄹ'を2つ重ねた発音

付録のDVDの「発音変化8」にある練習問題で、ㄹのように発音されるㄴの発音変化の練習をしましょう。

4.9 鼻音化

ここでは、子音がㅁ, ㄴ, ㅇの3つの鼻音（鼻に抜ける音）に変わることを「鼻音化」といいます。鼻音化には、2つの異なるパターンがあります。

---

9 もう1つの面白いケースとして삼천리があります。この単語は、「韓国」という意味で使われますが、「三千里」というのがもともとの意味です。「三千里」という意味で使われるときは、삼천＋리という構造のため[삼천니]と発音され、「韓国」という意味で使われるときは、삼철＋리のような内部構造がなくなるため[삼철리]と発音されます。

4.9.1 ㅁとㄴの前で起こる鼻音化

子音の後に鼻音の子音ㅁ, ㄴが続くと、これらの子音が鼻音の影響を受け、口から抜けていた息が鼻から抜けるようになります。つまり、子音が本来作られる場所にしたがって、ㅁ, ㄴ, ㅇのいずれかの鼻音に変化します。

例	発音		子音が本来 作られる場所
십만　(100,000)	[심만]	ㅂ → ㅁ	唇
믿는다　(信じているんだ)	[민는다]	ㄷ → ㄴ	上の歯茎の後ろ
작년　(去年)	[장년]	ㄱ → ㅇ	喉の奥の方

ここで覚えておかなくてはならないことは、音節の最後の子音の後に子音で始まる音節が続くときや語の最後に子音がくるとき、その子音は息を外に出さないまま発音されるということです。このため、多くの異なる子音が同じ発音になります。以下の図にあるように、11の異なる子音がほんの3つの子音になります。これらの子音の後に鼻音のㅁまたはㄴが続くと、それぞれ鼻音の影響を受け、子音が作られる場所によって、それぞれㅁ, ㄴ, ㅇのいずれかの鼻音に変化します。

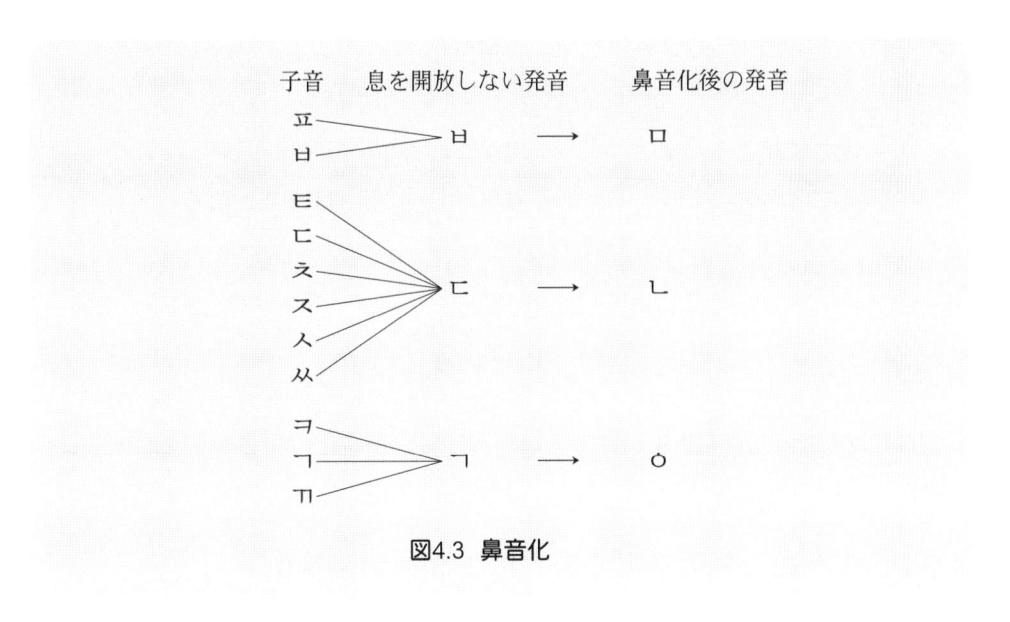

図4.3　鼻音化

次の例は、息を開放しない発音と鼻音化のしくみを表しています。

例		息を開放しない音	鼻音化
앞문	(前の戸)	[압]문	[암문]
몇년	(何年)	[몓]년	[면년]
맞네요	(合いますねえ)	[맏]네요	[만네요]
옛날	(昔)	[옏]날	[옌날]
갔나요?	(行ったんですか)	[갇]나요	[간나요]
부엌문	(台所の戸)	[부억]문	[부엉문]

このような鼻音化は、語の境界を越えたところでも起こります。たとえば、밥 먹어요(ごはんを食べます)の場合、밥のㅂは後に続くㅁの影響を受けて鼻音化され、[밤머거요]と発音します。また、옷 많아요(服がたくさんあります)の場合も同じように、옷のㅅが後に続くㅁのためㄴとなり、その結果、[온마나요]と発音します。

例	発音
밥 먹어요 (ごはんを食べます)	[밤머거요]
옷 많아요 (服がたくさんあります)	[온마나요]

鼻音化
(語の境界を越えて適用)

どこで起こるか？	何が起こるか？
ㅁ, ㄴの前	無気音 ㅂ, ㄷ, ㄱは鼻音となる
	ㅂ → ㅁ
	ㄷ → ㄴ
	ㄱ → ㅇ

付録のDVDの「発音変化9.1」にある練習問題で、鼻音化の発音練習をしましょう。

4.9.2 ㅁとㄹ以外の子音の後で起こるㄹの鼻音化

ㄴとㄹ以外の子音の後で起こる鼻音化は、ㄹが'ㄴにだけ'変化します。その意味で鼻音化の特殊なケースと言えます。

```
    ㄴとㄹ以外の子音＋ㄹ
              ↑
          ㄴと発音
```

공룡(恐竜)や심리(心理)はこの変化の例で、ㅇとㅁの子音の後のㄹがㄴとなり、それぞれ[공농], [심니]と発音します。以下にこの変化の例をあげます。

例	発音
공룡　（恐竜）	[공농]
심리　（心理）	[심니]
음력　（陰暦）	[음녁]
양력　（陽暦）	[양녁]
종류　（種類）	[종뉴]

　ㄹの鼻音化は、単語の境界を越えたところでも起きます。たとえば、라면(ラーメン)のㄹは、나랑 라면 먹어요(私と一緒にラーメンを食べましょう)という文章では、鼻音化してㄴになります。また、라디오(ラジオ)のㄹも、지금 라디오 들어요(今ラジオを聴いています)という文章の中では鼻音ㄴに変わります。

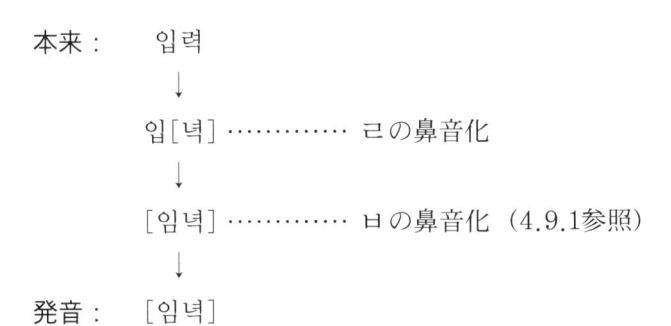

　さらに、この鼻音化が別の鼻音化を引き起こす場合があります。입력(入力)や협력(協力)がその例で、ㅂがㄹの鼻音化をまねき、鼻音化したㄴが今度はㅂを鼻音のㅁに変えるのです！ つまり、입력は2つの発音変化を経て、最終的には[임녁]と発音されます。

```
本来：    입력
            ↓
         입[녁] ………… ㄹの鼻音化
            ↓
         [임녁] ………… ㅂの鼻音化　（4.9.1参照）
            ↓
発音：    [임녁]
```

　同じようなことが식량(食糧)にも起こります。식량のㄹが鼻音化され(식[냥])、続いてㄱの鼻音化が起こり、[싱냥]と発音されます。

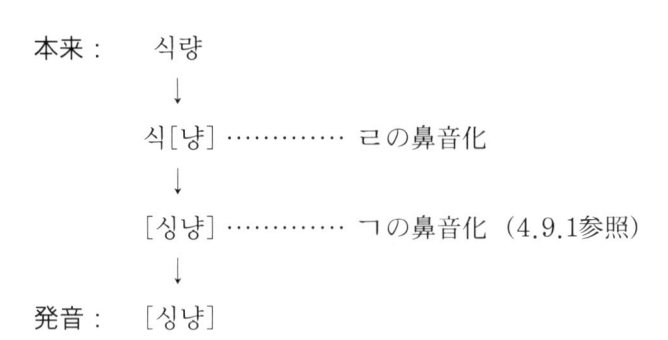

```
本来：    식량
           ↓
         식[냥] ………… ㄹの鼻音化
           ↓
         [싱냥] ………… ㄱの鼻音化（4.9.1参照）
           ↓
発音：   [싱냥]
```

以下に、このような連続した変化を含む例をあげます。

例		発音
압력	（圧力）	[암녁]
답례	（答礼）	[담녜]
확률	（確率）	[황뉼]
독립	（独立）	[동닙]
기억력	（記憶力）	[기엉녁]

ㄹの鼻音化
（語の境界を越えて適用）

どこで起こるか？	何が起こるか？
ㄴとㄹ以外の子音の後	ㄹは、鼻音ㄴに変わる

付録のDVDの「発音変化9.2」にある練習問題で、鼻音化の発音練習をしましょう。

4.8.2において、ㄴがㄹに変化することについて説明しました。ここで、2つの音節が直接結びつかないときは、ㄴがㄹに変わるのではなく、ㄹの鼻音化が起こることを思い出しましょう。たとえば、정신력(精神力)の構造は〈정신＋력〉で、したがって、ㄹが鼻音化されㄴとなり[정신녁]という発音になります。また、예쁜 리본(きれいなリボン)においても、ㄹが鼻音化されてㄴとなり、[예쁜니본]と発音されます。

4.10　ㅁかㅇのように発音されるㄴ

　ㄴがㄹに変わる発音について4.8で述べましたが、ここではㄴがㅁとㅇに変わる発音について説明します。この変化は、後に続く子音が作られる場所によって、ㅁに変わるかㅇが決まります。たとえば、唇で作られるㅂなら同じ唇で作られるㅁに、喉のところで作られるㄱであれば同じ喉のところで作られるㅇに変化します。また、この変化は、2つの単語が1つのものとして一緒に発音されるとき、語の境界を越えて起こります。

- ㅍ, ㅂ, ㅃ, ㅁのいずれかが後に続くとき、ㄴはㅁの発音になります。

例		発音
준비	（準備）	［줌비］
뜨거운 물	（熱い水）	［뜨거움물］

- ㅋ, ㄱ, ㄲのいずれかが後に続くとき、ㄴはㅇと発音します。

例		発音
한국	（韓国）	［항국］
큰 칼	（大きいナイフ）	［큿칼］
좋은 꿈	（よい夢）	［조응꿈］

　日本語にも実は同じような発音変化があります。日本語の「ん」の発音を詳しく見てみましょう。「ん」は、語中で使われる際、「神田（かんだ）」のように歯茎の裏で作られる子音が続くと'n'の音のようになり、「散歩（さんぽ）」のように後に唇を使った子音'm'が続くと'm'のような音となり、さらに「金庫（きんこ）」のように喉の奥で作られる子音'k'が後に続くときは、韓国語のㅇの音のような'ng'に変化します。

　韓国語の語を発音するとき重要なことは、綴りにまどわされないことです。たとえば、꽃무늬（花のデザイン）の場合、꽃の最後の子音ㅊは、息を開放しないㄷの発音となります。そして、鼻音のㅁの影響によりㅁから抜けていた息が鼻から抜けるようになり、［꼰무니］となります。しかし、ここで終わりではありません。ㅁの鼻音の性質だけでなく、発音の場所の影響も受け、ㄴがさらにㅁに変化し、結果、もとの子音ㅇがㅁに変わることがあり得るのです！

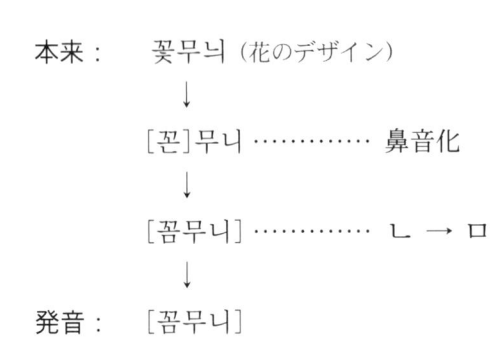

本来：　　꽃무늬（花のデザイン）
　　　　　　↓
　　　　　[꼰]무늬 ………… 鼻音化
　　　　　　↓
　　　　　[꼰무니] ………… ㄴ → ㅁ
　　　　　　↓
発音：　　[꼼무니]

以下に、このような例をいくつかあげます。

例	発音
몇 명（何名）	[면명]または[몀명]
빗물（雨水）	[빈물]または[빔물]
낱말（ことば）	[난말]または[남말]

ㅁまたはㅇへ変化するㄴ
（語の境界を越えて適用）

どこで起こるか？	何が起こるか？
ㅍ, ㅂ, ㅃ, ㅁの前	ㄴをㅁと発音する
ㅋ, ㄱ, ㄲの前	ㄴをㅇと発音する

　このような変化は、早い会話ではよく見られますが、ゆっくりとした会話の中では、준비（準備）や한국（韓国）の中のㄴを変化させず、そのままㄴと発音される場合もあり、また、ゆっくりと話すときには、そのままㄴと発音しても構いません。しかし、なかなか気づきにくい、このような変化について理解し、その発音に慣れることは、自分の発音をより正確なものにし、また他の韓国語話者の発音をよりよく聴き取るのに役に立ちます。
　付録のDVDの「発音変化10」にある練習問題で、ㄴの発音変化の練習をしましょう。

4.11 ㄴを加える発音

　複数の語が合わさった複合語と句の一部では、ㄴが加わります。これは、前の語が子音で終わる場合で、しかも次の語が ㅣ か'y'合成母音(ㅑ, ㅕ, ㅒ, ㅖ, ㅛ, ㅠ)で始まる場合に限ります。ㄴの追加は、앞니(前歯)(니は単独で使われるときは이)のように、綴りにも現れることがありますが、普通は、담요(毛布), 한여름(真夏), 면양말(綿ソックス)などのように、ㄴが加わっても綴りはそのままです。

例		発音
담요	(毛布)	[담뇨]
한여름	(真夏)	[한녀름]
면양말	(綿ソックス)	[면냥말]

　前にもありましたが、ㄴの追加の場合もさらに別の変化が続くことがあります。たとえば、막일(肉体労働)の場合、加わったㄴが前の音節の子音ㄱの鼻音化を引き起こし、[망닐]となります。

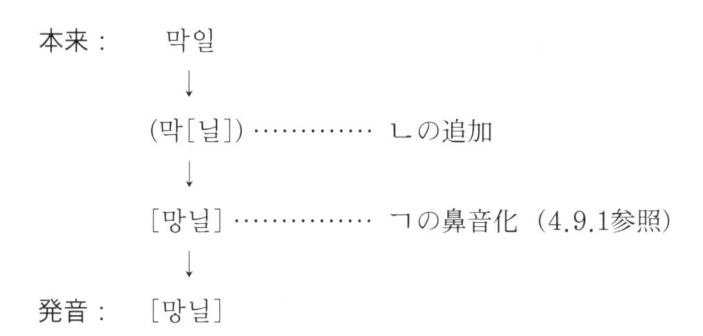

```
本来：　　막일
           ↓
        (막[닐]) ………… ㄴの追加
           ↓
        [망닐] ………… ㄱの鼻音化（4.9.1参照）
           ↓
発音：　 [망닐]
```

　집 열쇠(家の鍵)の発音にも同じような連続した変化が見られます。ㄴが열쇠の前に加わったため、ㅂが鼻音になり[짐녈쐬]と発音します。

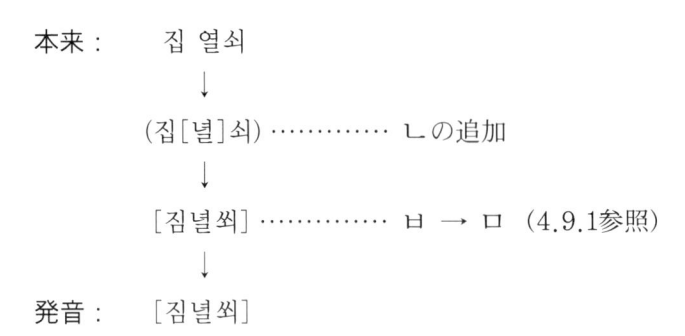

本来：　　집 열쇠
　　　　　　↓
　　　（집［녈］쇠）………… ㄴの追加
　　　　　　↓
　　　　［짐녈쐬］………… ㅂ → ㅁ （4.9.1参照）
　　　　　　↓
発音：　　［짐녈쐬］

以下に〈ㄴの追加＋鼻音化〉の連続した変化の例をいくつかあげます。

例		発音
십육	（16）	［심뉵］
앞일	（前歯）	［암닐］
꽃잎	（花びら）	［꼰닙］
색연필	（色鉛筆）	［생년필］
부엌일	（台所仕事）	［부엉닐］

最初の語がㄹで終わる場合は、4.8.1で見たように、ㄹが鼻音に変わるのではなく、ㄴがㄹに変化します。したがって、틀니（人工の歯）は、ㄴがㄹになって［틀리］と発音されます。（틀니は、ㄴの追加が綴りにも現れる珍しい例の1つです。）

例		発音
전철역	（地下鉄駅）	［전철력］
올여름	（今夏）	［올려름］
휘발유	（揮発油）	［휘발류］

●3つのタイプの複合語

ㄴがどの場所で加わるかについて理解するためには、韓国語の3種類の複合語の違いについて理解することが重要です。韓国語には、(1)独立した語(＝単独で使用することができる語)が合わさった古典的な複合語、(2)独立した語＋語根の組み合わせの半複合語、(3)語根のみが合わさった複合語、の3種類の複合語があります。以下に詳しく見ていきますが、ㄴの追加は、(1)と(2)の場合にのみ限られており、(3)の場合には起こりません。

(1) 古典的な複合語

これまで見てきた複合語のほとんどは、独立した語が合わさった複合語でした。以下の例もこのタイプの例です。最初の語が子音で終わり、次の語が ㅣ か 'y' 合成母音で始まるとき、ほとんど常にㄴが加わります。

例		発音
한 일	(やった仕事)	[한닐]
무슨 요일	(何曜日)	[무슨뇨일]
태양열	(太陽エネルギー)	[태양녈]
구급약	(救急薬)	[구금냑]
염색약	(髪の染め薬)	[염생냑]

ほとんどは上の例のように発音されるのですが、例外もあります。その1つは、2つの語でできた複合語でありながら、ㄴが加わらずに[도갹]と発音される독약(毒薬)です。さらに、動詞の있다については、常にㄴは加わりません。したがって、빗 있어요(櫛を持っています)は[비디써요]とだけ発音し、[빈니써요]と発音することはありません。

また、一部の句については、ㄴが加わるかどうか自由なものもあります。たとえば、옷 입어요(服を着ています)は、[오디버요]とも[온니버요]とも発音され、못 일어나요は、[모디러나요]とも[몬니러나요]とも発音されます。

(2) 半複合語(独立した語＋語根)

2つ目のタイプは、独立した語と語根が合わさった半複合語です。以下の例を見てみましょう。

例		発音
태평양	(太平洋)	[태평냥]
일광욕	(日光浴)	[일광뇩]
여행용	(旅行用)	[여행뇽]
영업용	(営業用)	[영엄뇽]
도시락용	(弁当箱用)	[도시랑뇽]

　양(洋), 욕(浴), 용(用)といった最後の音節は、単語のように見えますが、それだけでは使用することができない語根です。このタイプのほとんどの場合は、最初の語が子音で終わり、次の語根が ㅣか'y'合成母音で始まるとき、ㄴが加わります。

　この場合においても例外があります。以下は半複合語のタイプでㄴの追加が起こらない例です。

例		発音
한약	(漢方薬)	[하냑]
육일	(6日)	[유길]
외국인	(外国人)	[외구긴]

(3) 語根のみが合わさった複合語

　最後に、2つの語根が合わさった複合語のタイプです。次の例に見られるように、ㄴは全く加わりません。

例		発音
선약	(先約)	[서냑]
금연	(禁煙)	[그면]
흡연	(喫煙)	[흐변]
낙엽	(落葉)	[나겹]
경영	(経営)	[경영]
경유	(軽油)	[경유]
할인	(割引)	[하린]

ㄴの追加	
（語の境界を越えて適用）	
どこで起こるか？	何が起こるか？
（ⅰ）最初の音節が子音で終わり、かつ	ㄴが加わる
（ⅱ）2番目の音節がㅣか、'y'合成母音で始まるときの、さまざまな種類の複合語の2番目の音節の前	

付録のDVDの「発音変化11」にある練習問題で、ㄴの追加の発音変化の練習をしましょう。

4.12 緊張音化

無気音が、ある状況下で緊張音となることを「緊張音化」といいます。

無気音	緊張音
ㅂ	ㅃ
ㄷ	ㄸ
ㄱ	ㄲ
ㅈ	ㅉ
ㅅ	ㅆ

4.12.1 緊張音化：規則的な場合

緊張音化には、例外がなくしくみとして確立しているものと、例外として扱うものの2つがあります。まず、規則的に変化する場合は、ㄹと鼻音（ㅁ, ㄴ, ㅇ）以外の子音のすぐ後に無気音がくる場合です。次の例を見ると、2番目の音節の最初の子音が緊張音になっているのがわかります。

例		発音	
겁보	(臆病者)	[겁뽀]	ㅂ → ㅃ
덥다	(暑い)	[덥따]	ㄷ → ㄸ
학기	(学期)	[학끼]	ㄱ → ㄲ
곧장	(まっすぐ)	[곧짱]	ㅈ → ㅉ
학생	(学生)	[학쌩]	ㅅ → ㅆ
앞길	(前の道)	[압낄]	ㄱ → ㄲ
같다	(同じだ)	[갇따]	ㄷ → ㄸ
낮잠	(昼寝)	[낟짬]	ㅈ → ㅉ
맛살	(かに風味のかまぼこ)	[맏쌀]	ㅅ → ㅆ

　ㅎの後で起こる変化には、いくらか制限があります。つまり、좋습니다(よいです)では、ㅅは緊張音化し、[졷씀니다]になりますが、4.7.1で説明したように、ㅎの後に他の子音がくると、有気音化が起こります。

　他の多くの変化の場合と同じように、この緊張音化も単語の枠を超えて起こります。たとえば、책 보세요(本を見てください)のㅂの発音をよく聞いてみると、最初の語の最後の子音のために、ㅂが緊張音に変わっていることに気づくはずです。この変化について、5.2でさらに説明があります。

緊張音化
(語の境界を越えて適用)

影響を受ける音	どこで起こるか？	何が起こるか？
無気音	ㄹと鼻音(ㄴ, ㅁ, ㅇ)	緊張音に変わる
ㅂ	以外の子音の後	ㅂ → ㅃ
ㄷ	(＊ㅎの後の場合はㅅの場合	ㄷ → ㄸ
ㄱ	のみ変化)	ㄱ → ㄲ
ㅈ		ㅈ → ㅉ
ㅅ		ㅅ → ㅆ

　複雑そうに見えるこれらの変化ですが、非常に自然な音の変化なので、それほど意識しなくても、また、さほど練習しなくてもコツがつかめるかもしれません。付録のDVD

の「発音変化12.1」にある練習問題で、緊張音化の練習をしましょう。

　緊張を伴う規則的な発音変化の結果、影響を受ける子音そのものが失われることがあります。したがって、たとえば、早い話し言葉では、입구(入り口)は[이꾸]と発音されることがあります。以下に、このような例をあげます。

例	発音
밥값　（ごはんの値段）	[밥깝]または[바깝]
앞길　（前の道）	[압낄]または[아낄]
숯불　（炭火）	[숟뿔]または[수뿔]
같다　（同じだ）	[갇따]または[가따]
곧장　（まっすぐ）	[곧짱]または[고짱]
낮잠　（昼寝）	[낟짬]または[나짬]
맛살　（かに風味のかまぼこ）	[맏쌀]または[마쌀]

4.12.2　1つ1つ覚えなくてはならない緊張音化

　前節で説明があったように、緊張音化は、ㄹと鼻音(ㅁ, ㄴ, ㅇ)以外の子音のすぐ後に無気音がくる場合に起こります。ㄹと鼻音(ㅁ, ㄴ, ㅇ)は、有声なので、後に続く子音は、有声音化され(4.2参照)、緊張音にはなりません。

　ところが、김밥(海苔巻き)、성격(性格)のような語、また、내가 갈게요(私が行きます)、할 수 있어요(することができます)、절대 안 돼(絶対にだめ)、뭐 해야 할지 몰라(何をしたらいいかわからない)などの表現をよく聴いてみると、鼻音や－ㄹの後に続く無気音は、それぞれ緊張音になっていることに気がつきます。実は、このように緊張音化の例外となっているものが少なくありません。これらは、例外なので、1つ1つ覚えていかなくてはなりません。

●未来を表す－ㄹの後で起こる緊張音化

　連体形の未来の接尾辞－ㄹ[10]の後に続く語や接尾辞が、無気音で始まるとき、それぞれ緊張音に変わります。

10　巻末付録文法サマリー(連体形)参照

例		発音
먹을 거예요	(食べるんです)	[머글꺼예요]
먹을 것 없어?	(食べるものない？)	[머글껃씨]
찾을 걸 그랬어	(探せばよかった)	[차즐껄그래써]
갈 데가 없거든	(行くところがないから)	[갈떼가업꺼든]
다음에 만날 밤	(次に会う夜)	[다으메 만날빰]
죽을지도 몰라	(死ぬかもしれない)	[주글찌도 몰라]
할 수 있어요	(やれます)	[할쑤이써요]

● ㄹで終わる漢字語との複合語の場合

出(出), 발(発、抜)のようにㄹで終わる漢字語に、ㄷ, ㅅ, ㅈで始まる別の漢字語が続く場合、これらの子音は、緊張音になります。同じ無気音でも、ㅂ, ㄱが続く場合は、ㄹの有声の影響をそのまま受けて有声音化されます。

ㄷ, ㅅ, ㅈが続く場合		発音	＊ㅂ, ㄱが続く場合		発音
출동	出動	[출똥]	출발	出発	[출발]
출석	出席	[출썩]	출근	出勤	[출근]
출장	出張	[출짱]	출구	出口	[출구]
발달	発達	[발딸]	발병	発病	[발병]
발생	発生	[발쌩]	발견	発見	[발견]
발전	発展	[발쩐]	발군	抜群	[발군]

●漢字語の複合語に接尾辞が含まれる場合

漢字語を使った複合語の場合で、最後の1文字が接尾辞のような働きをするものがいくつかあります。そのような場合に限り、直前の音が有声音(母音、ㄹ, ㅁ, ㄴ, ㅇ)であっても、緊張音に変化します。以下に、いくつか例をあげます。[11]

---

[11] 接尾辞かどうかを見分けるのが難しい場合もあり、また、同じ接尾辞がついている場合でも、緊張音にならず、有声音化される場合もあります。そういった例も含め、このような複合語の例を、この章の最後の「付録」にまとめてあります。少なからず見られる傾向をとらえる一方で、個々の異なる場合についても、1つ1つ覚えていきましょう。

接尾辞		例		発音
−과	科	치과	歯科	[치꽈]
−과	課	총무과	総務課	[총무꽈]
−가	価	정가	定価	[정까]
−권	券	발권	発券	[발꿘]
−점	点	장점	長点	[장쩜]
−법	法	감법	減法	[감뻡]
−건	件	조건	条件	[조껀]
−성	性	인간성	人間性	[인간썽]

●韓国語古来の語の場合

韓国語古来の語の場合にも、直前の音が有声音(母音, ㄹ, ㅁ, ㄴ, ㅇ)であっても、緊張音に変化する例がいくつかあります。「誰それのもの」という表現はその例です。この場合、것/−거(もの)の直前の音が、제 거(私のもの)、오빠 거(兄さんのもの)、누구 거(誰のもの)のように、有声音であっても、[제꺼], [오빠꺼], [누구꺼]と、それぞれ緊張音になります。[12]

また、人の性質や性格を表す、잠보(よく寝る人), 심술보(意地悪)の場合も、−보の前の音は有声音ですが、[잠뽀], [심술뽀]のように、それぞれ緊張音になります。[13] ただし、울보(泣き虫)は、有声音化が起こり、[울보]と発音します。

さらに、お金に関するもの―용돈(お小遣い), 판돈(掛け金), 목돈(大金), 鍵に関するもの―열쇠(鍵), 자물쇠(鍵), 音に関するもの―발소리(足音), 물소리(水音), 웃음소리(笑い声), 울음소리(泣き声)のような場合も、緊張音になり、それぞれ[용똔], [판똔], [목똔], [열쐬], [자물쐬], [발쏘리], [물쏘리], [우슴쏘리], [우름쏘리]と発音します。

---

12 同じような例として、앞의 것[아페꺼](前+の+もの→前者)、뒤의 것[뒤에꺼](後+の+もの→後者)があります。また、밖(外)は、나밖에 없다(私の他にいない)というように、「以外」という意味で使われると、[나빠께 업따]のように、緊張音化して発音されることもあります。

13 −보を使ったもので、뚱보/뚱뚱보(太っちょ)、털보(毛深い人)のように、人の外見を表す例がありますが、この場合は、有声音化が起こり、それぞれ[뚱보/뚱뚱보], [털보]と発音します。

●語頭で起こる緊張音化

韓国語古来の語と外来語の中には、無気音が、語頭で緊張音にしばしば変わるものがあります。

語の種類	例		本来の発音	緊張音
韓国語古来の語	세다	(強い)	[세다]	[쎄다]
	작다	(小さい)	[작따]	[짝따]
	좁다	(狭い)	[좁따]	[쫍따]
	잘라요	(切りなさい)	[잘라요]	[짤라요]
	닦아요	(拭きなさい)	[다까요]	[따까요]
外来語	버스	(バス)	[버스]	[뻐쓰]
	바나나	(バナナ)	[바나나]	[빠나나]
	달러	(ドル)	[달러]	[딸러]
	게임	(ゲーム)	[게임]	[께임]
	잼	(ジャム)	[잼]	[쨈]

付録のDVDの「発音変化12.2」にある練習問題で、例外的に起こる、緊張音化の練習をしましょう。

メグ・ライアンの話

韓国語では、さまざまな発音変化が人の名前にも適用されるのですが、これは、ちょっと意外に思うことの1つかも知れません。よく見られるのは、名字と下の名前の間に起きる有声音化です。名字が有声音で終わり、下の名前が無気音で始まる場合、下の名前だけ呼ぶ場合と、フルネームで呼ぶ場合とでは、発音が変わってきます。たとえば、俳優강동원の下の名前동원のㄷは、もともと無声ですが、フルネームだと、有声になります。もともとの'トンウォン'を使うか、フルネームで有声音化された「ドンウォン」を使うか、気になるところですが、ほとんどの場合、名字と一緒に使われるので、「ド」を使って表記されています。

　名前の中で起きる発音変化は、有声音化だけではありません。たとえば、タレントの지상렬は、下の名前상렬の2つの音節のところでㄹの鼻音化が起きるため、[지상녈]と発音されます。また、タレント박명수は、名字が下の名前の最初のㅁの影響を受けて、鼻音化され、[방명수]となります。さらに、俳優박상민の場合は、名字の最後の子音が、下の名前の最初の子音を、緊張音に変化させ、[박쌍민]と発音されます。最後に、女性タレント박경림の場合、名字と下の名前との間で、緊張音化、下の名前경림の2つの音節のところで、ㄹの鼻音化がそれぞれ起きて、[박껑님]と発音が変わります。

　人の名前に起きる、このような発音変化は、別の名前になるような感じがして、日本語話者にとっては、ちょっと不自然に思えます。しかし、韓国語話者にとっては、アメリカ人女優Meg Ryanを'Meng Nyan'(ㄹの鼻音化＋ㄱの鼻音化)と発音してしまうくらい、とても自然なことなのです。

4.13　ㅅの挿入

　少なくとも1つの韓国古来の語が含まれる複合語の場合で、最初の語が母音で終わるとき、ㅅが間に入ります。ㅅが挿入される変化は、発音と綴りとその両方に現れます。この사이시옷(文字通り'間'のㅅ)は、차(茶)と집(家)が合わさった찻집(茶家)、바다(海)と가(辺)が合わさった바닷가(海辺)のような複合語において見られます。

例	ㅅの挿入後
차 + 집	찻집　　（茶家）
바다 + 가	바닷가　（海辺）

　これまでにも語の最後にくるㅅがㄷの発音になる場合を見てきましたが、ㅅの挿入の場合も同じようにㄷのような音になります。さらに、この位置での他の子音のときのように、後に続く子音が緊張音になります。(4.12.1参照) その結果、바닷가は[바닫까]または[바다까]と発音されます。

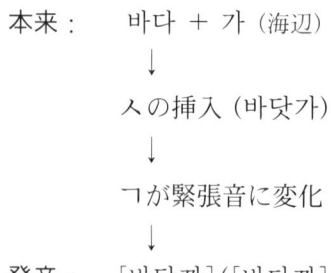

　　本来：　　바다 + 가 (海辺)
　　　　　　　　↓
　　　　　ㅅの挿入 (바닷가)
　　　　　　　　↓
　　　ㄱが緊張音に変化
　　　　　　　　↓
　　発音：　　[바닫까]([바다까])

　複合語において、2番目の語が鼻音で始まる場合、息を開放しない発音のㅅは鼻音化します。(4.9.1参照) 바다(海)と물(水)が合わさった바닷물(海の水)でㄴの音が聞こえるのはこのためです。

　　本来：　　바다 + 물 (海水)
　　　　　　　　↓
　　　　　ㅅの挿入 (바닷물)
　　　　　　　　↓
　　　　　鼻音化
　　　　　　　　↓
　　発音：　　[바단물]

実は、さらにこの後に発音変化が続いて起こり、ㄴがㅁのような発音となり、最終的には[바담물]という発音も可能です。

連続して起こる発音変化の特に面白い例として나뭇잎があります。これは、나무(木)と잎(葉)からできた複合語で、[나문닙]と発音されますが、ここに至るまでにㅅの挿入とㄴの追加の2つの発音変化が含まれています。

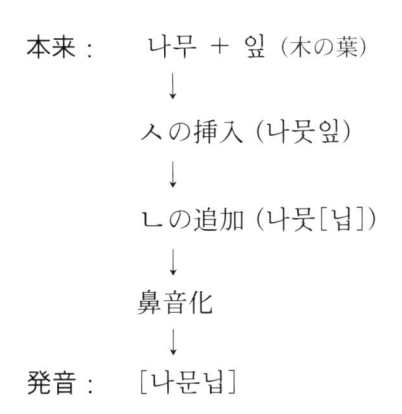

  本来： 나무 + 잎（木の葉）
       ↓
     ㅅの挿入（나뭇잎）
       ↓
     ㄴの追加（나뭇[닙]）
       ↓
     鼻音化
       ↓
  発音： [나문닙]

깨(ごま)と잎(葉)からなる複合語の깻잎も同じような連続した発音変化の例で、[깬닙]と発音します。

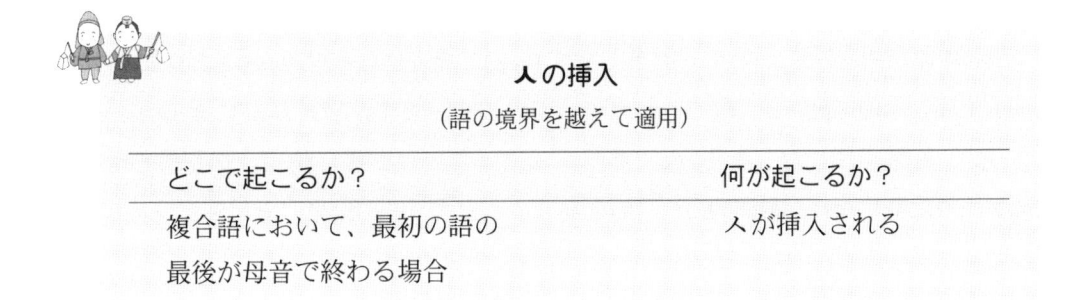

ㅅの挿入
（語の境界を越えて適用）

どこで起こるか？	何が起こるか？
複合語において、最初の語の最後が母音で終わる場合	ㅅが挿入される

付録のDVDの「発音変化13」にある練習問題で、ㅅの挿入の発音変化の練習をしましょう。

4.14　ㄷ, ㅌの発音変化[14]

ㅣ, ㅕ('y'合成母音)で始まる接尾辞の前では、ㄷはㅈのように、ㅌはㅊのように発音します。(ㄷ, ㅌは、ㅕ以外の合成母音の前にくることはありません。)

例		発音
맏이	(一番年上＋人)	[마지]
같이	(一緒＋に)	[가치]
끝이	(終わり＋に)	[끄치]
붙여요	(貼ります)	[부쳐요]

この変化は接尾辞の前のときだけに起こります。맏이のときには変化しても、ㅣが語幹の一部である마디(関節), 어디(どこ), 티(ほこり)のときには変化しません。また、같아요(同じです)のように、ㅣ, ㅕで始まらない接尾辞の場合にもこの変化は起こりません。

この発音変化の結果、異なる綴りの語が同じ発音になることがあります。たとえば、같이(一緒に)と가치(価値)はともに[가치]と発音します。

少し複雑な例として、다쳐요(怪我します)と同じ発音になる닫혀요(閉まります)があります。この例では、2つのことが起こっています。まず、닫혀요のㄷとㅎが一緒になって、有気音ㅌになります。(4.7参照)　次に、このㅌが後に続くㅕの影響を受けてㅊのような音になり、最終的には[쳐]と発音されます。その結果、닫혀요と다쳐요と同じ発音になります。

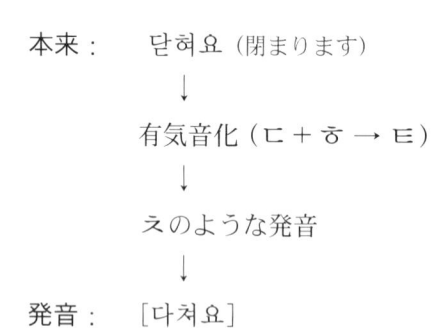

　　本来：　　닫혀요 (閉まります)
　　　　　　　　↓
　　　　　有気音化 (ㄷ＋ㅎ → ㅌ)
　　　　　　　　↓
　　　　　ㅊのような発音
　　　　　　　　↓
　　発音：　　[다쳐요]

14　口蓋音化とも呼ばれます。

ㄷ, ㅌの発音変化
(語の境界を越えて適用)

どこで起こるか？	何が起こるか？
ㅣ, ㅕで始まる接尾辞の前	ㄷは、ㅈのような発音になる
	ㅌは、ㅊのような発音になる

付録のDVDの「発音変化14」にある練習問題で、ㄷ, ㅌの発音変化の練習をしましょう。

4.15 子音の弱音化

韓国語の名詞の語幹で子音が弱まることがあります。1つは、ㅍ, ㅋに起こるもので、もう1つは、ㅌ, ㅊに起こります。

4.15.1 ㅍ, ㅋの弱音化

ㅍとㅋは、名詞の語幹の最後の位置にきて、次に母音が続くとき、通常有気音の発音なのですが、しばしばこの発音が弱まることがあります。その結果、多くの息が出されることなく、無気音ㅂ, ㄱにそれぞれ弱まります。この発音変化の例として무릎이(膝＋が)と부엌에(台所＋で)があります。무릎이の名詞무릎の最後の音ㅍは、母音に挟まれるため余分な息が失われ、無気音ㅂに変化し、'b'のような発音になります。また、부엌にも同じように、名詞の最後の音ㅋが母音の間に位置するため、息が失われ、無気音ㄱとなり、有声音の'g'のような音になります。(4.2参照)

例	弱音化なし (ほとんど見られない)	弱音化あり (頻度が高い)
무릎이 （膝＋が）	[무르피]	[무르비]
부엌에 （台所＋で）	[부어케]	[부어게]

ところが、よく使われる앞(前)と옆(横；隣)の場合には、この弱音化が起こりませ

第4章 発音変化

ん。したがって、ㅍは、앞에서(前で), 옆에(隣に)では、有気音がそのまま保たれます。また、名詞の잎(葉)も잎이(葉＋が)ではㅍの息がそのまま残ります。これはおそらく、입(口)と同音になることを避けるためでしょう。しかし、一方で、母音で始まる接尾辞がついた깻잎이(ごまの葉＋が)のように、この弱音化は頻繁に起こります。

最後に、これらの子音の弱音化は、名詞の場合にだけ起こることに注意しましょう。깊어요(深いです), 깊은(深い～), 깊이(深く)などでは、通常の有気音の発音です。

4.15.2 ㅌ, ㅊの弱音化

ㅌ, ㅊが名詞の語幹の最後の位置にきて、母音で始まる接尾辞が後に続く場合、子音の弱音化が起こることがあります。以下の例に見られるように、母音に挟まれて、ㅌはㅊかㅅのような音、そして、ㅊはㅅのような音になることがあります。

例		弱音化なし	弱音化あり
끝은	(終わり＋は)	[끄튼]	[끄츤]または[끄슨]
솥에	(釜＋に)	[소테]	[소세]
꽃을	(花＋を)	[꼬츨]	[꼬슬]
몇이에요?	(いくつですか？)	[며치에요]	[며시에요]

そして、솥이(釜＋が)や끝이(終わり＋が)の場合、通常ㅌはㅊと発音されるのですが(4.14参照)、子音がさらに弱まってㅅの発音になることがあります。

例		弱音化なし	弱音化あり
끝이	(終わり＋が)	[끄치]	[끄시]
솥이	(釜＋が)	[소치]	[소시]
밭이	(畑＋が)	[바치]	[바시]
햇볕이	(日差し＋が)	[헫벼치]	[헫벼시]

子音の弱音化は、名詞の場合に限られます。같아요(同じです), 같은(同じ～)のㅌは名詞の語幹にあるわけではないので、それぞれ[가타요], [가튼]と発音します。

子音の弱音化
(語の境界を越えて適用)

影響を受ける音	どこで起こるか？	何が起こるか？
ㅍ	名詞の語幹の最後に	ㅍはㅂとも発音される
ㅋ	位置し、母音で始まる	ㅋはㄱとも発音される
ㅌ	接尾辞が続く場合	ㅌはㄹとも ㅅとも発音される
ㅊ		ㅊはㅅとも発音される

付録のDVDの「発音変化15」にある練習問題で、これらの子音の弱音化の練習をしましょう。

ここで紹介された子音の弱音化は、十分に確立された発音変化のしくみではなく、それぞれの韓国語話者によって多少異なる場合があるかもしれません。自分が発音する際、特にこれらの子音を弱める必要はありませんが、非常によく見られるものなので、こういった発音変化に慣れることにより、いろいろな話者による韓国語がよりよく聴き取れるようになるでしょう。

韓国語の話し言葉に見られる発音変化のしくみについては、これで終わりです。これらの発音変化のしくみを詳しく見ていくことで、韓国語をよりよく聴き取れるだけでなく、より自然に、相手によりよくわかるように話すことができるようになるでしょう。さらに、綴りと発音がどのようなしくみで異なっているかを知ることにより、綴りについても実力を伸ばすことができるはずです。

付録

4.12.2 漢字語が接尾辞のような役割をする例

接尾辞	例		発音
－과 科	치과	歯科	[치꽈]
	외과	外科	[외꽈]
	내과	内科	[내꽈]
	안과	眼科	[안꽈]
	소아과	小児科	[소아꽈]
	산부인과	産婦人科	[산부인꽈]
	*교과	教科	[교과]
	*교과서	教科書	[교과서]
	(これらの과は接尾辞ではないので、緊張音化ではなく、有声音化が起こります。)		
－과 課	총무과	総務課	[총무꽈]
	서무과	庶務課	[서무꽈]
	살인과	殺人課	[사린꽈]
－가 価	정가	定価	[정까]
	원가	原価	[원까]
	지가	地価	[지까]
	저가	低価	[저까]
	고가	高価	[고까]
	물가	物価	[물까]
	단가	単価	[단까]
	시가	市価/時価	[시까]
	평가	評価	[평까]
－권 券	여권	旅券	[여꿘]
	증권	証券	[증꿘]
	발권	発券	[발꿘]

－권 權	특권	特権	[특꿘]
	왕권	王権	[왕꿘]
	채권	債権	[채꿘]
	인권	人権	[인꿘]
	주권	主権	[주꿘]
	재산권	財産権	[재산꿘]
	상속권	相続権	[상속꿘]
－점 点	장점	長点	[장쩜]
	단점	短点	[단쩜]
	논점	論点	[논쩜]
	관점	観点	[관쩜]
	이점	利点	[이쩜]
	한점	寒点	[한쩜]
	온점	温点	[온쩜]
－법 法	헌법	憲法	[헌뻡]
	권법	拳法	[권뻡]
	검법	剣法	[검뻡]
	감법	減法	[감뻡]
	형법	刑法	[형뻡]
	민법	民法	[민뻡]
	문법	文法	[문뻡]
	*방법	方法	[방법]

(この法は接尾辞ではないので、緊張音化ではなく、有声音化が起こります。)

－건 件	조건	条件	[조껀]
	사건	事件	[사껀]
	요건	要件	[요껀]
	용건	用件	[용껀]
	안건	案件	[안껀]

		*물건	物件	[물건]
		(물건은、緊張音になりません。)		
－성	性	인간성	人間性	[인간썽]
		가능성	可能性	[가능썽]
		습관성	習慣性	[습관썽]
		상대성	相対性	[상대썽]
		＊次の場合は、緊張音になりません。		
		중성	中性	[중성]
		개성	個性	[개성]
		유성	油性	[유성]
		수성	水性	[수성]
		양성	陽性	[양성]
		음성	陰性	[음성]
		모성	母性	[모성]
		부성	父性	[부성]

第5章

リズムとイントネーション

　前章までは、個々の音や単語がどのように発音されるか、たとえば、ㅏとㅓとの違いやㅍ, ㅂ, ㅃの3つの音の違い、また、앞(前)が앞문(前門)では[암]と発音されることなどについて見てきました。

　しかし、言語は、1つ1つの音節や単語がどのように発音されるかだけでなく、リズムやイントネーションによって、聴いた印象がずいぶん変わってきます。この章では、韓国語では、音の高さ、大きさ、長さが、リズムやイントネーションにどのように影響するのかについて見ていきます。

5.1　音の「高さ」、「大きさ」、「長さ」

　韓国語と日本語とでは、音の調子について似ている点、異なる点がそれぞれあります。似ている点は、韓国語も日本語も、1つ1つの音節の音の「大きさ」の程度がだいたい同じくらいであることです。強調したり、対照したりする場合を除いて、語や文章の中の位置によって、音節の音が大きかったり、小さかったり、あるいは、強かったり弱かったりすることはありません。

　次に異なる点です。まず、音の「高さ」についてです。日本語では、それぞれの単語に対して、音の「高さ(ピッチ)」の型があります。たとえば、「みかん」と「すいか」を比べてみると、「みかん」には「高低低(HLL)」、「すいか」には「低高高(LHH)」[1]のピッチが与えられています。

みかん　　vs.　　すいか
　　HLL　　　　　　LHH

　このように、日本語では、単語の中で他より音声的に際立っている部分を示すのに、音の「高さ(ピッチ)」の変化が使われます。次の例からわかるように、日本語における音の「高さ」の変化の型は、意味を区別する上でも重要です。[2]

　　かみ(神)　vs.　かみ(紙)
　　HL　　　　　　LH

　一方、韓国語には、1つ1つの語に決まったアクセントの型はありません。日本語の場合、「神」と「紙」のような同音異義語を音のアクセントの型によって区別することができますが、韓国語の場合、1つ1つの単語に決まったアクセントの型はないので、たとえば、전기と綴られる「前期」、「電気」、「伝記」、「戦記」などの同音異義語を、アクセントの型で区別することはできません。文章全体の意味から区別します。

　2番目の違いは、音の「長さ」についてです。韓国語では、句や文章の最後の音節が長くなって、よりはっきりと聴こえます。

　　소파에서 일어나___　　(ソファから起きなさい)
　　하얀 코끼리 봐요___　　(白い象を見てください)

　日本語の場合、このように最後の音節が長くなることはありません。最後の音節は、逆にピッチは低く、したがって短く、弱めに発音されます。

　　ソファから起きなさい。
　　白い象を見てください。

　文末の音節を長めに発音することは、韓国語を発音するときの重要なポイントです。この特徴を正しく習得すると、より韓国語らしい発音に聞こえます。

---

1 この本では、「高い音」にはH、「低い音」にはLを使って示していきます。
2 単語の中の音声的な際立ちの部分を「アクセント」といいます。音声的な際立ちの型は、言語によってそのしくみが異なります。たとえば、英語の場合、EAsy, imPORtant, REcord(名詞：記録)vs. reCORD(動詞：記録する)のように、単語の中で他より「大きさ・強さ」(強勢)をますことで、ある部分を際立たせます。日本語は、音の「高さ(ピッチ)」の変化をもとに単語の音声的な際立ちの型を作っているので、ピッチ・アクセントの言語と呼ばれます。

韓国語では、音の「長さ」は強調やさまざまな感情表現にも使われます。たとえば、멀어요は、普通に発音すると「遠いです」という意味ですが、最初の音節を引き伸ばして力強く発音すると「とても遠いです」の意味になり、하얗다(白いです)も同じように、最初の音節が長く強調されると、「とても白いです」という意味になります。

付録のDVDの「リズムとイントネーション1」にある練習問題で、韓国語の基本的な音の調子の練習をしましょう。

5.2　さらに音の「高さ」について

5.1では、韓国語の単語レベルでの音の「高さ」と、文末の音節の「長さ」について、日本語と比べながら見てきました。ここでは、単語よりも大きい、句や文のレベルにおける韓国語の発音について、さらに詳しく見ていきます。

5.2.1　ピッチ・フレーズ

1つ1つの単語に、音のピッチの決まった型のない韓国語は、単語よりも大きい、句や文のレベルで、音の「高さ(ピッチ)」の変化を使って、「音声的な際立ち」を表します。この単語より大きいレベルを、音声的なまとまり、音声的な一区切り、という意味で「フレーズ」とし、音の「高さ」の変化によって作られるフレーズであることから、韓国語における音声的なまとまりの単位を「ピッチ・フレーズ」と呼ぶことにします。[3]

標準韓国語の基本的なピッチ・フレーズの型は、LHLHです。[4] 最後から2番目の音

---

[3] 「アクセント句(Accentual Phrase)」とすることもできますが、日本語のピッチ・アクセント型(語のレベルでアクセントが決まっている言語のしくみ)とまぎらわしくなるので、音の「高さ」の変化をもとにしたしくみ、という意味で「ピッチ・フレーズ」を使います。この章での韓国語のイントネーションについての解説は、Jun (1993, 1994, 1998, 2005a, 2005b, 2005c)のAccentual Phrase理論に基づいています。

[4] 基本は、1つの音節に1つのピッチが対応する型ですが、実際の発音は、話す速度や話者のさまざまな意図により、1つの音節に2つ以上のピッチが対応したり、1つのピッチが2つ以上の音節に伸ばされて対応する場合が少なくありません。したがって、2音節の場合は、LHLHの最後のH以外のピッチのどれかが現れず、LH, HH, LLHのいずれかの型になり、3音節の場合は、LH, HH, HLH, LLH, LHH, HHHのいずれかの型になります。つまり、韓国語のピッチ・フレーズの基本の型のLHLHのうち、最初のHは現れないこともあり、また最後のHは、最初のHよりピッチが高くなる傾向にあります。したがって、韓国語のピッチ・フレーズの最も特徴的な部分は、最後の高い音節です。

は低く、最後の音は高くなり、最後がLHの「上がり調子」[5]になるのが特徴です。平叙文の最後にくると、最後のピッチはLになります。[6] また、5音節以上の単語の場合、最初のLHと最後のLHの間の音には、Lが与えられます。(ピッチ・フレーズの境目がよくわかるように、1つ1つのピッチ・フレーズの境目に、余分なスペースを入れてあります。)

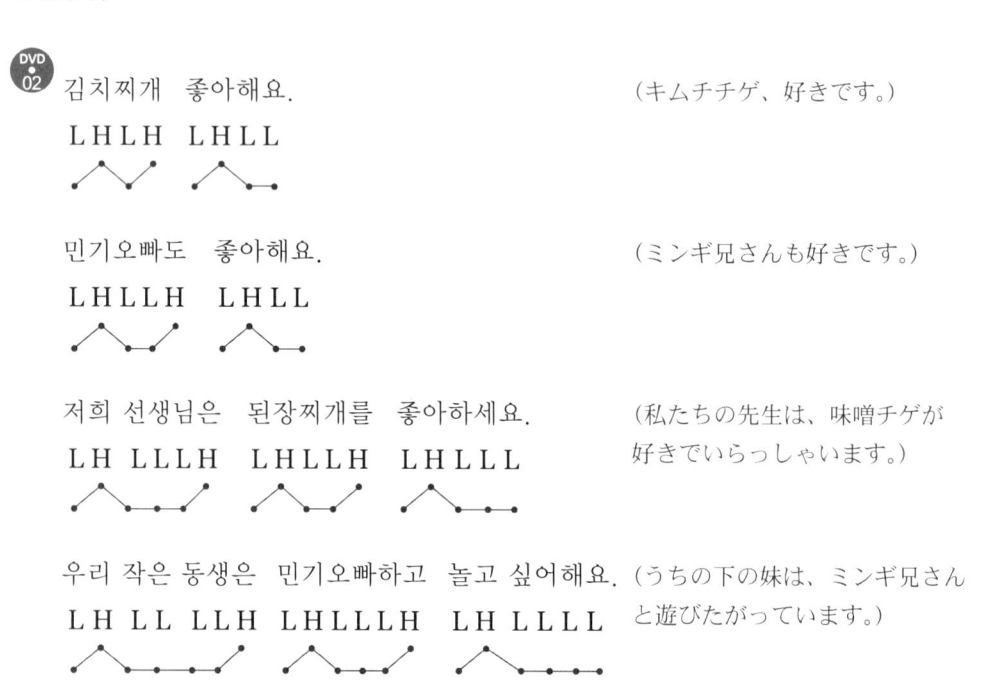

김치찌개　좋아해요.　　　　　　　　　　　　(キムチチゲ、好きです。)
　LHLH　LHLL

민기오빠도　좋아해요.　　　　　　　　　　　(ミンギ兄さんも好きです。)
　LHLLH　　LHLL

저희 선생님은　된장찌개를　좋아하세요.　　　(私たちの先生は、味噌チゲが
　LH LLLH　　LHLLH　　LHLLL　　　　　　好きでいらっしゃいます。)

우리 작은 동생은　민기오빠하고　놀고 싶어해요.　(うちの下の妹は、ミンギ兄さん
　LH LL LLH　　LHLLLH　　LH LLLL　　　　と遊びたがっています。)

　上の例文の中の5音節以上の語句(민기오빠도, 김치찌개를, 저희 선생님은, 좋아하세요, 우리 작은 동생은, 민기오빠하고, 놀고 싶어해요)では、最初のLHと最後のLH(文末ではLL)の間の音節に、それぞれ間にある音節の数だけLが与えられています。

　日本語のピッチ・フレーズの基本的な型は、最初は韓国語と同じようにLHで始まりますが、問いかけや疑問文の場合を除いて、最後の音節だけが上がることはありません。この最後の上がり調子、LHが韓国語の大きな特徴です。

　また、日本語では、単語に与えられたアクセントの型が文レベルで優先されます。次の例では、最初の方は、「紙」のアクセントの型とフレーズの最初の2音節の型がLHで一致しているのですが、後の方では、「神」の単語レベルのアクセントの型が文レベルで優

---

[5] 文末の場合でなくても、ピッチ・フレーズの最後の音節がときどき低くなることがありますが、どのようなときに低くなるかについては、同じ韓国語話者の中でもまちまちで、決まったルールはありません。

[6] 文末の音節には、3つまでピッチが与えられますが(5.4参照)、5.2, 5.3では、平叙文の場合、Lのみを使います。

先され、HLになっています。

　　かみに　　みられます。　　　　　（紙の上に見られる、という意味）
　　LHL　　LHHHL

　　かみに　　みられます。　　　　　（神様に見られる、という意味）
　　HLL　　LHHHL

　一方、単語に決まったアクセントの型のない韓国語の場合、ピッチ・フレーズの最初の音が、〈有気音、緊張音、ㅅ, ㅎ〉のいずれかであるとき、最初の音が高くなり、HHになります。[7]

　우리 동생 찬 바람을 싫어해요.　　　（うちの妹、冷たい風がきらいです。）
　LH LH　HHLH　HHLL

　착한 사람한테 큰 도움을 받았어요.　（いい人にすごく助けてもらいました。）
　HHLLLH　HHLH　LHLL

　先に述べましたが、日本語のピッチ・フレーズは、LHで始まるのが基本です。単語のアクセントの型によっては、「神(HL)」の例のように、高い音から低い音へ変化して始まることもあります。しかし、日本語のピッチのしくみには、同じ高さのものが2つ続いた形では始まらない、という決まりがあるので、찬 바람을の場合の最初のHHのように、同じ高さのものが続いて始まることはありません。また、LHLHが基本のピッチ・フレーズの型である韓国語では、単語の中で一度下がったピッチが再び上がることがありますが、日本語の場合、単語の中で一度下がったピッチは二度と上がりません。この点も、日本語と韓国語の異なる点です。[8]

　日本語話者は日本語のピッチの型のために、たとえば、찬 바람을をHLLL、あるい

---

[7] 有気音、緊張音、ㅅ, ㅎが、ピッチ・フレーズの最初の位置にくるとき、次の音節のHよりも少し高いことがわかっています。(Jun & Lee 1998)

[8] Beckman & Pierrehumbert(1986), Pierrehumbert & Beckman(1988), 田中 & 窪薗(1999:60), Jun(1993, 1998, 2005c)

は、LHLLのように、最初の2つの音節の高さを変えたり、最後の音節を高くしないで発音をしてしまいがちです。これらの違いを意識しながら、韓国語を聴いたり話したりするようにして、韓国語の音の調子を身につけましょう。

　一方、文末のフレーズの最後の音の調子には、話者がどのような意図で話しているか、どのような意図を聞き手に伝えたいかによってさまざまな場合があります。文末のイントネーションについては、5.3で詳しく述べます。

5.2.2　フォーカス

　話し言葉において、新しい情報をもたらす語だったり、特に重要である場合、その部分を「高く」発音することによって、他の部分より際立たせます。この際立たせる部分、際立たせることを「フォーカス(焦点)」と呼びます。次の例は、「フォーカス」をそれぞれ4通りの異なる部分に置いた例です。「フォーカス」が置かれた太字の部分を他の部分より「高く」発音することで、話者が聞き手に特に伝えたい部分を際立たせることができます。

　　　어제 영미랑 집에서 숙제했어.　　（昨日ヨンミと家で宿題をした。）
　　　어제 **영미랑** 집에서 숙제했어.　　（昨日ヨンミと家で宿題をした。）
　　　어제 영미랑 **집에서** 숙제했어.　　（昨日ヨンミと家で宿題をした。）
　　　어제 영미랑 집에서 **숙제했어**.　　（昨日ヨンミと家で宿題をした。）

　これらの4通りに「フォーカス」を置いた発音は、次のそれぞれの質問に対する答えにもなります。

　　　언제 영미랑 집에서 숙제했어?　　（いつヨンミと家で宿題をした？）
　　　어제 **누구랑** 집에서 숙제했어?　　（昨日誰と家で宿題をした？）
　　　어제 영미랑 **어디서** 숙제했어?　　（昨日ヨンミとどこで宿題をした？）
　　　어제 영미랑 집에서 **뭐 했어**?　　（昨日ヨンミと家で何をした？）

　いつ、誰と、どこで、何を、といった疑問詞を含む部分は、話者が特に聞きたい部分なので、常に「フォーカス」を置きます。

　次の表は、韓国語の疑問詞をまとめたものです。韓国語では、これらの疑問詞は、'誰

か''何か'といった不定代名詞としても使われます。

単語	疑問詞として	不定代名詞として
누구/누가	誰	誰か
뭐	何	何か
어디	どこ	どこか
어떻게	どのように	どのようにか(して)
어느	どれ	どれか
어떤	どの	どれか
몇	いくつ	いくつか

　疑問詞と不定代名詞が同じ形をしているので、たとえば、어디 가は表面上同じ文の形をしていても、「どこかへ行く」、「どこかへ行く？」、「どこへ行く？」の3通りの意味を表します。これらの意味の違いを聞き手に伝えるには、音の「高さ」の変化、イントネーションを使わなくてはなりません。学習者にとって、어디 가のように短くて音節の数が少ない場合、少ない音節の中で音の「高さ」に変化をつけて意味を区別することは、容易ではありません。

　そこで、少し長めの例で、そのしくみを見てみましょう。また、ピッチ・フレーズをしっかりととらえることが重要なので、ここでは、{ }を使ってピッチ・フレーズの境を示していきます。

{대학생들이} {몇 명} {기다리고 있어요.}　　　（学生の方が何名か待っています。）
　LHLLH　　L H　　LHLL LLL

　上の平叙文は、3つのピッチ・フレーズからできています。文末の音節には平叙文のイントネーションの最後には、ピッチ・フレーズの最後のHはLになります。この文を「はい/いいえ」で答える疑問文にすると、몇 명から後の部分のイントネーションが次のように変わります。

第5章 リズムとイントネーション　119

{대학생들이} {몇 명} {기다리고 있어요?}　　（学生の方が何名か待っていますか。）
　　　　LHLLH　L H　　LHLLLL**H**

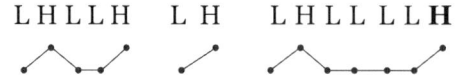

疑問文では、最後のところがHで急に高くなるのですが、このHの部分が他のどの部分よりも高くなるのが、「はい/いいえ」で答える疑問文の特徴です。

平叙文：　{대학생들이} {몇 명} {기다리고 있어요.}
　　　　　　LHLLH　L H　　LHLL LLL
　　　　　　　　　　　　　↓
疑問文：　{대학생들이} {몇 명} {기다리고 있어요?}
　　　　　　　　　　　　　↓
発音：　　{대학생들이} {몇 명} {기다리고 있어요?}　　（文末のピッチはHで、
　　　　　　LHLLH　L H　　LHLL LL**H**　　　　文の中で一番高くなる）

次に、疑問詞を使った疑問文を見ていきます。表面上は同じ形の대학생들이 몇 명 기다리고 있어요を「学生の方が何名待っていますか。」という意味にするときはどのように発音するのでしょうか。

　疑問詞の疑問文では、いくつかのことが起こります。まず、「疑問詞」の部分は話者が最も伝えたい、最も訊きたい部分なので、常に「フォーカス」が置かれます。「フォーカス」が置かれると、疑問詞を含む句全体が特に高くなります。さらに、疑問詞句の最後にあったピッチ・フレーズの境がなくなって、後に続く部分と合わさり、全体が1つのピッチ・フレーズにまとまります。1つのピッチ・フレーズにまとまると、ピッチ・フレーズの原則にしたがって、まとまったピッチ・フレーズ全体に、新たにピッチが与えられます。[9]

　以下に、このしくみを示します。

9　Jun & Lee(1998), Jun & Oh(1996), Ueyama & Jun(1998)

平叙文： {대학생들이} {몇 명} {기다리고 있어요.}
　　　　　 LHLLH　 L H　 LHLL LLL
　　　　　　　　　　↓

疑問詞の
疑問文： {대학생들이} {몇 명} {기다리고 있어요?}　（疑問詞を含む句全体に
　　　　　　　　　　　　　　　　　　　　　　　　　「フォーカス」を置く；
　　　　　　　　　　　　　　　　　　　　　　　　　その部分全体が高くなる）
　　　　　　　　　　↓

　　　　　{대학생들이} {몇 명 기다리고 있어요?}　（1つのピッチ・フレーズに
　　　　　　　　　　　　　　　　　　　　　　　　　まとまる）
　　　　　　　　　　↓

発音：　　{대학생들이} {몇 명 기다리고 있어요?}　（疑問詞句の2音節目が高く
　　　　　 LHLLH　 L H LLLL LLLH　　　　　　　 なる；文末は上がり調子に
　　　　　　　　　　　　　　　　　　　　　　　　　なる[10]）

　疑問詞の疑問文の発音と、「はい/いいえ」で答える疑問文の発音との違いの1つは、文末のピッチです。「はい/いいえ」の疑問文の場合、文末の高い部分が他のどの部分よりも高くなります。一方、疑問詞の疑問文の場合は、「フォーカス」が置かれた疑問詞の部分が他のどの部分よりも高くなるため、文の最後は、上がっても、「フォーカス」が置かれた疑問詞の部分より高くなることはありません。

　また、疑問詞の疑問文では、ピッチ・フレーズが1つにまとまったことによって、기다리고 있어요の다にあったアクセントがなくなります。つまり、疑問詞を含む句全体が高くなるのですが、新しくまとまったピッチ・フレーズ全体に新たにピッチ・フレーズの原則にしたがって、ピッチの型が与えられます。音節の数が少ないと見えにくい文レベルでの発音のしくみでしたが、このようにフォーカスとピッチ・フレーズとの関係を学ぶことで、理解をより深めましょう。

　このように、韓国語では、ピッチ・フレーズのしくみが文レベルでの発音に大きく影響しています。次に、ピッチ・フレーズと4章で学んだいくつかの発音変化との関係について見ていきます。

10　文末では、文末のピッチの型がピッチ・フレーズの最後のピッチの型よりも優先されるので、ここでは、ピッチ・フレーズの最後の音に、疑問詞の疑問文の文末のイントネーションの型LHのピッチが与えられています。また、「はい/いいえ」の疑問文と違って、疑問詞の疑問文の場合、文末のイントネーションがHLになる場合もあります。(5.3参照)

5.2.3 ピッチ・フレーズと発音変化が起こらない場合

4章で、15ある発音変化は、「語の境界を越えて適用される」と説明しました。しかし、単語レベルより大きいピッチ・フレーズでの境界を越えると適用されない発音変化がいくつかあります。「ㅎの弱音化」、「有声音化」、「緊張音化」の3つの発音変化は、それぞれ4章で書かれた状況にあっても、文レベルでピッチ・フレーズの境界を越えると、適用されません。[11]

まず、「ㅎの弱音化」について見てみましょう。4.6で説明がありましたが、ㅎは、有声音(母音とㅁ、ㄴ、ㅇ、ㄹ)に挟まれると、語根の最後では完全に失われ、語根の最後の位置にこない場合は、ㅎは弱く発音されるか、消えます。語の中だけでなく、파란 하늘(青い空)のように、語の境界を越えて適用されます。しかし、ピッチ・フレーズの境界を越えると適用されません。

결혼 할래を例にとって詳しく見てみましょう。この文は、普通1つのピッチ・フレーズで発音されます。平叙文(結婚するつもりだ)ではLHLL、疑問文(結婚するつもり？)ではLHLHのイントネーションになります。どちらの場合も、할래のㅎの音がピッチ・フレーズの最初の位置、つまり境目にこないため、「ㅎの弱音化」が起こります。したがって、平叙文、疑問文とも、それぞれのピッチの型で、[겨로날래]と発音されます。

一方、結婚を「するか、しないか」ということが新しい情報であったり、「結婚」の部分よりも重要である場合、할래の部分に「フォーカス」が置かれ、{결혼}{할래}と2つのピッチ・フレーズになります。新しくピッチ・フレーズを始める할래の最初の音節では、ㅎは弱まりません。そのままㅎの発音をします。

つまり、「ㅎの弱音化」は、ピッチ・フレーズの最初の位置にこない場合、語の境界を超えて適用されますが、ピッチ・フレーズの最初の位置にくる場合、ㅎが弱まることはありません。[12]

次に、「緊張音化」の場合を見てみましょう。無気音(ㅂ、ㄷ、ㄱ、ㅈ、ㅅ)は、ㄹと鼻音(ㅁ、ㄴ、ㅇ)以外の子音の後(ㅎの後の場合はㅅの場合のみ変化)では、緊張音(ㅃ、ㄸ、ㄲ、ㅉ、ㅆ)に変化し、また、책 보세요(本見てください)のように、語の境界を越えて適用されます。(4.12参照)

しかし、「緊張音化」も、「ㅎの弱音化」の場合と同じように、ピッチ・フレーズの境界

---

[11] Jun (1993, 1994, 1998, 2005c)

[12] ピッチ・フレーズのところであったように、韓国語のピッチ・フレーズの基本型は、LHLHですが、最初の音節にくる有気音、緊張音、ㅅ、ㅎにはHが与えられるので、この場合、ㅎの音は高くなります。

を越えると適用されません。たとえば、미국 가는 거예요?(アメリカ行くのですか)[13]には、1つのピッチ・フレーズ{미국 가는 거예요?}で発音する場合と、2つのピッチ・フレーズ{미국}{가는 거예요?}で発音する場合の2通りがあります。話者がどの部分を最も聞き手に伝えたいか、つまり「フォーカス」を置く場所、さらにそれに伴うピッチの型によって、緊張音化が起こる場合と起こらない場合がでてきます。太字は「フォーカス」が置かれた部分、下線は、より高く発音する音節です。

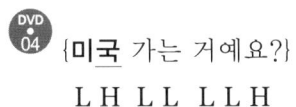

{미**국** 가는 거예요?}　　　意図：他の国ではなく、<u>アメリカ</u>へ行くのか。
　L<u>H</u> LL LL<u>H</u>

{미국} {**가는** 거예요?}　　　意図：<u>本当に</u>アメリカへ行くのか。
　L<u>H</u>　L<u>H</u> LL<u>H</u>

　1つのピッチ・フレーズで発音する前者の場合だと、가는 거예요の가の音節は、フレーズの中ほどにきて、すぐ前の子音の影響を受け、緊張音[까]に変化しますが、後者の2つのピッチ・フレーズの発音だと、가の音節は、2番目のピッチ・フレーズの最初の位置にきて、緩やかな発音のままで、緊張音に変化することはありません。つまり、最初のフレーズの最後の子音が、ピッチ・フレーズの境界を越えて次のフレーズの子音に影響して緊張を伴わせることはありません。

　最後に、「有声音化」についてです。4.2で説明がありましたが、ㅂ, ㄷ, ㄱ, ㅈの発音となる子音は、有声音(母音とㅁ, ㄴ, ㅇ, ㄹ)に挟まれると、完全に有声となります。語の中だけでなく、내 바지(私のズボン)のように、「有声音化」は、単語の境界を越えて適用されます。しかし、「ㅎの弱音化」、「緊張音化」の場合と同じように、「有声音化」の場合もピッチ・フレーズの最初の位置にくると適用されません。

　냉장고 받았어요?(冷蔵庫もらいましたか)の例で見てみましょう。この文には、2つのピッチ・フレーズ{냉장고}{받았어요?}と、1つのピッチ・フレーズ{냉장고 받았어요?}の発音があります。「冷蔵庫」の部分と、「もらいました」の部分の、どちらの情報がより重要かによって、「フォーカス」を置く部分が異なり、したがって異なるピッチ・フレー

---

[13] 에, 에서, 을/를, 은/는, 이/가, 으로/로などの母音で終わる助詞の後では、「緊張音化」が起こる状況にならないので、これらの助詞を使わない例文にしてあります。助詞の省略は、話し言葉では頻繁に見られる自然な韓国語です。

ズの発音になります。太字は「フォーカス」が置かれた部分、下線は、特に高く発音する音節です。

{냉장고} {**받았어요**?}　　　意図：買ったのではなく、<u>ただで</u>もらったのか。
L H H　L H L H　　　　　　　あるいは、<u>すでに</u>受け取ったのか。

{**냉장고** 받았어요?}　　　意図：他のものではなく、<u>冷蔵庫</u>をもらったのか。
L H H　L L L H

　1つのピッチ・フレーズで発音される後の方では、받았어요はピッチ・フレーズの最初にこないので、「有声音化」が起こり、받았어요のㅂは有声となります。一方、2つのピッチ・フレーズで発音する前者では、받았어요がピッチ・フレーズの最初の位置にくるため、「有声音化」は起こらず、ㅂは、もともとの発音の無声のままです。

　この節では、韓国語の文レベルでの発音のしくみをより詳しく見てきました。ピッチ・フレーズ、フォーカス、発音変化のそれぞれが密接に関係し合っているしくみを理解することで、表面上同じ形の疑問詞疑問文と不定代名詞の疑問文の異なる発音についても、手がかりをもとに聴き分け、また、聞き手に自分の意図を正確に伝えることができるでしょう。

発音の手がかり	
{어**디** 가?} （どこに行くの？）	＊1つのピッチ・フレーズなので一息で発音 ＊어디の部分全体が高く、特に2音節目の디が高い ＊가は上がり調子 ＊ㄱの音が有声となる
{어디} {**가**?} （どこかに行くの？）	＊2つのピッチ・フレーズなので、フレーズの間にわずかな'間'があり、最初のフレーズの最後ではわずかに急に音が下がる ＊가は、全体に上がり調子で、音の最後の方が文の中で一番高くなる ＊ㄱの音は無声のまま

付録のDVDの「リズムとイントネーション2」に、ピッチ・フレーズの基本的なしくみ、ピッチ・フレーズとフォーカス、及び、発音変化が起こらない場合の発音についての練習問題があります。これらの練習問題で、韓国語のピッチ・フレーズの基本を練習し、また、文レベルでのイントネーションのしくみに慣れましょう。

ユミンの小学生の話

韓国の某バラエティ番組に、韓国に渡って活躍している日本人俳優ユミン（유민）が出演していたときのことです。一人ずつ相手と対戦していく、'당연하지'（当然ゲーム）のコーナーに、ユミンが出てきました。ユミンは、対戦相手に対して、「あなたの友達、みんな小学生でしょ？」（相手は毎回必ず"당연하지"＝もちろんです、と答えなくてはなりません）、と言いたかったのですが、초등학생（初等学生＝小学生）の초の音を、激しい息を加えず、無気音の発音で、"너, 친구들이 다 조등학생이지?"と言ってしまいました。普段から発音をときどき間違えるユミンのことを知っていた司会者のユ・ジェソクは、"아아, 조등학생 아니지. 초등학생이지"とユミンに言いました。他の出演者たちも、何が起こったのかに気づいて、"아아, 초등학생"と言いながら、ユミンの外国人らしい間違いに顔をほころばせていました。そして、近くにいた出演者たちは、どこが間違っていたのかがよくわかるように、ユミンに対して、초등학생の초のところを特に高く、強調しながら、"조등학생 아니지. 초등학생"と何度か繰り返していました。

韓国語は、子音の種類が音の「高さ」を決めるという音のしくみを持つ極めて珍しい言語です。〈有気音, 緊張音, ㅅ, ㅎ〉は、ピッチ・フレーズの最初の位置では、必ず「高い」音となります。このしくみに合わない発音は、韓国語話者の'心理的な'耳にすぐに引っかかります。実際、ユミンの"조등학생"の発音は、LHLLというイントネーションでした。

学習者にとって、無気音、有気音、緊張音をそれぞれ聞き分ける、あるいは、区別して発音することは易しくないのですが、ここにヒントがありそうです。

ピッチ・フレーズの最初の位置で、これらの音の「高さ」に注目すると、手がかりが得られます。まず、無気音で始まる場合、「低―高」という流れになります。最初の音を高くしないようにして、力を抜いて発音してみると、うまく発音できます。有気音と緊張を伴う子音は、ともに無気音よりは「高い」音です。「高い」音どうしの間で比べると、有気音の方がさらに「高い」音なのですが、緊張音の場合、日本語の「ッ」のような詰まった発音で、子音の前に1/8から1/4拍くらいのわずかに「詰まった間」があります。音の「高さ」よりは、このわずかな「詰まった間」に注目し、有気音の場合と区別するようにするといいでしょう。これらの子音を、息の出具合、のど緊張の度合いで身につけることは、もちろん大切です。しかし、こういった音の「高さ」に注目しながら聴いたり話したりしてみると、かなり効果があることに気がつくはずです。

5.3 文末のイントネーション[14]

前節の5.2では、音の「高さ」の変化をもとにしたピッチ・フレーズが、韓国語の文レベルの発音に、どのような役割を果たしているかについて見てきました。この節では、ピッチ・フレーズより大きな発話のレベルである文末のイントネーションについて見てみましょう。[15]

文末の音節に現れる音の高さの変化によって作られる文末のイントネーションには、上昇、下降、上昇と下降をさまざまに組み合わせた型があります。おおまかに言うと、上昇は、話者の聞き手に対する働きかけ、答えや反応を期待する話者の意図を含み、一方、下降の型は、話者の認識や感情を表すもので、聞き手の反応・応答を期待する話者の意図は含まれません。[16]

日本語の場合、文末のイントネーションは、以下にある4つの型のうちのどれかになります。[17] %は、これがピッチ・フレーズの最後ではなく、文末のイントネーションの最後であることを示します。

ピッチの型	主な文の種類	例
L%	平叙文	学校へ行くの。 L%
HL%	平叙文（説明文）	お寺は京都にたくさんあるんです。 HL%
LH%	疑問文	読んだ？ LH%
H%	呼びかけ文	窓は開けておいて。 H%

---

14 ここでいう「文末」とは、発話の大きな切れ目を指すもので、必ずしも文章の最後になるとは限らないのですが、ここでは文章の末尾の例を使っていきます。

15 韓国語のさまざまな文末のイントネーションの特徴は、話し言葉で実際によく使われる口語表現によく表れています。そういった口語表現とイントネーションとの結びつきのしくみがここでのポイントです。文法的に少し複雑なものも含まれていますが、訳文を参考にしながら、イントネーションのしくみを理解することにポイントを置きましょう。

16 ピッチの型をもとにしたこの解釈は、田中 & 窪園(1999:119)の考え方です。H, Lのピッチそのものと話者の状況や意図を結びつける考え方もあります。(Park 2003:)

17 Venditti(2005:184), Jun(2005b:434)

L%のイントネーションは、人が発話をすると、最後の方になって息が少なくなるにつれて自然と下がってくるイントネーションなのですが、日本語の場合、平叙文では主にL%のイントネーションが使われます。HL%のイントネーションは、主に説明文で使われ、LH%の型は、疑問文に使われます。最後のH%のピッチは、聞き手に注意を求めて呼びかける場合に使います。

　一方、韓国語の文末のピッチの型は、日本語の4つに比べるとはるかに多く、9つの型があります。ここでは、まず、4つの型を韓国語の平叙文と疑問文において見ていきます。

　韓国語の平叙文には、L%とHL%の2つの基本的な型があります。L%の型は、最後の音節の部分全体の部分で緩やかに下がり、HL%の型は、最後の音節の手前で上がり始め、最後の音節で一番高く上がってから下がります。また、L%のイントネーションに比べると、HL%の方は、高低の幅が狭めです。この2つの型を図で示すと次のようになります。それぞれの型にある縦の線は、文の最後から2番目の音節と、最後の音節との境目を指します。[18]

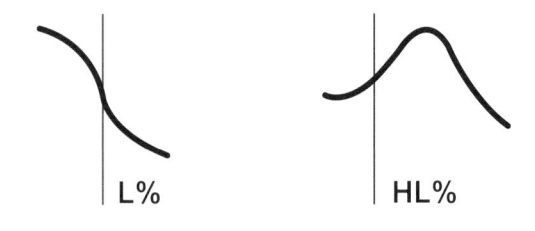

図5.1　L%とHL%の型

　日本語のL%の場合、最後の音節は通常長くなりませんが、韓国語の場合、5.1でも述べたように、最後の音節が長くなります。また、韓国語の場合は、L%の型は、事実を述べたり、書いてあるものを読むときの平叙文などでよく見られ、HL%の型は、普通の平叙文の他に、ニュースなどでよく見られます。

18　Jun（2005a:218）

平叙文の文末の ピッチの型	例	
L%	한국말 잘 해요.	（韓国語、上手です。）
	소화가 잘 안 돼요.	（消化がよくありません。）
	'웃으면 복이 온다' 라고 한다.	
		（「笑う門には福来る」と言う。）
HL%	한국에 갑니다.	（韓国へ行きます。）
	날씨였습니다.	（お天気でした。）
	검찰의 보고를 기다리겠습니다.	
		（検察の報告を待つことになります。）

次に、疑問文のイントネーションについてですが、「はい/いいえ」で答える疑問文の場合と、疑問詞の疑問文の場合では少し状況が異なります。まず、H％とLH％の2つの型について見ていきます。

H％の型は、最後の音節の手前で上がり始め、最後の音節のところで一番高く上がります。一方、LH％の型は、最後の音節に入ったところで上がり始めます。H％の型に比べると、LH％の方は、上がり始めが遅く、また、H％ほど高く上がりません。この2つの型を図で示すと次のようになります。ここでも、それぞれの型にある縦の線は、文末の最後から2番目の音節と、最後の音節との境目を指します。[19]

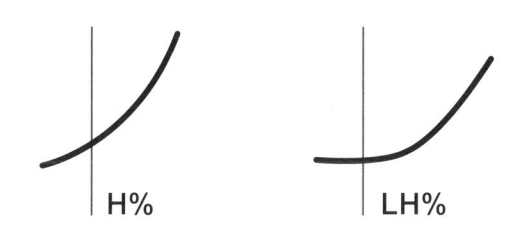

図5.2 H％とLH％の型

H％のイントネーションは、主に、「はい/いいえ」で答える疑問文に使われます。一方、LH％の方は、疑問詞の疑問文でよく使われます。[20]

---

19 Jun(2005a:218)

20 Jun(1996:44, 2005a:218)

한국말 잘해요?　　　（韓国語、上手ですか。）
　　　　　H%

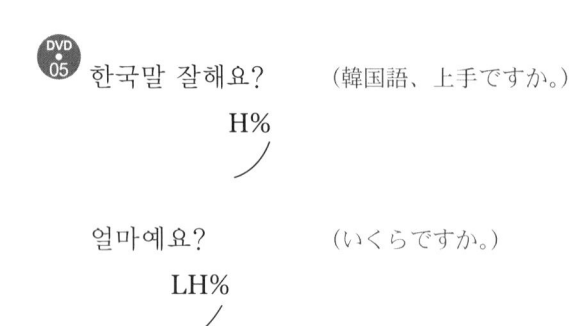

얼마예요?　　　（いくらですか。）
　　　LH%

　5.2で、「はい/いいえ」で答える不定代名詞の疑問文の場合、文末がH%の上がり調子で、文の中で一番高い部分となる、という説明がありました。H%は、疑問詞の疑問文でよく使われるLH%に比べると、上がり始める時期が早く、しかも、より高く上がるので、音節全体として、特に高いピッチになります。もちろん、H%が疑問詞の疑問文に使われたり、LH%が「はい/いいえ」の疑問文で使われることもありますが、このような'住み分け'の傾向があることを覚えておきましょう。以下にこれらの例をいくつかあげます。

平叙文の文末のピッチの型	例	
H%	일본에 갑니까?	（日本へ行きますか。）
	일본 사람이세요?	（日本人でいらっしゃいますか。）
	미연이 만나니?	（ミヨン会うの？）
	밥 먹을래?	（ごはん食べる？）
LH%	몇 시예요?	（何時ですか。）
	언제 할 거예요?	（いつやるつもりですか。）
	누구 만나니?	（誰に会うの？）
	뭐 먹을래?	（何食べる？）

　最後に、平叙文でよく使われるHL%は、疑問詞を使った疑問文でも、LH%と同じくらいよく使われます。LH%のイントネーションを使った疑問詞の疑問文に比べて、下がり調子のHL%のイントネーションを使った方は、ぶっきらぼうな感じや、相手に強く答えを求める、といった話者の感情が表れます。

　付録のDVDの「リズムとイントネーション3」に、平叙文と疑問文のイントネーション

のしくみについての練習問題があります。これらの練習問題で平叙文、疑問文のイントネーションに慣れましょう。

5.4 文末のイントネーションと話者の意図・感情表現

　前節では、韓国語の9つの文末のイントネーションのうち、4つの型(L%, HL%, H%, LH%)が、平叙文と疑問文の場合にどのように使われているかについて見てきました。これは、文の構造がイントネーションと密接に関係して、特定の意味や話者の意図を表すしくみです。一方、イントネーションの豊かな韓国語では、文末のイントネーションを使って、話者のさまざまな意図・感情を表現します。

　この節では、組み合わさるイントネーションの型がある程度決まっている文末の接尾辞を少し見た後、接尾辞がイントネーションの型のいくつかと組み合わさって異なる意味や話者の意図・感情を表す場合、さらに、文末のイントネーションのみで表す話者の意図・感情表現について見ていきます。(この節では、文末の音節のところで、H, L, %を使って、イントネーションの型を示しています。そのような場合、見やすくするため、次の文の始まりの前に余分なスペースを入れてありますが、韓国語では、通常、文と文の間のスペースは1つです。)

5.4.1　2つのピッチの組み合わせ：HL%, LH%

　この節では、文末の接尾辞と文末のイントネーション(HL%, LH%)のさまざまな組み合わせの例について見てみましょう。

● −구나と−네

　−구나と−네は、文末で使われる接尾辞ですが、それぞれにある程度ピッチの型があります。[21] −네と−구나は、ともに新しい発見・認識をしたときに使われるもので、「〜だなあ、〜ねぇ」というふうに訳されますが、−구나は、話者がある程度知っていた事柄を

21　−구나と−네には、それぞれ−군요と−네요の丁寧な形がありますが、これらの丁寧な形においても同じイントネーションのしくみが見られます。

改めて発見・認識する場合に使われ、-네は、話者の期待に反した驚きがあるときに使われます。

　-구나は、普通HL%のイントネーションで発見と認識を表し、-네はLH%のイントネーションで認識と驚きを表します。[22]

여기 있었구나!　　　　（ここにいたんだねえ！）
　　　　HL%　　　　意図：いるとは何となく知ってたけど、今気が付いた！

여기 있었네!　　　　（ここにいたんだねえ！）
　　　　LH%　　　　意図：いるとは思わなかったけど、いたんだ！

●-죠/-지

「～でしょう？」、「～でしょ？」という日本語に相当する-죠または-지(ごく親しい間柄で使う形)は、話者の発話の内容に対する信念(内容が本当だと信じている)を前提とし、[23] 実際の会話では、その信念をもとに、話者の聞き手に対する確認の意図を伝えます。また、話者が自分の信念・確信を聞き手に伝えることで、話者の聞き手に対する親近感を表します。

바쁘시죠?　　　　（お忙しいでしょう？）
　　HL%

맛있지?　　　　（おいしいでしょ？）
　　HL%

내가 처음부터 좋아했던 거 알죠?　　（僕が最初から好きだったの、知ってるでしょう？）
　　　　　　　　　　HL%

22　-구나の場合、発見と認識のうち、話者が発見の方をより伝えたい場合はH%のみ表れ、認識の方をより伝えたい場合は、L%のみ現れます。同じように、-네の場合、認識の方が大きい場合はL%のみ、驚きの方が大きい場合はH%のみが現れます。(Park 2003:180) また、丁寧な表現である-군요と-네요の場合についても、それぞれ同様のことが言えます。

23　Park(2003)

親しみを表す-죠/-지は、これらの例のように、「はい/いいえ」で答える疑問文で使う場合はHL%発音になります。ところが、-죠/-지を、疑問詞を含む疑問文で使う場合は、H%のイントネーションになります。[24][25]

「はい/いいえ」の疑問文	疑問詞の疑問文
그 청바지 여기서 만들지? 　　　　　　　HL% （そのジーパンここで作ってるでしょ？）	그 청바지 어디서 만들지? 　　　　　　　H% （そのジーパンどこで作ってるの？）
자전거 못 타지? 　　　　HL% （自転車乗れないでしょ？）	자전거 왜 못 타지? 　　　　　H% （どうして自転車乗れないの？）
내 열쇠 거기 있지? 　　　　　HL% （私の鍵そこにあるでしょ？）	내 열쇠 어디 갔지? 　　　　　H% （私の鍵どこ行っちゃった？）

また、HL%のイントネーションを使って、相手に対してやわらかく提案する-죠/-지の表現もあります。次の例のような場合、-시죠の方が、-세요を使った場合よりもやわらかで親しみのある表現になります。

앉으시죠.　　　　　（おかけください。）
　　　HL%

이쪽으로 가시죠.　（こちらの方へ一緒にいらしてください。）
　　　　　HL%

---

24 Park(2003:28)

25 文末の-죠/-지のイントネーションのしくみは、5.3で説明のあったH%のイントネーションを使う「はい/いいえ」で答える疑問文、LH%を使う疑問詞を含む疑問文の場合と異なります。

●-어と-자

-어(~しなさい)と-자(~しよう)の2つの接尾辞は、話し言葉でよく使われる文末表現で、もともとは命令と勧誘という意味でそれぞれ別々に使われるものですが、実際に使われるときのイントネーションと意味との関係は、よく似ています。[26]

聞き手に提案をして一緒に何かをしようという勧誘を意味する接尾辞-자(~しよう)ですが、L%のイントネーションを使うと、-어(~しなさい)と同じように命令的・権威的になります。

언제까지 전화할 거야? 당장 끊어!
　　　　　　　　　　　　　L%

(いつまで電話するつもりなの？すぐ切りなさい！)

누구 마음대로 여기 살아? 바로 미국으로 가자.
　　　　　　　　　　　　　　　　L%

(誰がここにいていいって言った？ すぐアメリカに行くぞ。)
意図：私が行こうといっているのだから賛成するのが当然だ。

一方、これらの文末表現を、聞き手の賛成・同意を求める意図で用いるときは、Hのピッチが加わったLH%のイントネーションを使います。[27]

그래 알았어. 끊어.
　　　　　LH%

(ああ、わかった、電話切って。)
意図：電話切ってもいいからね。わかった？

---

26 Park(2003:185)

27 Hのピッチには、日本語、韓国語の「はい/いいえ」の答えを期待するLH%のイントネーションの型にあるように、聞き手の注意を引く'呼びかけ'の役割があります。(田中&窪園1999:119, Park 2003:192)。この他にも、-네の場合にあったような'驚き'、さらには'不確定さ'、'確認'の役割があります。(Park 2003:192)

그 사람 안 나왔잖아. 시간이 너무 흘렀다. 한국에 돌아가자.
　　　　　　　　　　　　　　　　　　　　　　　　LH%

(あの人現れなかったじゃないか。時間もずいぶん経った。韓国へ帰ろう。)
意図：十分に探してみたけど見つからなかった。やるだけやったんだ。
　　　もういいじゃないか。韓国へ一緒に帰ろう。

● －걸

　残念な気持ち、後悔の気持ちを表すときは、文末でL%のイントネーションを使います。まず、－걸以外の場合の、通常の文末で起こる場合を見てみましょう。

시간이 더 있으면 좋겠는데.　　　(時間がもっとあったらいいのだけれど。)
　　　　　　　　　L%　　　　　　意図：時間がなくて残念だ。

그 아이한테 준 건 상처밖에 없는데.　돌아오지 않았어야 했다.
　　　　　　　　　　　L%　　　　　　　　　　　L%

(あの子を傷つけることしかできなかったのに。戻ってくるべきではなかった。)
意図：戻ってきたために、結果的にあの子を傷つけることになってしまって、
　　　後悔している。

　次に、－걸の場合を見てみましょう。－걸は、もともと後に그랬다という動詞を伴って「～すればよかった」という残念な気持ち、後悔を表す文の中で使われます。

눈이 많이 오는데 운전하다가 사고가 났어요. 밖에 나가지 말고
그냥 집에 있을 걸 그랬어요.
　　　　　　　L%

(雪がたくさん降っていたのですが、運転したために事故に会ってしまいました。外に出ずに家でじっとしていればよかったです。)

　－걸から後の－그랬다の部分が省略され、－걸が文末語尾となると、L%のイントネーションとともに、この音節だけで残念さ・後悔という感情を伝えます。

🔵06 밖에 나가지 말고 그냥 집에 있을 걸.　（外に出ずに家でじっとしていればよかった。）
　　　　　　　　　L%

공짜로 상품 주는데 나도 갈 걸.　（ただで賞品もらえたのに、僕も行けばよかった。）
　　　　　　　L%

내 잘못이 아닌데 아무 말 하지 말 걸.　（僕は悪くないに、何も言わなきゃよかった。）
　　　　　　　　　　L%

ところが、-걸にH%またはLH%のイントネーションをつけると、「〜だろうと思う」という強い推量・推測を表します。

🔵06 다른 사람들도 안 갈 걸.　　（他の人たちも行かないと思うな。）
　　　　　　　H%

민우, 중국어 배우니까 아유미도 같이 배울 걸.
　　　　　　　　　　　　　LH%
　　　　　　（ミヌ、中国語習うから、あゆみも一緒に習うだろう。）

이 빵집, 애들이 다 좋다고 했으니까 진짜 좋을 걸.
　　　　　　　　　　　　　LH%
　　　　　　（ここのパン屋さん、みんなおいしいって言っていたから、
　　　　　　　きっと本当においしいだろうな。）

また、推量の-걸とLH%のイントネーションを使って、話者の聞き手に対する冷たい感情や皮肉・風刺の意図を表します。

🔵06 꼭 벌 받을 걸.　　　　　（罰を受けるに違いない。）
　　　　　LH%　　　　　　意図：今まで思いどおりにできたかもしれないけれど、
　　　　　　　　　　　　　　　　そのうち天罰があたるから。

근데, 내가 너보다 나을 걸. 　（でも、私の方があなたよりましだと思うよ。）
LH%　　　意図：えらそうに言ってるけれど、本当はたいした
ことないくせに。

5.4.2 3つのピッチの組み合わせ：LHL%, HLH%

前節までは、1つ、または、2つのピッチの組み合わせからなるL%, H%, LH%, HL%の文末のイントネーションについて見てきました。ここからは、3つ以上のピッチの組み合わせについて見てみましょう。

5.3の平叙文と疑問文のところで、L%, H%, LH%, HL%の文末のイントネーションの型をそれぞれ図で示しました。以下にこれらの型を含めてまとめて示します。(9つの型のうち、5つのピッチLHLHL%は示されていません。) それぞれの型にある縦の線は、文末の最後から2番目の音節と、最後の音節との境目を指します。[28]

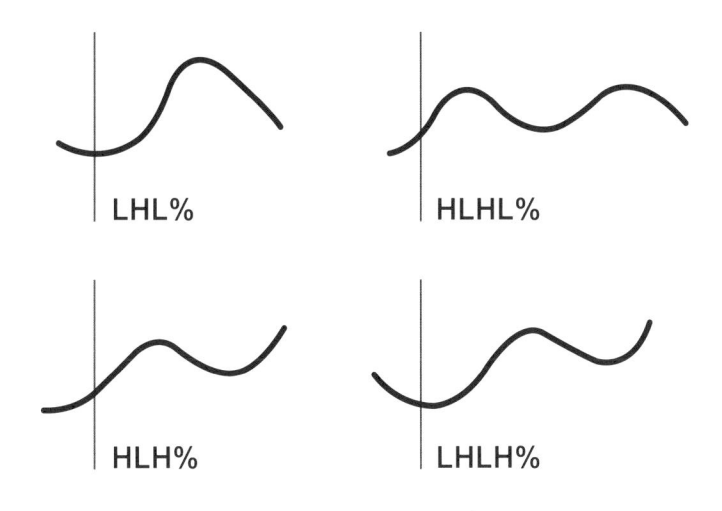

図5.3 韓国語の文末のイントネーション

まず、LHL%の文末のイントネーションについて見てみましょう。LHL%は、話者の説得、話者の主張、話者の不満・苛立ちなどを表します。[29]

---

28 Jun (2005a:218)

29 Jun (2005a:216)

●話者の説得

　LHL%のイントネーションは、また、話者が聞き手にある行動を促すよう説得する場合にも使われます。

🅳🆅🅳 07　뭐 해?　　　　　　　하지 마.　　（何やってるの？やめてよ。）
　　　　LHL%(苛立ち)　　　LHL%

　나 혼자라, 좀 무서워. 빨리 와.　빨리 와야 돼.
　　　　　　　　　　　　　　LHL%
　　　（一人だからちょっとこわいよ。早く来て。早く来ないとだめだからね。）

　A: 누나 왔어?　　　　　　　（姉さん、来た？）
　B: 응, 근데, 방에 들어가더니 아직 안 나와. 좀 가봐.
　　　　　　　　　　　　　　　　　　　　　　LHL%
　　（うん、だけど、部屋にこもりっきりで出てこないのよ。ちょっと見てきて。）

　次の例は、病院に見舞いに来た息子と、息子を早く家に帰したい母親との会話です。母親は、文末のLHL%のイントネーションを使って息子を説得します。引用の接尾辞-고を使った例です。[30] 最後の-고の発音は、[구]です。

🅳🆅🅳 07　A: 늦었다. 어서 집에 들어가.　（遅くなったわね。早く家に帰りなさい。）
　B: 조금만 있다가.　　　　　（もうすぐしたら帰るよ。）
　A: 이제 괜찮아. 어서 들어가.　　가.　　얼른 가라고.
　　　　　　　　　　　　　LHL%　LHL%　　　　LHL%

　　（もう大丈夫だから。早く帰りなさい。行って。早く行きなさいって。）

---

30 4.5で、引用の接尾辞の-고の発音が[구]に変化する説明がありましたが、この場合の発音も[구]です。

●話者の主張

　話者が自分の考え・意見を聞き手に強く伝える場合、LHL%のイントネーションを使います。[31]

🎬07 밥도 안 먹고 일만 하면 안 돼요.　　병 나요.
　　　　　　　　　　　　　　LHL%　　　LHL%

　　　　　　　　　　（ごはんも食べないで仕事ばかりしてはだめです。病気になります。）
　　　　　　　　　　意図：仕事ばかりしてると病気になる、仕事ばかりしてはだめだ、
　　　　　　　　　　　　という考えだ。

　次の例では、引用の接尾辞-고で自分の考え・意見を表し、文末のイントネーションでその考えを主張します。있다고の-고の発音は、[구]です。

🎬07 A: 전공 뭐 하기로 했어?　　　　　（専攻何にした？
　　　경제나 경영 같은 거?　　　　　　経済とか経営とか、そういうの？）
　　B: 한국 문학.　　　　　　　　　　（韓国文学。）
　　A: 한국 문학? 그거 괜찮아?　　　　（韓国文学？それ、大丈夫？
　　　취직할 때 안 좋지 않아?　　　　　就職のときによくなくない？）
　　B: 좋아하는 거 하는 게 더 중요하잖아.
　　　세상에 돈보다 소중한 게 있다고.　　행복한 마음.
　　　　　　　　　　　　　LHL%　　　　　　LHL%

　　　　　　　　　　（好きなことする方が大事だろう。
　　　　　　　　　　　世の中お金より大切なことがあるってことさ。幸せな心。）

●話者の不満・苛立ち

　韓国語では、文末のイントネーションを使ってさまざまな感情表現を行います。その中でも、LH%のイントネーションとともにLHL%のイントネーションを使って話者の不満・苛立ちを表す文末表現は、日常会話でよく見られる一般的な感情表現です。まず、LH%を使った例を見てみましょう。

---

31 Jun（2005a:216, Park 2003:231）

할 수 없지 뭐.　　　　　　　（仕方がないよね。32）
　　　　LH%　　　　　　　　意図：どうしようもないとは言え、やっぱり不満だ。

그래서 유무혁, 너하고 결혼하겠대?　　　현실 좀 봐.
　　　　　　　　　LH%

（それで、ユ・ムヒョク、あなたと結婚するとでも言ったの？33
現実、ちょっと見なさいよ。）
意図：いくら好きでも結婚するなんて到底無理なんだから、夢みたいなことばかり
　　　言っている。現実がわかっていない。

　後の方の例では、疑問文の文末の音節のところを、H%のイントネーションで発音すると、普通の「はい/いいえ」の疑問文になりますが、LH%の発音をすることで、話者の不満・苛立ちを表します。
　次の例は、理由の後の「だからどうした」の部分が省略されていますが、文末のイントネーションをLH%にすることで苛立ちを表します。

　　괜찮아. 안 취해. 괜찮다니까.
　　　　　　　　　LH%
　　　（大丈夫。酔ってないわ。大丈夫だって言ってるのに。）
　　　意図：酔ってないと言っているのに、大丈夫だと言っているのに、しつこい。

　LHL%の場合は、LH%を使った場合に比べると、2つの低いピッチで、34 話者の不満・苛立ちの感情をより強く表します。

너 참 어처구니 없다.　　　（あなた、ほんと呆れるわね。）
　　　　　LHL%　　　　　　意図：こんなあなたに本当に苛立つ。

---

32 話し言葉でよく使われる文末表現です。この場合の뭐は、疑問詞ではありません。この場合の뭐は、話者の「～だろうと思う」という推量の意味を付け加えます。推量の意味が加わった分、-지だけの場合に比べるとやわらかな印象になります。

33 결혼하겠대는、결혼하겠다고 한다(結婚すると言う)の다고 한다の「と言う」の部分が短くなって、接尾辞-대(←다+해)となったものです。話し言葉ではよく使われます。

34 Park(2003:279)

次の例は、兄と妹とのやりとりですが、短い発話の中での文末のLHL%のイントネーションによって、話者の苛立った感情を表します。

A: 오빠!　　　　　（お兄ちゃん！）
B: 왜 또?　　　　 （何だい、また！）
　　LHL%　　　　意図：話はさっきもうすんでいるのに、何度も話しかけてうるさい。

A: 아니.　　　　　（そうじゃなくて。）
　　LHL%　　　　意図：そんなに嫌がらなくてもいいであろうに。

다른 게 아니라, 돈 좀 빌려줘.
　　　　　　　（他でもないんだけど、ちょっとお金貸して。）

次の例は、最近様子のおかしいコメディ作家(공영미)に対する、コメディ番組のディレクターの発話です。さまざまな接尾辞を含む文末の音節に、LHL%のイントネーションをつけて、話者の苛立ち・不満を表します。[ㅗ]が[ㅜ]になる発音変化(4.5参照)のため、ここでの-고, -로の発音は、それぞれ[구], [루]です。

A: 아이, 작가가 그래가지고.　　　（ああ、作家がこれだから。
　　　　　　　LHL%

배우들 불평이야 한 귀로 듣고,　俳優たちの不平こそ片方の耳で聞いて
한 귀로 흘려야지.　　　　　　　片方の耳で聞き流さないと。
　　　　　　　LHL%

아, 요즘에 공작가가　　　　　　　あ、最近、コン作家がみんなの
기분 나쁘게 했지 뭐.　　　　　　 気分を悪くしてるじゃないか。[35]
　　　　　　　LHL%

아, 착한 영미씨는 어디 가고　　 あのいい人のヨンミさんがどこ行ったか
맨날 심각한 얼굴로.　　　　　　 毎日深刻な顔して。
　　　　　　LHL%

---

35 韓国語では、日本語のように名字だけを使って、'コンさん'と呼ぶことはありません（むしろ失礼にあたります）が、공작가（コン作家）, 김박사（キム博士）, 강변호사（カン弁護士）のように、名前に職業・資格を付けて呼ぶことは一般的です。また、ここで使われている뭐は疑問詞ではなく、聞き手を責める発話の内容を和らげる役割をしています。

아이, 요즘 왜 그래?   ああ、最近どうしたの？
　　　　　LHL%

남편이랑 무슨 일이 있어?   ご主人と何かあったの？）
B: …….
A: 아이, 내가 작가들이랑 배우 사이에 　（ああ、ぼくが作家たちと俳優の
　　끼어가지고.　　　　　　　　　　　　　板ばさみになってるんだよ。
　　　　　　　LHL%

내가 힘들어 죽겠다고.   ぼくがつらくて死にそうなんだって。）
　　　　　　LHL%

B: …….
A: 아후, 정말 미치겠네.   （ああ、ほんとやってられないよ。）

　次に、HLH%のイントネーションについて見ていきましょう。HLH%は、話者の不信感・驚き、話者の自信・誇り、聞き手に同意を求める話者の意図などを表します。[36]

●話者の信じられないという気持ち・驚き

　ここでは、LH%とともにHLH%のイントネーションを使って、話者の「信じられない!」という気持ち・驚きを表す文末表現を見てみましょう。これまでの例文と同じように、ここで使われている例文においても、-고, -구の[ㅗ]は[ㅜ]と発音します。
　次の例は、LH%を使った例です。

그래?　　미국으로 간다고?　　민기하고?
LH%　　　　　LH%　　　　　LH%

（ほんと？ アメリカへ行くって？ ミンギと一緒に？）
意図：思っていなかったことだ。驚いた。信じられない。

　HLH%の場合は、LH%を使った場合に比べると、2つの高いピッチで、[37] 話者の予

36　Jun（1998, 2005a:216-7）

37　Park（2003:281-2）

想に反したことに対する驚きと'信じられない'という感情をより強く表現します。

次の例は、突然実家に帰ってきた娘と母親とのやりとりです。

A: 영미야! （ヨンミ！）
B: 왜 그렇게 놀래? （どうしてそんなに驚くの？）
　　　　　HLH%
　　　　　　　　　　　　　意図：そんなに驚くなんて信じられない。

A: 웬일이야?　연락도 없이. （どうしたの？連絡もしないで。）
　　　HLH%　　　　HLH%
　　　　　　　　　　　　　意図：連絡もなく突然来て驚いた。
　　　　　　　　　　　　　　　　まだ信じられない。

B: 웬일은?　크리스마스니까 왔지. （どうしたのかって？クリスマスだから来たん
　　HLH%　　　　　　　　　　　　　じゃない。）
　　　　　　　　　　　　　意図：何があったか、って、何かなければ
　　　　　　　　　　　　　　　　来てはいけないのか。そんなに驚く
　　　　　　　　　　　　　　　　なんて信じられない。

A: 혼자 온 거야? 소 서방은 어쩌고? （一人で来たの？ソ君＝夫はどうしたの？）
B: …….

〈ごはんを食べながら〉

A: 싸웠어? （けんかしたの？）
B: 누구랑? （誰と？）
A: 아니?　근데 왜 왔어? （違うの？じゃ、何で来たの？）
　　HLH%　　　　HLH%
　　　　　　　　　　　　　意図：てっきりけんかしてきたと思ったのに
　　　　　　　　　　　　　　　　違うとは信じられない。いまだに何も
　　　　　　　　　　　　　　　　なくて一人で来たのが信じられない。

B: 엄마 보고 싶어서 왔다니까. （お母さんに会いたくて来たってば。）
A: 언제부터 엄마 생각했다고. （いつから母さんのこと思ってくれたって？）
　　　　　　　　　　　　　意図：自分に会いに実家に帰ってきたなんて
　　　　　　　　　　　　　　　　嘘だということはわかっている。

●話者の自信・誇り

文末のHLH%のイントネーションは、また、友人などの親しい間柄で、話者の自信・誇りを表現します。その際、よく動詞の−다の形と一緒に使われます。

나 다음 주에 하와이 간다.　　　　　　（わたし、来週ハワイへ行くんだ。）
　　　　　　　　HLH%　　　　　　　　意図：ハワイに行くなんて、すごいでしょ？

나 여자 친구 생겼다.　　　　　　　　（ぼく、彼女ができたんだ。）
　　　　　　　HLH%　　　　　　　　 意図：彼女ができたなんて、いいだろう？

● 聞き手に同意を求める

　最後に、文末のHLH%のイントネーションは、話者の高揚する気持ちを聞き手に伝え、聞き手に同意を求める話者の意図を表します。

정말 맛있다!　　　　　　　　　　　　（本当においしいねえ。）
　　　　HLH%　　　　　　　　　　　　意図：あなたもそう思うでしょ？

와, 멋있네요!　　　　　　　　　　　　（わぁ、かっこいいですねえ。）
　　　　HLH%　　　　　　　　　　　　意図：あなたもそう思うでしょう？

정말 잘 하는데요!　　　　　　　　　　（彼女、本当によくやりますねえ。）
　　　　　　HLH%　　　　　　　　　　意図：あなたもそう思うでしょう？

역시 너밖에 없네.　　　　　　　　　　（やっぱり、私にはあなたしかいないのよね。）
　　　　　　HLH%　　　　　　　　　　意図：それはあなたもわかっていると思うけど。
　　　　　　　　　　　　　　　　　　　　＝いつもありがとう。

5.4.3　4つ以上のピッチの組み合わせ

　前節までは、文の構造とも深く関わる4つの型L%, H%, HL%, LH%と、話者のさまざまな意図・感情を表すHLH%, LHL%の、文末の6つの異なるイントネーションについて見てきました。

　最後に、4つ以上のピッチの場合について、簡単にふれておきます。[38] まず、これらの型は、これまで見てきたピッチが3つまでの型と異なり、組み合わさっているピッチがすべて文末の1音節に付くわけではありません。また、LHLHL%は、稀にしか使われ

38　Jun（2005a:217, Park 2003）

ません。

以下に、4つ以上のピッチからなる文末のイントネーションについて、まとめます。

4つ以上のピッチからなる型	特徴	使用状況
LHLH%	LH%が表す話者の苛立ち・不満・不信感をさらに強める ＊以下は、余命3ヶ月の親友を思ってやりきれなくなった話者Aが、酔っ払ってその気持ちを、もう一人の親友(B)にぶつけた例 A: 이제, 이제 그 노래 누구랑 부르냐구, 누구랑?　LHLH% （もうその歌、誰と歌うって言うんだ。誰と？） B: 야, 창피하게, 어서 일어나. 일어나. （恥ずかしい。早く起きろ。） A: 그 노래 누구랑 부르냐구?　LHLH% （その歌誰と歌うのか、って聞いてるんだよ。）	あまり使われない
HLHL%	LH%が表す話者の主張をさらに強くする場合と、LHLH%が表す話者の説得を強めたり、小言を言ったり、せがんだりする場合に使う ＊以下は、話者Bが監督を知っているということを、HLHL%を使って強調した例（Park2003:285） A: 저희 감독님을 잘 아세요?　（僕達の監督をよくご存知で？） B: 그럼. 근데, 송감독님은 왜?　HLHL% （もちろん。でも、何でソン監督のことを？） A: 아니, 그 감독님 말고요. 저희 감독님요. （いや、その監督じゃなくてですね。僕達の監督のことですよ。）	よく使われる 子供の発話の特徴
LHLHL%	LHL%が表す意味に近いが、特に苛立ちを表す ＊以下は、久しぶりに父親に再会した娘(A)が早く父親に起きてほしいのに、なかなか起きない父親に対してLHLHL%を使って苛立つ気持ちを表した例 A: 아빠.　일어나.　아빠.　빨리. 　　 LHL%　LHL%　LHLHL%　LHLHL% （お父さん、起きて。お父さん、早く。）	稀にしか使われない 子供の発話の特徴

	아빠.　　　　아빠, 일어나.　　　아빠.
	LHLHL%　　　　LHLHL%　　LHLHL%
	（お父さん。お父さん、起きて。お父さん。）
	B: 훙, 어, 내 공주, 일어났어? （お、僕のお姫さま、起きたのか？）
	A: (웃음) 　　　　　　　（笑う）

　付録のDVDの「リズムとイントネーション4」に、文末のイントネーションのしくみについての練習問題があります。話者のさまざまな意図・感情を表す文末のイントネーションのしくみについて練習しましょう。

歯医者さんが「冬ソナ」を見ると…

　ある歯医者さんが、「冬ソナ」を見ていて、とても不思議な気持ちになりました。韓国語の知識のない歯医者さんなのですが、演技をしている韓国人俳優たちの口の動きと、日本語の吹き替えの文章がどこか合っていない、と感じたのです。ことばの違いによる1つ1つの単語の発音が合わない、といったことではなく、発話の最後で口を閉じているかどうか、という点が気になりました。(職業柄、人の口元は気になるようです！)「英語のドラマのときには、発話の最後では口が閉じられていて、日本語の吹き替えのときの発話の最後と合っていたのに、韓国語の場合は、何が違うのかしら？」と不思議に思いました。

　韓国語の発音、特にイントネーションについて学んでいる学習者のみなさんなら、この歯医者さんの疑問に、どのように答えますか。

　まず、韓国語では、語句や文章の最後の音節の「長さ」が長くなります。'ｓ'、'ｓｈ'のように空気の通り道を極端に狭くして発音する子音は別として、普通は、子音を長く伸ばして発音することはありません。長くなるのは母音の部分です。母音を発音するときは、口を開けたまま発音します。一方、韓国語の場合、文末の音節に複数のピッチが与えられます。日本語の場合(英語の場合もそうですが)、文末の音節で、一度上がったピッチが下がることはなく、また一度下がったピッチが再び上がることはありませんが、韓国語の場合、一度上がったピッチが下がったり(LHL％)、一度下がったピッチが上がったり(HLH％)します。さらに、1音節にだけ与えられるわけではありませんが、何度か上がったり下がったりするイントネーション(LHLH％、HLHL％、LHLHL％)も使われます。ピッチの上がり下がりが繰り返されるためには、それだけの音の「長さ」が必要です。したがって、韓国語では、上がり下がりを繰り返すピッチが、文末の音節、特に母音に使われて、結果、発話の最後の方は、口を開けたままの時間が長くなるわけです。

　試しに、韓国語の文末の音節の長さを変えて発音してみましょう。口をすばやく閉じて、短く発音すると、日本語の文章のように聴こえ、5.4で学んだ文末のイントネーションを使って、長く発音してみると、たちまち韓国語らしく聴こえるはずです。

5.5 意味のまとまりと発音

最後に、意味のまとまりと発音との関係について見てみましょう。

5.2で、ピッチ・フレーズの構造によって、文章の意味が疑問詞を使った疑問文となったり、「はい/いいえ」の疑問文となったり、また、「フォーカス」の置かれる位置、つまり、話者がどの部分をより強く伝えたいかによって、それぞれピッチ・フレーズがあり、さらに、それが発音変化とも関わっていることを学びました。音声的な単位であるピッチ・フレーズですが、話者の意図を正確に聞き手に伝えるための意味上の単位ともいえます。

ここでは、文章を意味の上でのまとまりをもとに見ていきます。たとえば、次の文章では、월요일 밤에(月曜日の夜に)の部分で1つの意味としてまとまっており、意味の上で、別のまとまりである 극장에 갔어(劇場へ行った)と分けることができます。

　　　월요일 밤에　　극장에 갔어.　　（月曜日の夜に、劇場へ行った。）

話し言葉では、このように意味の上で別々の部分を示すために、短いポーズ（'間'）を使います。5.1で、韓国語では、最後の音節が長く伸ばされるという説明がありましたが、ピッチ・フレーズの最後の音節がHとなる韓国語では、意味上のまとまりのあるフレーズの最後の音節が高くなるだけでなく、長く伸ばされ、その後の短いポーズによって、音声的により際立った部分となります。

　　　월요일 밤에　　극장에 갔어.

長い文章の場合や、どこで区切るかによって意味が違ってくるような場合、このポーズの直前の音節を高く、長く伸ばすことは、そのまま意味上のまとまりがどのようになっているかを、聞き手に伝える重要な手がかりになります。次の例を見てみましょう。

　　　너 밖에 안 나가?　　（あなた外に出ないの？）
　　　너밖에 안 나가?　　（外に出るのはあなたしかいないの？）

上の文章で、너の音節の最後を高めに、そして長めに伸ばし、後に短いポーズを置く場合、「あなた外に行かないの？」という意味になりますが、너밖에を一息で発音し、最後の에を高い音で、長く伸ばし、後に短いポーズを置くと、「外に出るのはあなたしかいないの？」という意味になります。このように、意味のまとまりの上での短いポーズは、ピッチ・フレーズの境を意味します。したがって、最初の文では、ㅂは母音に挟まれてはいますが、ピッチ・フレーズの最初の位置にくるので無声のままで、一方、後の文では有声になります。(5.2.3参照)

　付録のDVDの「リズムとイントネーション5」に、意味上いくつかのグループに分けられる長い文章を集めていますので、これらの練習問題で意味上のまとまりと音声上のまとまりの練習をしましょう。

　この章では、韓国語の音の「長さ」の特徴とともに、音の「高さ」の変化のしくみについて学びました。文レベルでの発音のしくみを学ぶことで、韓国語をよりよく聴き取れるだけでなく、自分の伝えたいことを正確に相手に伝え、また、より自然な、韓国語話者により近い発音を身につけることができるようになるでしょう。

引用文献

Beckman, E. Mary, & Janet B. Pierrehumbert. 1986. Intonational structure in Japanese and English. *Phonology Yearbook* 3, 255-309.

Celece-Murcia, Marianne, Donna Brinton, & Janet Goodwin. 1996. *Teaching pronounciation: A reference for teachers of English to speakers of other languages.* New York: Cambridge University Press.

Eimas, Peter. 1996. The perception and representation of speech by infants. In *Signal to syntax*, (ed.) J. Morgan & K. Demuth, 25-39. Mahwah, N. J.: Erlbaum.

Ham, Mieko, & Raymond Weitzman. 1970. Acoustic features of Korean /P, T, K/, /p, t, k/ and /p^h, t^h, k^h/. *Phonetica* 22: 112-128.

Iverson, Gregory. 1983. Korean *s. Journal of Phonetics* 11: 191-200.

Jun, Sun-Ah. 1993. *The phonetics and phonology of Korean prosody.* Ph. D. dissertation, Ohio State University.

---. 1994. The status of the lenis stop voicing rule in Korean. In *Theoretical issues in Korean linguistics*, 101-114. CSLI: Stanford University Press.

---. 1998. The accentual phrase in the Korean prosodic hierarchy, *Phonology* 15.2: 189-226.

---. 2005a. Prosodic Typology. In *Prosodic Typology: The phonology of intonation and phrasing*, 201-229, (ed.) Jun, Sun-Ah. Oxford University Press.

---. 2005b. Prosodic Typology. In *Prosodic Typology: The phonology of intonation and phrasing*, 430-458, (ed.) Jun, Sun-Ah. Oxford University Press.

---. 2005c. Intonational phonology of Seoul Korean revisited. In *Proceedings of the 14th Japanese-Korean Linguistics Conference*, 14-25, CSLI: Stanford University Press.

---, & Mira Oh. 1996. A prosodic analysis of three types of Wh-phrases in Korean. *Language and Speech*, 39 (1), 37-61.

---, & Hyuck-Joon Lee. 1998. Phonetic and phonological markers of contrastive focus in Korean. In *Proceedings of the 5th International conference on Spoken Language Processing*, Vol. 1. 4, 1295-1298, Sydney, Australia.

Kagaya, Ryohei. 1974. A fiberscopic and acoustic study of the Korean stops, affricates ad fricatives. *Journal of Phonetics* 2: 161-180.

Keating, Patricia. 1985. The phonology-phonetics interface, In *Interfaces in Phonology*, (ed.) U. Kleinhenz, 262-278. Studia Grammatica 41, Akademie Verlag, Berlin.

Kim, Chin-Wu. 1965. On the autonomy of the tensity feature in stop classification. *Word* 21: 339-359.

Kim, Hyunsoon. 1999. The place of articulation of Korean affricates revisited. *Journal of East Asian Linguistics* 8: 313-346.

Kim-Renaud, Young-Key. 1997. *The Korean alphabet: Its history and structure*. Honolulu: University of Hawai'i Press.

Ladefoged, Peter. 1999. *Recording the phonetic structures for endangered languages*. Talk given at the University of Hawai'i, April 27, 1999.

---. 2006. *A counse in phonetics*, 5th Edition. Thompson Wadswonth.

Ladefoged, Peter, & Ian Maddieson. 1996. *The sounds of the world's languages*. Oxford: Blackwell.

Lee, Iksop, & S. Robert Ramsey. 2000. *The Korean language*. Albany: State University of New York Press.

Lee, Jeong-Hoon. 1995. The /e/-/oe/ merger in Modern Seoul Korean is a 'near merger'. *Harvard Studies in Korean Linguistics* 6: 108-120.

Lisker, Leigh, & Arthur Abramson. 1964. A cross language study of voicing in initial stops: Acoustical measurements. *Word* 20: 384-422.

Lisker, Leigh, & Arthur Abramson. 1967. Some effects of context on voice onset time in English stops. *Language and Speech* 10: 1-28.

Martin, Samuel. 1992. *A reference grammar of Korean*. Rutlant, Vt.: Tuttle.

Park, Mee-Jeong. 2000. Incorporating intonation in Korean language instruction.

–––. 2003. *The meaning of Korean prosodic boundary tones*. Ph. D. dissertation, University of California at Los Angeles.

Pierrehumbert, B. Janet, & Merry E. Beckman. 1988. *Japanese tone structure*. MIT Press.

Sampson, Geoffrey. 1985. *Writing systems: A linguistic introduction*. Stanford: Stanford University Press.

Shin, Jiyoung, & Katrina Hayward. 1997. Some articulatory characteristics of Korean: Three types of alveolar stops and alveo-palatal fricatives. *SOAS Working Papers in Linguistics and Phonetics* 7: 301-320.

Silva, David. 1998. The effects of prosodic structure and consonant phonation on vowel F0 in Korean: An examination of bilabial stops. In *Description and explanation in Korean linguistics*, (ed.) R. King, 11-34. Ithaca: Cornell University East Asian Program.

Sohn, Ho-min. 1994. Korean. New York: Routledge.

Suh, Chang-Kook. 1995. Palatalization, opacity and umlaut in Korean. *Harvard Studies in Korean Linguistics* 6: 121-137.

Ueyama, Motoko, & Sun-Ah Jun. 1998. *Focus realization in Japanese English and Korean English intonation*. Vol. 7, 629-645. CSLI: Cambridge University Press.

Venditti, Jennifer. 2005. The J-ToBI Model of Japanese Intonation. In *Prosodic Typology: The phonology of intonation and phrasing*, 172-200, (ed.) Jun, Sun-Ah. Oxford University Press.

Werker, Janet, Valerie Lloyd, Judith Pegg, & Linda Polka. 1996. Putting the baby in the bootstraps: Toward a more complete understanding of the role of the input in infant speech processing. In *Signal to syntax*, (ed.) J. Morgan & K. Demuth, 427-447. Mahwah, N. J.: Erlbaum.

Yang, Byunggon. 1996. A comparative study of American English and Korean vowels produced by male and female speakers. *Journal of Phonetics* 24: 245-261.

窪園晴夫監修, 田中眞一・窪園晴夫著(1999)『日本語の發音教室：理論と練習』東京：くろしお出版

野間秀樹(2004)『至福の朝鮮語』東京：朝日出版社

用語集

音声に関するもの

- **声帯**　のど仏の後ろのあたりに位置する、伸縮性のある2枚の筋肉；首の前側で繋がり、後ろ側は離れていて、くっ付いたり離れたりする；肺から空気が上がってきた空気が通る際、振動すると有声音、振動しないと無声音となる。
- **声門**　声帯の2枚の筋肉の間の空間

- **音素**　母語話者が'心理的に'区別する最小の音の単位
- **音節**　母音のまわりに作られる音のかたまり、グループ

- **母音**　肺から上がってくる空気が遮られることなく作られる音
- **半母音**　「ヤ行」の'y'のような音、「ワ行」の'w'のような音
- **合成母音**　半母音と単母音が合わさった音

- **子音**　肺から上がってくる空気が、口や喉のどこかで、いくらか、あるいは、全く遮られて作られる音
- **有気音**　息を勢いよく、多く出して作る無声の子音；ㅍ, ㅌ, ㅋ, ㅊは、有気音；激音とも呼ばれる。英語名は、aspirated。発音の際、一度遮断された空気が開放されてから、かなり遅れて次の母音の声帯の振動が始まる。
- **無気音**　息がわずかに出るか、ほとんど出ず、また、緊張しない状態で、やわらかく発音する無声の子音；ㅂ, ㄷ, ㄱ, ㅈ, ㅅは、無気音；平音とも呼ばれる。英語名は、lenis。
- **緊張音**　喉(声帯)を強く緊張させ、声門を閉じて作る無声の子音；ㅃ, ㄸ, ㄲ, ㅉ, ㅆは、緊張音；濃音とも呼ばれる。英語名は、tensed、または、fortis。
- **有気音化**　無気音(ㅂ, ㄷ, ㄱ, ㅈ, ㅅ)に、息が多く加わって、有気音と変わること
- **緊張音化**　無気音が、緊張音(声帯を強く緊張させ、声門を閉じる)に変わること

- **息を開放しない発音**　肺から上がってきた空気を一度遮り、そのまま息を外に出さずに発音する。子音の前、語の最後では、〈無気音、有気音、緊張音〉という区別がなくなり、すべて「息を開放しない」無気音の子音の発音になる。子音の前、語の最後に位置する子音は、「パッチム(받침)」と呼ばれる。

- ▶ **有声音** 声帯が振動して作られる音；母音、ㄹ、ㅁ、ㄴ、ㅇは、有声音
- ▶ **無声音** 声帯が振動することなく作られる音
- ▶ **有声音化** 無声であった音に、声帯の振動が加わって有声音となること；無気音（ㅂ、ㄷ、ㄱ、ㅈ）は、有声音に挟まれると、有声音となる。

- ▶ **鼻音** 肺から上がってきた空気が、口からではなく、鼻から抜けて作られる音
- ▶ **鼻音化** 肺から上がってきた空気が、本来は口から出されて作られるはずの子音が、すぐ後に続く鼻音の影響を受けて、空気が鼻から抜けて、鼻音となること

- ▶ **子音の連音化** 音節の最後の子音が、次の音節の初めの位置で発音されること
  例：언어（言語）→［어너］

- ▶ **韻律（Prosody）** 音の「高さ」、「大きさ」、「長さ」が関わりあって作られるリズムとイントネーション
- ▶ **ピッチ** 音の高さの変化；Lは「低い音」、Hは「高い音」を表す。
- ▶ **ピッチ・フレーズ** アクセント句（Accentual Phrase）を言い換えたもので、音の「高さ（ピッチ）」の変化をもとにした、音声的な一まとまり、一区切りのもの；Sun-Ah JunのAccentual Phrase理論によると、韓国語の基本的な型は、LHLH、または、HHLL（有気音、緊張音、ㅅ, ㅎの場合）
- ▶ **フォーカス** 話者が聞き手に最も伝えたい部分が、他より「高く」発音されること、あるいは、その部分
- ▶ **文末のインネーション** 発話の最後の1音節（または2音節）に与えられるピッチの型；韓国語の場合、L%, H%, LH%, HL%, LHL%, HLH%, LHLH%, HLHL%, LHLHL%の9つの型があり、話者のさまざまな意図や感情を表す。

文法用語

- **語** 名詞、動詞の語幹・語根が、さまざまな接尾辞(主語を表す-이/-가, 目的語を表す-을/-를, 場所を表す-에서, 未来を表す-ㄹ, 補助動詞-이다など)と合わさって作られたもの
- **語幹** 語の本体の部分；動詞・形容詞の場合、辞書形から-다を取った部分
- **語根** 語のような意味を持つが、それだけでは独立した語として使うことができない。複合語の전력(電力)は、そのような2つの語根から成り立っており、전(電)と력(力)は、それぞれそれだけでは語として使うことはできない。
- **接尾辞** 文法上のさまざまな機能を表したり、さまざまな用法を表す。単独で使われることはなく、語幹、語根、他の接尾辞、あるいは、名詞、動詞などの語に接続して使われる。
- **複合語** 2つ以上の小さな語が組み合わさった語。例：책방(本屋)
- **半複合語** 小さな語と語根が組み合わさった語。例：한약(漢方)；한は語根で、약は、小さな語

韓国語発音ガイド
－理論と実践－

PART 2
発音練習

- 母音
- 子音
- 発音変化
- リズムとイントネーション

● 練習問題の使い方 ●

　パート2に含まれている練習問題は、付録のDVDを使って練習をするようになっています。それぞれの練習問題をする前に、その項目についての説明を見直したり、また、練習問題を終えた後にパート1の本文に戻って復習するといいでしょう。本文を見直すことで、練習問題の効果が上がり、また、練習問題をすることで、本文で書かれていることをよりよく理解できるようになります。本文にある項目を簡単に探せるように、巻末に練習問題の索引を作ってあります。

　DVDは、自然な口語のスタイルで、標準韓国語話者によって録音されています。話す速さは、中くらいから多少ゆっくり目です。すべての章の練習問題は、男性と女性の声で録音されています。5章の一部では、会話の内容によって、男性と女性、男性同士、女性同士の会話が録音されています。

　次に、練習問題の形式の例をあげます。二者択一問題：DVDを聴いて、正しい語を選ぶ問題です。日本語の訳は、答えと一緒にページの下に入れてあります。

　　　　(불, 풀)이 안 붙어요.

　また、次の例のように、語句が綴り通りに発音されない場合、実際の発音をハングル文字で示したものを選ぶ問題もあります。このような場合、日本語の訳が添えてあります。

　　　　십육 년 됐습니다.　　　[심늉　십늉]　　　　16年になります。

　練習問題をした後、自分の答えの確認ができるように、答えはページの下に入れてあります。練習問題をしている間、ページの下にある答えが気になるようであれば、答えを何かで覆いながら行うといいでしょう。

　練習問題では、なるべく、よく使われる、学習者にとって役に立つと思われる語彙が使われています。例外的に、音の比較・対照のため、使用頻度の低い語彙を使っている場合もあります。また、5章の練習問題では、イントネーションによるさまざまな意図や感情表現を表すために、非常にくだけた口語表現も使われています。

　　さあ、練習を始めましょう！ 파이팅!

母音

母音 1 ーと ㅜ

練習 1 母音ーと ㅜの違いをよく聴いて、母音ーと ㅜの発音を練習しましょう。

① 그　　구　　　　② 극　　국
③ 글　　굴　　　　④ 든　　둔
⑤ 은　　운　　　　⑥ 즉　　죽
⑦ 쓴다　쑨다

練習 2 DVDをよく聴いて、（　）内の語のうち発音された方にそれぞれ○をしましょう。**Ex.2**

① (극, 국)이 싱거워요.
② (글, 굴)을 씁니다.
③ (글, 굴)이 길어요.
④ 이 속에 (든, 둔) 거요?
⑤ 이 속에 (든, 둔) 거요?
⑥ 학생(들, 둘)도 많아요.
⑦ (은, 운)이 좋아요.
⑧ (은, 운)이 나빠요.
⑨ (음, 움)이 높아요.
⑩ 죽 (쓴다, 쑨다).

Ex.2 ① 국, スープの塩気が少ないです。　② 글, 文を書きます。　③ 굴, トンネルが長いです。　④ 든, この中に入っているものですか　⑤ 둔, この中に入れておいたものですか。　⑥ 들, 学生たちも多いです。　⑦ 은, 銀が好きです。　⑧ 운, 運が悪いです。　⑨ 음, 音が高いです。　⑩ 쑨다, おかゆを炊く。

練習3
始めに太字の部分が読まれ、その後文章全体が読まれます。DVDをよく聴いて、繰り返し練習しましょう。

① **구름이** 한 점도 없다. 　　　　　　　雲が一つもない。
② **그림을** 잘 그려요. 　　　　　　　　絵を描くのがうまいです。
③ **가을을** 좋아해요. 　　　　　　　　秋が好きです。
④ **겨울도** 따뜻합니다. 　　　　　　　冬も暖かいです。
⑤ **연극** 배우야. 　　　　　　　　　　演劇の役者だよ。
⑥ **영국** 사람입니다. 　　　　　　　　イギリス人です。

母音2　ㅔとㅐ

練習1
母音ㅔとㅐの違いをよく聴いて、母音ㅔとㅐの発音を練習しましょう。

① 게　개　　　　　　② 떼　때
③ 베　배　　　　　　④ 세　새

練習2
2つの語の発音の違いをよく聴いて、発音された方の語をそれぞれ書き入れましょう。Ex.2

게 / 개　　① ＿＿을러요.
　　　　　② ＿＿성이 강해요.

베 / 배　　③ ＿＿개를 베요.
　　　　　④ ＿＿가 달아요.

셈 / 샘　　⑤ ＿＿이 많아요.
　　　　　⑥ ＿＿이 틀렸어요.

練習3
ㅔとㅐは、語中で同じ発音になります。

① 지네　지내　　　　　　　　　　ムカデ　地域内
② 모레　모래　　　　　　　　　　明後日　砂
③ 안에　아내　　　　　　　　　　中に　　妻

Ex.2 ① 게, 게으르고 있습니다. ② 개, 個性が強いです。　③ 베, 枕をします。　④ 배, 梨が甘いです。
⑤ 샘, 嫉妬深いです。　⑥ 셈, 計算が間違っています。

母音 3 ㅓとㅗ

練習 1 母音ㅓとㅗの違いをよく聴いて、母音ㅓとㅗの発音を練習しましょう。

① 덜　돌　　　② 먹　목
③ 번　본　　　④ 섬　솜
⑤ 얼　올　　　⑥ 텅　통
⑦ 거기　고기　⑧ 저금　조금
⑨ 커피　코피　⑩ 주러　주로

練習 2 DVDをよく聴いて、（　）内の語のうち発音された方にそれぞれ○をしましょう。**Ex.2**

① (먹, 목)이 짧아요.
② (벌, 볼)에 쏘였어요.
③ (벌, 볼)이 빨개졌어요.
④ (섬, 솜)이 아름다워요.
⑤ 언제 (언, 온) 거예요?
⑥ (얼, 올)이 빠졌어요.
⑦ (정, 종)이 들었어요.
⑧ (텅, 통) 비었어요.
⑨ (저금, 조금)밖에 없어요.
⑩ (저금, 조금)이 얼마예요?
⑪ (거기, 고기)가 어디예요?
⑫ (거기, 고기)가 연해요.
⑬ (서리, 소리)가 안 들려요.
⑭ (커피, 코피)가 나요.
⑮ (커피, 코피) 마셔요.

Ex.2 ① 목, 首が短いです。　② 벌, 蜂に刺されました。　③ 볼, 頬が赤くなりました。　④ 섬, 島がきれいです。　⑤ 온, いつ来たのですか。　⑥ 얼, 気が抜けました。　⑦ 정, 情が移りました。　⑧ 텅, からっぽです。　⑨ 조금, 少ししかありません。　⑩ 저금, 貯金がいくらありますか。　⑪ 거기, あそこがどこですか。　⑫ 고기, 肉が柔らかいです。　⑬ 소리, 音が聞こえないです。　⑭ 코피, 鼻血が出ます。　⑮ 커피, コーヒーを飲みます。

練習 3
2つの語の発音の違いをよく聴いて、発音された方の語をそれぞれ書き入れましょう。 Ex.3

러 / 로	① 왼쪽으___ 가십시오.
	② 밥 먹으___ 갑니다.
	③ 책 돌려주___ 가요.
터 / 토	④ 언제부___ 방학이니?
	⑤ ___요일부터요.
얼 / 올	⑥ ___마예요?
	⑦ 값이 ___랐습니다.
번 / 본	⑧ 전화___호가 어떻게 돼요?
	⑨ 일___ 사람이에요.
겁 / 곱	⑩ 여섯, 일___, 여덟
	⑪ ___이 많아요.
청 / 총	⑫ ___소 좀 해야겠어요.

練習 4
始めに太字の部分が読まれ、その後文章全体が読まれます。DVDをよく聴いて、繰り返し練習しましょう。

① 여섯, **일곱**, 여덟　　　　　　　　　六、七、八
② **얼마야?**　　　　　　　　　　　　　いくらなの？
③ **고기가** 연해요.　　　　　　　　　　肉が柔らかいです。
④ **거기가** 어딘데?　　　　　　　　　　そこがどこなの？
⑤ **밥 먹으러** 가요.　　　　　　　　　　ご飯食べに行きましょう。
⑥ **왼쪽으로** 가세요.　　　　　　　　　左に行ってください。
⑦ **언제부터** 방학이야?　　　　　　　　いつから休みなの？
⑧ **일본 사람**입니다.　　　　　　　　　日本人です。

Ex.3 ① 로, 左に行ってください。　② 러, ご飯食べに行きます。　③ 러, 本返しに行きます。　④ 터, いつから休みなの？　⑤ 토, 土曜日からです。　⑥ 얼, いくらですか。　⑦ 올, 値段が上がりました。　⑧ 번, 電話番号はどうなりますか。　⑨ 본, 日本人です。　⑩ 곱, 六、七、八　⑪ 겁, 臆病です。　⑫ 청, 掃除をしなければなりません。

⑨ **전화번호**가 어떻게 돼요?　　　　　　　電話番号はどうなりますか。

⑩ **커피 마시러** 가요.　　　　　　　　　　コーヒー飲みに行きましょう。

母音 4 ㅗとㅜ

練習 1　母音ㅗとㅜの違いをよく聴いて、母音ㅗとㅜの発音を練習しましょう。

① 복　　북　　　　　　② 본　　분
③ 볼　　불　　　　　　④ 통　　퉁
⑤ 졸　　줄　　　　　　⑥ 총　　충
⑦ 총성　충성　　　　　⑧ 온수　운수

練習 2　DVDをよく聴いて、(　　)内の語のうち発音された方にそれぞれ○をしましょう。 Ex.2

① (볼, 불)이 났어요.
② (볼, 불)이 빨개졌어요.
③ (북구, 복구)에 잘 가요.
④ (북구, 복구)가 잘 돼요.
⑤ 이게 (기본, 기분)이에요.
⑥ 이것 (기본, 기분)이에요.
⑦ (볼기, 불기)를 맞았어요.
⑧ 방에 (볼기, 불기)가 없어요.
⑨ 우리 아빠 (통통, 퉁퉁)해요.
⑩ 선제오빤 (통통, 퉁퉁)해요.
⑪ 지금 (졸면, 줄면) 안 돼요.
⑫ 그게 (졸면, 줄면) 안 돼요.

Ex.2 ① 불, 火事がありました。 ② 볼, ほおが赤くなりました。 ③ 북, 北区へよく行きます。 ④ 복구, 復旧がうまくいってます。 ⑤ 기본, これは基本です。 ⑥ 기분, これは気持ちです。 ⑦ 볼기, おしりをたたかれました。 ⑧ 불기, 部屋に暖房が入ってないですね。 ⑨ 통통, うちのお父さんは、ぽってりと太っています。 ⑩ 퉁퉁, ソンジェお兄さんは、ぽっちゃりしてます。 ⑪ 졸면, 今居眠りしたらいけません。 ⑫ 줄면, それ縮んだらだめです。 ⑬ 총성, 銃声が聞こえました。 ⑭ 충성, 忠誠をつくしました。 ⑮ 온수, お湯を出してください。 ⑯ 운수, 運を天に任せます。

⑬ (총성, 충성)을 들었어요.

⑭ (총성, 충성)을 다했어요.

⑮ (온수, 운수)를 좀 내주세요.

⑯ (온수, 운수)를 하늘에 맡겨요.

練習3 始めに太字の部分が読まれ、その後文章全体が読まれます。DVDをよく聴いて、繰り返し練習しましょう。

①	큰 **불**이 났어요.	大きな火事がありました。
②	방에 **불기**가 없네.	部屋に暖房が入ってないねえ。
③	**볼**이 빨개졌네.	ほおが赤くなったねえ。
④	**북구**로 이사할 거예요.	北区へ引越すつもりです。
⑤	**복구**가 잘 됐네.	復旧がうまくいったねえ。
⑥	이게 **기본**입니다.	これは基本です。
⑦	**기분**이다, 다 가져가.	僕の気持ちだ、全部持って行け。
⑧	우리 아빤 **퉁퉁해**요.	僕のおとうさんはぼってりと太ってます。
⑨	선제오빤 **통통해**요.	ソンジェ兄さんはぽっちゃりしています。
⑩	수업중에 **졸면** 안 돼요.	授業中居眠りしたらだめです。
⑪	이게 **줄면** 안 되는데.	これは縮んだらだめなんだけど。
⑫	피곤해도 **졸지** 않아요.	疲れていても居眠りしません。
⑬	빨아도 **줄지** 않아요.	洗っても縮みません。
⑭	아까 소린 **총성**이죠?	さっきのは銃声でしょ?
⑮	**충성**을 다했는데.	忠誠をつくしたのに。
⑯	**운수**를 하늘에 맡기자.	運を天に任せよう。

母音5 ㅏとㅓ

練習1 母音ㅏとㅓの違いをよく聴いて、母音ㅏとㅓの発音を練習しましょう。

① 발　　벌

② 잠　　점

③ 달아　덜어

④ 막아 먹어
⑤ 이상 이성

練習 2 始めに太字の部分が読まれ、その後文章全体が読まれます。DVDをよく聴いて、繰り返し練習しましょう。

① 영화가 **슬퍼**.　　　　　　　　　　映画が悲しい。
② 배가 **고파**.　　　　　　　　　　　お腹がすいた。
③ **같은 반**이에요.　　　　　　　　　同じクラスです。
④ **전화번호** 좀 주세요.　　　　　　電話番号をください。
⑤ **이상**해.　　　　　　　　　　　　おかしい。
⑥ **이성**을 잃었네.　　　　　　　　　理性を失ったねえ。

母音 6　ㅑ, ㅒ, ㅕ, ㅖ, ㅛ, ㅠ

母音 6.1　単母音と合成母音：ㅏとㅑ, ㅐとㅒ, ㅓとㅕ, ㅔとㅖ, ㅗとㅛ, ㅜとㅠ

練習 1 ㅏとㅑ, ㅐとㅒ, ㅓとㅕ, ㅔとㅖ, ㅗとㅛ, ㅜとㅠの違いをよく聴いて、これらの母音, 合成母音の発音を練習しましょう。

① 악　　약
② 애기　얘기
③ 거울　겨울
④ 에비　예비
⑤ 수포　수표
⑥ 후식　휴식

練習 2 始めに太字の部分が読まれ、その後文章全体が読まれます。DVDをよく聴いて、繰り返し練習しましょう。

① **얘기해** 줘요.　　　　　　　　　　話してください。
② **애기**가 울어요.　　　　　　　　　赤ん坊が泣きます。
③ **겨울**은 추워요.　　　　　　　　　冬は寒いです。
④ **거울** 좀 봐요.　　　　　　　　　ちょっと鏡見てください。

⑤ **여유가** 없어요.   余裕がありません。
⑥ **여우같이** 생겼어.   狐みたいな顔付きだ。

母音 6.2 ㅐとㅔ, ㅑとㅕ, ㅕとㅛ

練習 1　ㅐとㅔ, ㅑとㅕ, ㅕとㅛの違いをよく聴いて、これらの合成母音の発音を練習しましょう。

| ㅐ / ㅔ |
① 애　　예
② 애기　예기

| ㅑ / ㅕ |
③ 약　　역
④ 향　　형

| ㅕ / ㅛ |
⑤ 펴　　표
⑥ 여행　요행

練習 2　始めに太字の部分が読まれ、その後文章全体が読まれます。DVDをよく聴いて、繰り返し練習しましょう。

① **얘기** 들었어요.   話を聞きました。
② **예를** 들어 보세요.   例を挙げてみてください。
③ **약** 드셨어요?   薬お飲みになりましたか。
④ **기차역**으로 가죠?   汽車駅に行くでしょう？
⑤ **여행**하고 싶다.   旅行したい。
⑥ **요행**을 바라지 마.   運に頼るな。

母音 7　合成母音 ㅢ

練習 1　DVDをよく聴いて、ㅢの発音を練習しましょう。

● 語の最初の位置では、ㅣとㅢはそれぞれ異なる発音です。

① 이사　의사　　　理事　医者
② 이자　의자　　　利子　椅子
③ 이견　의견　　　異見　意見

● 語の最初の位置以外では、ㅢは、ㅣのように発音します。

④ 희망　흰색　　　　　　　　　　　　希望　白色
⑤ 무늬　유희　　　　　　　　　　　　模様　遊戯
⑥ 예의　주의　　　　　　　　　　　　礼儀　注意

● ㅢが所有格「～の」として使われるとき、ㅔと発音します。

⑦ 그림의 떡　　　　　　　　　　　　高嶺の花
⑧ 대한민국의 수도　　　　　　　　　大韓民国の首都

練習2　太字の部分の母音の発音を表すものに○をしましょう。Ex.2

① 정말 **의**심스러워요.　　　[ㅢ] 　[ㅣ]　　本当に疑わしいです。
② 줄무**늬** 옷이 좋아요.　　　[ㅢ] 　[ㅣ]　　縞模様の服が好きです。
③ **흰**색을 좋아합니다.　　　[ㅢ] 　[ㅣ]　　白色が好きです。
④ 저**희** 집으로 오세요.　　　[ㅢ] 　[ㅣ]　　うちに来てください。
⑤ 그림**의** 떡이지요.　　　　[ㅢ] 　[ㅣ]　　高嶺の花なんです。
⑥ 무소식이 **희**소식이다.　　[ㅢ] 　[ㅣ]　　便りのないのは元気な印だ。
⑦ 회**의**실이 어디예요?　　　[ㅢ] 　[ㅣ]　　会議室はどこですか。
⑧ **의**사가 되고 싶습니다.　　[ㅢ] 　[ㅣ]　　医者になりたいです。
⑨ 성공**의** 비결이 뭐예요?　　[ㅢ] 　[ㅣ]　　成功の秘訣は何ですか。
⑩ 거**의** 다 했습니다.　　　　[ㅢ] 　[ㅣ]　　ほとんどやり終えました。

練習3　始めに太字の部分が読まれ、その後文章全体が読まれます。DVDをよく聴いて、繰り返し練習しましょう。

① 정말 **의심스러워**요.　　　　　　　本当に疑わしいです。
② **줄무늬** 옷이 좋아요.　　　　　　 縞模様の服が好きです。
③ **흰색을** 좋아합니다.　　　　　　　白色が好きです。
④ **저희 집**으로 오세요.　　　　　　 うちに来てください。
⑤ **그림의** 떡이지요.　　　　　　　　高嶺の花なんです。
⑥ 무소식이 **희소식**이다.　　　　　　便りのないのは元気な印だ。

Ex.2　①[ㅢ]　②[ㅣ]　③[ㅣ]　④[ㅣ]　⑤[ㅔ]　⑥[ㅣ]　⑦[ㅣ]　⑧[ㅢ]　⑨[ㅔ]　⑩[ㅣ]

⑦ **의사가** 되고 싶습니다. 　　　　　　　医者になりたいです。

⑧ **거의** 다 했습니다. 　　　　　　　ほとんどやり終えました。

母音 8　ㅟ, ㅚ, ㅙ, ㅞ, ㅘ, ㅝ

練習 1　ㅣとㅟ, ㅢとㅟ, ㅚとㅙ, ㅙとㅞ, ㅘとㅝの違いをよく聴いて、これらの母音、合成母音の発音を練習しましょう。

| ㅣ / ㅟ |
①　이　　　위
②　시어　　쉬어

| ㅢ / ㅟ |
③　의기　　위기
④　의한　　위한

| ㅚ / ㅙ |
⑤　외　　　왜

| ㅙ / ㅞ |
⑥　괘도　　궤도

| ㅘ / ㅝ |
⑦　관　　　권
⑧　완만　　원만

練習 2　DVDをよく聴いて、(　)内の語のうち発音された方にそれぞれ○をしましょう。Ex. 2

① (이, 위)가 약해요.

② (이, 위)가 아파요.

③ (이쪽, 위쪽)으로 가세요.

④ 국민에 (의한, 위한) 정치

⑤ 국민을 (의한, 위한) 정치

⑥ (의기, 위기)왕성합니다.

⑦ (외, 왜) 할머니가 오세요?

Ex.2 ① 위, 胃が弱いです。　② 이, 歯が痛いです。　③ 위쪽, 上の方に行ってください。　④ 의한, 国民による政治　⑤ 위한, 国民のための政治　⑥ 의기, 意気旺盛です。　⑦ 왜, おばあ様がなぜいらっしゃるのですか。　⑧ 외, 一人息子ですか。　⑨ 완만, 傾斜が緩慢です。　⑩ 원만, 性格が円満です。　⑪ 권, 本を一冊買いました。　⑫ 관, 一貫は3.75kgです。

⑧ (외, 왜)아들입니까?
⑨ 경사가 (완만, 원만)해요.
⑩ 성격이 (완만, 원만)해요.
⑪ 책 한 (관, 권) 샀어요.
⑫ 한 (관, 권)은 3.75kg입니다.

練習3 始めに太字の部分が読まれ、その後文章全体が読まれます。DVDをよく聴いて、繰り返し練習しましょう。

① **위쪽으로** 가세요.　　　　　　　　上の方に行ってください。
② **의기왕성**합니다.　　　　　　　　意気旺盛です。
③ **위기는** 모면했어요.　　　　　　　危機は免れました。
④ **외할머니**가 오세요?　　　　　　　母方のおばあ様がいらっしゃるのですか。
⑤ 책 **한 권** 샀어요.　　　　　　　　本を一冊買いました。
⑥ 한 **관**은 3.75kg입니다.　　　　　一貫は3.75kgです。
⑦ 날씨가 **더워**요.　　　　　　　　　天気が暑いです。
⑧ 좀 **도와** 주세요.　　　　　　　　ちょっと助けてください。

子音

子音 1　ㅂ

練習 1　ㅂは、母音とㅁ, ㄴ, ㅇ, ㄹの間に挟まれると、有声音になります。ㅂの有声音化は、語の中だけでなく、語の境界を越えたところでも起こります。DVDをよく聴いて、ㅂの発音を練習しましょう。

① 비　　나비　　갈비　　　② 발　　가발　　신발
③ 십　　십원　　십이월　　④ 바지　　내 바지　　청바지
⑤ 겁　　겁 안 나　　겁 없어　　⑥ 잎*　　잎 안

※語の最後のㅍは、ㅂの発音になります。(PART2の子音4.2参照)

練習 2　次の文章には、ㅂがそれぞれ2箇所使われています(太字の部分)。CDをよく聴いて、ㅂが有声音で発音される方に○をしましょう。Ex. 2

① 형**부**가 **부**자예요.　　　　　　　　義理の兄がお金持ちです。
② **비**누가 안 **비**싸요.　　　　　　　　石鹸が高くないです。
③ 국수를 **비비**세요.　　　　　　　　　素麺を混ぜてください。
④ 갈**비**가 **비**싸요.　　　　　　　　　カルビが高いです。
⑤ **불**고기는 9**불**이에요.　　　　　　　ブルゴギは9ドルです。
⑥ **방**금 다**방**에 갔어요.　　　　　　　ついさっき喫茶店に行きました。
⑦ 신**발**이 작아서 **발**이 아파요.　　　　靴が小さくて足が痛いです。
⑧ 청**바**지가 **바**랬어요.　　　　　　　ジーパンが色あせました。
⑨ **바**지 **입**어요.　　　　　　　　　　ズボンをはきます。
⑩ 벌은 **겁** 안 나요.　　　　　　　　　蜂は怖くないです。
⑪ **백**오**십** 원이에요.　　　　　　　　150ウォンです。
⑫ **잎** 안에 **벌**레가 있어요.　　　　　　葉っぱの中に虫がいます。

Ex.2　① 1番目　② 2番目　③ 2番目　④ 1番目　⑤ 2番目　⑥ 2番目　⑦ 1番目　⑧ 1番目
　　　　⑨ 2番目　⑩ 2番目　⑪ 2番目　⑫ 1番目

子音 2 ㅂとㅍ

練習 1 ㅂとㅍの音の違いをよく聴いて、ㅂとㅍの発音を練習しましょう。

① 발　　팔　　　　② 밭　　팥
③ 봄　　폼　　　　④ 분　　푼
⑤ 불　　풀　　　　⑥ 비　　피
⑦ 보기　포기　　　⑧ 반사　판사
⑨ 벌벌　펄펄　　　⑩ 사발　사팔

練習 2 DVDをよく聴いて、（　）内の語のうち発音された方にそれぞれ○をしましょう。Ex.2

① (비, 피)가 와요.
② (비, 피)가 나요.
③ 한 (분, 푼)이세요?
④ 한 (분, 푼)도 없어요.
⑤ 밭에 (불, 풀)이 많아요.
⑥ 산에 (불, 풀)이 났어요.
⑦ (발, 팔)이 부러져요.
⑧ (팔, 발)이 아파요.
⑨ (봄, 폼)이 좋아요.
⑩ (보기, 포기)는 어려워요.
⑪ (보기, 포기)는 어려워요.
⑫ (벌벌, 펄펄) 떨어요.
⑬ (벌벌, 펄펄) 끓어요.
⑭ 꽃이 (비었어, 피었어)요.
⑮ 완전히 (비었어, 피었어)요.

Ex.2 ① 비, 雨が降ります。　② 피, 血が出ます。　③ 분, お一人様ですか。　④ 푼, 一銭もないです。　⑤ 풀, 畑に草が多いです。　⑥ 불, 山で火事が起きました。　⑦ 팔, 腕が折れます。　⑧ 발, 足が痛いです。　⑨ 봄, 春が好きです。　⑩ 포기, 諦めるのは難しいです。　⑪ 보기, 見るのは難しいです。　⑫ 벌벌, ブルブル震えます。　⑬ 펄펄, グラグラ沸きます。　⑭ 피었어, 花が咲きました。　⑮ 비었어, 完全に空っぽです。

発音練習 子音

練習3　始めに太字の部分が読まれ、その後文章全体が読まれます。DVDをよく聴いて、繰り返し練習しましょう。

① **비** 온다.　　　　　　　　雨が降る。
② **피** 난다.　　　　　　　　血が出る。
③ 돈이 **한 푼**도 없어.　　　　お金が一銭もない。
④ **풀**이 많네요.　　　　　　草が多いですね。
⑤ **불**이 났네요.　　　　　　火事が起きましたね。
⑥ **팔**이 **저려**요.　　　　　　腕がしびれています。
⑦ **발** 아파.　　　　　　　　足、痛い。
⑧ 긴 **팔** 입을까?　　　　　　長袖着ようか?
⑨ **가발**이에요.　　　　　　　かつらです。
⑩ **봄에**는 따뜻해요.　　　　　春は暖かいです。
⑪ 꽃이 **피었어**요.　　　　　　花が咲きました。
⑫ 텅 **비었어**요.　　　　　　　全くの空っぽです。
⑬ 빛을 **반사**해요.　　　　　　光を反射します。
⑭ **판사**가 꿈이에요.　　　　　裁判官が夢です。

子音3　ㅂとㅃ

練習1　ㅂとㅃの音の違いをよく聴いて、ㅂとㅃの発音を練習しましょう。

① 배　　빼
② 벼　　뼈
③ 방　　빵
④ 분　　뿐
⑤ 불　　뿔
⑥ 비어　삐어
⑦ 부리　뿌리
⑧ 벌벌　뻘뻘
⑨ 이발　이빨

練習 2 DVDをよく聴いて、（　）内の語のうち発音された方にそれぞれ○をしましょう。Ex. 2

① (벼, 뼈)가 부러졌어요.
② (방, 빵)이 작아요.
③ (방, 빵)이 없어요.
④ 저 (분, 뿐)이에요?
⑤ 저 (분, 뿐)이에요.
⑥ (불, 뿔)이 났어요.
⑦ (불, 뿔)이 있어요.
⑧ (벌벌, 뻘뻘) 떨려요.
⑨ 땀을 (벌벌, 뻘뻘) 흘려요.
⑩ 얼룩을 (배, 빼)요.
⑪ 새끼를 (뱄어, 뺐어)요.
⑫ 이를 (뱄어, 뺐어)요.
⑬ 발목을 (비었어, 삐었어)요.
⑭ (빈, 삔) 손으로 왔습니다.
⑮ (이발, 이빨)하러 갑니다.
⑯ (번번, 뻔뻔)이 죄송해요.
⑰ 정말 (번번, 뻔뻔)해요.
⑱ 죽을 (뻔했어, 번했어)요.

Ex. 2 ① 뼈, 骨が折れました。　② 방, 部屋が小さいです。　③ 빵, パンがありません。　④ 분, あの方ですか。　⑤ 뿐, 私だけです。　⑥ 불, 火事が起きました。　⑦ 뿔, 角(つの)があります。　⑧ 벌, ぶるぶる震えます。　⑨ 뻘뻘, 汗だくになっています。　⑩ 빼, 染みを抜きます。　⑪ 뱄어, 子を孕(はら)んでいます。　⑫ 뺐어, 歯を抜きました。　⑬ 삐었어, 足首を捻挫しました。　⑭ 빈, 手ぶらで来ました。　⑮ 이발, 散髪に行きます。　⑯ 번번, 度々申し訳ありません。　⑰ 뻔뻔, 本当に図々しいです。　⑱ 뻔했어, 死ぬところでした。

練習 3 始めに太字の部分が読まれ、その後文章全体が読まれます。DVDをよく聴いて、繰り返し練習しましょう。

① **방이** 좁아.　　　　　　　　　　　部屋が狭い。
② **빵이** 맛있다!　　　　　　　　　　パンがおいしい。
③ **저 분**이에요?　　　　　　　　　　あの方ですか。
④ **저뿐**이에요.　　　　　　　　　　　私だけです。
⑤ **불이** 났어요.　　　　　　　　　　火事が起きました。
⑥ **뿔이** 있어요.　　　　　　　　　　角(つの)があります。
⑦ **벌벌** 떨려요.　　　　　　　　　　ぶるぶる震えます。
⑧ 땀을 **뻘뻘** 흘려요.　　　　　　　　汗だくになっています。
⑨ 새끼를 **뱄어요**.　　　　　　　　　子を孕(はら)んでいます。
⑩ 이를 **뺐어요**.　　　　　　　　　　歯を抜きました。
⑪ 발목을 **삐었어요**.　　　　　　　　足首を捻挫しました。
⑫ 죽을 **뻔했어요**.　　　　　　　　　死ぬところでした。

子音 4 ㅂ, ㅍ, ㅃ

子音 4.1 基本的な発音

練習 1 ㅂ, ㅍ, ㅃ の音の違いをよく聴いて、ㅂ, ㅍ, ㅃ の発音を練習しましょう。

① 배　　패　　빼
② 비　　피　　삐
③ 방　　팡　　빵
④ 빈　　핀　　삔
⑤ 분　　푼　　뿐
⑥ 불　　풀　　뿔
⑦ 비어　피어　삐어
⑧ 벌벌　펄펄　뻘뻘

練習 2　DVDをよく聴いて、（　）内の語のうち発音された方にそれぞれ○をしましょう。**Ex. 2**

① (불, 풀)이 안 붙어요.
② (풀, 뿔)이 뾰족해요.
③ (불, 뿔)이 났어요.
④ 두 (분, 푼)이세요?
⑤ 저 (분, 뿐)이에요.
⑥ 한 (분, 푼)도 안 남았어요.
⑦ (배, 패)가 안 좋아요.
⑧ (패기, 빼기)가 있어요.
⑨ (패지, 빼지) 마세요.
⑩ (발레, 빨래)를 배워요.
⑪ 이 옷은 (팔래, 빨래).
⑫ (발레, 빨래)가 힘들어요.
⑬ 꽃이 (비었어, 피었어)요.
⑭ 손이 (비었어, 삐었어)요.
⑮ 다리를 (피었어, 삐었어)요.

練習 3　始めに太字の部分が読まれ、その後文章全体が読まれます。DVDをよく聴いて、繰り返し練習しましょう。

① **풀로** 붙여요.　　　　　　糊で貼ります。
② **뿔이** 났어요.　　　　　　角（つの）が伸びています。（腹が立っています。）
③ **불고기** 먹자.　　　　　　ブルゴギ食べよう。
④ **두 분**이세요?　　　　　　お二人様ですか。
⑤ **저뿐**이에요.　　　　　　私だけです。
⑥ **한 푼**도 없네.　　　　　　一銭もないなあ。

Ex.2 ① 풀, 糊がくっつかないです。　② 뿔, 角がとがっています。　③ 불, 火事が起きました。　④ 분, お二人様ですか。　⑤ 뿐, 私だけです。　⑥ 푼, 一銭も残ってないです。　⑦ 배, 梨が良くないです。　⑧ 패기, 若い精気があります。　⑨ 빼지, 外さないでください。　⑩ 발레, バレエを習います。　⑪ 팔래, この服は売ろうかと思う。　⑫ 빨래, 洗濯は大変です。　⑬ 피었어, 花が咲きました。　⑭ 비었어, 手が空いています。　⑮ 삐었어, 足を捻挫しました。

⑦ **발레** 공연 보러 가요.　　　バレエの公演見に行きましょう。

⑧ 차를 **팔래**.　　　車を売るつもりだ。

⑨ **빨래**가 많아요.　　　洗濯物が多いです。

⑩ **빈 병**을 모아요.　　　空き瓶を集めます。

⑪ 꽃 **핀 것** 좀 봐.　　　花が咲いたの、ちょっと見て。

⑫ 손을 **삔 것** 같아요.　　　手を捻挫したようです。

⑬ 집에 가서 **푹** 쉬어.　　　家に帰ってよく休んで。

⑭ **듬뿍** 넣어요.　　　たっぷり入れます。

子音 4.2　子音の前、語の最後にくる ㅂ と ㅍ

DVD 45　練習 1　ㅂ と ㅍ は、語の最初の位置では、異なる発音ですが、子音の前、または、語の最後にくると、ともに息を開放しない ㅂ の発音になります。DVD をよく聴いて、息を開放しない ㅂ の発音を練習しましょう。

① 비　　피　　　語の最初：(ㅂ ≠ ㅍ)

　 입　　잎　　　語の最後：(ㅂ = ㅍ) → ㅂ

② 버　　퍼　　　語の最初：(ㅂ ≠ ㅍ)

　 덥지　덮지　　語の最後：(ㅂ = ㅍ) → ㅂ

DVD 46　練習 2　ㅂ と ㅍ は、子音の前、または、語の最後にくると、ともに ㅂ の発音ですが、母音で始まる接尾辞の前では、発音がそれぞれ異なります。DVD をよく聴いて、後について発音してみましょう。

● 語の最後：(ㅂ = ㅍ) → ㅂ

　① 입　　　잎

　② 입 안　　잎 안

● 子音の前：(ㅂ = ㅍ) → ㅂ

　③ 입술　　잎사귀

● 母音で始まる接尾辞の前：(ㅂ ≠ ㅍ)

　④ 입에　　잎에

練習 3　太字になっている音節のうち、発音が異なるものに○をしましょう。 Ex. 3

① a. **엽**서를 써요.　　　　　　　ハガキを書きます。
　 b. **옆**을 봐요.　　　　　　　　横を見ます。
　 c. **옆**집에 살아요.　　　　　　隣に住んでいます。
② a. 안 **덮**어요?　　　　　　　　掛けませんか。
　 b. **덮**지 않아요?　　　　　　　掛けませんか。
　 c. **덥**지 않아요?　　　　　　　暑くないですか。
③ a. **앞**집에 살아.　　　　　　　前の家に住んでいる。
　 b. **앞**치마를 입어.　　　　　　エプロンをして。
　 c. **앞**이 안 보여.　　　　　　　前が見えない。
④ a. **잎**이 떨어진다.　　　　　　葉が落ちる。
　 b. **입** 안이 헐었어.　　　　　　口の中が炎症している。
　 c. **잎** 안에 벌레가 있어.　　　　葉の中に虫がいる。

子音 5 　ㄷ

練習 1　ㄷは、母音とㅁ, ㄴ, ㅇ, ㄹの間に挟まれると、有声音になります。ㄷの有声音化は、語の中だけでなく、語の境界を越えたところでも起こります。DVDをよく聴いて、ㄷの発音を練習しましょう。

① 다　　바다　　멀다
② 두　　구두　　만두
③ 맏　　맏아들
④ 곧　　곧 올게.　　곧 언제?
⑤ 꽃*　　꽃 어때?　　꽃 안 사.
⑥ 맛*　　맛 어때?　　맛없어.

＊ㅊとㅅは、ㄷと発音されます。(PART2の字音16.2と17.2参照)

Ex. 3　① b　② a　③ c　④ a

練習 2 次の文章には、ㄷがそれぞれ2箇所使われています(太字の部分)。DVDをよく聴いて、ㄷが有声音で発音される方に○をしましょう。 **Ex. 2**

① **다**음엔 바**다**로 가요.　　　　　　　今度は海へ行きましょう。
② **다다**음주 어때요?　　　　　　　　　再来週どうですか。
③ 오늘**도 도**서관에 가요?　　　　　　　今日も図書館に行きますか。
④ 만**두**국 **두** 개 주세요.　　　　　　　餃子スープ二つください。
⑤ 구**두**가 **두** 켤레예요.　　　　　　　靴が二足です。
⑥ **덜덜** 떨려요.　　　　　　　　　　　ぶるぶる震えます。
⑦ **동**생은 자**동**차 없어?　　　　　　　弟は車もってないの?
⑧ **답**이 안 **들**려요.　　　　　　　　　答えが聞こえません。
⑨ 대**답**하세요.　　　　　　　　　　　返事してください。
⑩ **다**시 **곧** 올게요.　　　　　　　　　またすぐ来ます。
⑪ **다** 맛**없**어.　　　　　　　　　　　全部おいしくない。
⑫ **다**시는 꽃 안 **사**.　　　　　　　　　二度と花は買わない。

子音 6　ㄷとㅌ

練習 1 ㄷとㅌの音の違いをよく聴いて、ㄷとㅌの発音を練習しましょう。

① 달　　탈
② 답　　탑
③ 덕　　턱
④ 덜　　털
⑤ 돈　　톤
⑥ 동　　통
⑦ 도끼　토끼
⑧ 들려　틀려
⑨ 동지　통지
⑩ 배달　배탈

Ex. 2　① 2番目　② 2番目　③ 1番目　④ 1番目　⑤ 1番目　⑥ 2番目　⑦ 2番目　⑧ 2番目
　　　　⑨ 2番目　⑩ 2番目　⑪ 2番目　⑫ 2番目

178

練習 2　DVDをよく聴いて、（　）内の語のうち発音された方にそれぞれ○をしましょう。Ex. 2

① 누구 (덕, 턱)이야?
② 금이 두 (돈, 톤)이에요.
③ (달, 탈)이 멋있다!
④ (달, 탈)도 많다.
⑤ (답, 탑)이 뭐예요?
⑥ 공든 (답, 탑)이 무너지랴.
⑦ (도끼, 토끼)가 귀여워요.
⑧ (도끼, 토끼)가 무서워요.
⑨ (동지, 통지)를 만났네요.
⑩ (동지, 통지)가 언제 와요?
⑪ 답이 (들려, 틀려)요.
⑫ 소리가 (들려, 틀려)요.
⑬ 가방 좀 (들어, 틀어) 줘.
⑭ 라디오 좀 (들어, 틀어) 봐.
⑮ (교동, 교통)이 복잡해요.

練習 3　始めに太字の部分が読まれ、その後文章全体が読まれます。DVDをよく聴いて、繰り返し練習しましょう。

① 한 **달** 됐습니다.　　　　　　　　　一ヶ月になります。
② **배탈**이 났어요.　　　　　　　　　お腹をこわしています。
③ **정답**이 뭐예요?　　　　　　　　　正解は何ですか。
④ **시계탑**에서 만나.　　　　　　　　時計台で会おう。
⑤ 좀 **덜** 추워요.　　　　　　　　　それほど寒くないです。
⑥ **털**이 많아요.　　　　　　　　　　毛深いです。

Ex.2 ① 덕(徳), 誰のお陰なの？　② 돈, 金が2ドン(1돈＝3.76グラム)です。　③ 달, 月が素敵だ！　④ 탈, 問題点も多い。　⑤ 답, 正解は何ですか。　⑥ 탑(塔), (諺)苦労して建てた塔が倒れることがあるのか？→努力は必ず報われるものだ。　⑦ 토끼, うさぎは可愛いです。　⑧ 도끼, 斧は怖いです。　⑨ 동지, 気の合う仲間に出会いましたね。　⑩ 통지, 通知はいつ来るのですか。　⑪ 틀려, 答えが違います。　⑫ 들려, 音が聞こえます。　⑬ 들어, カバンちょっと持ってくれ。　⑭ 틀어, ラジオつけてみて。　⑮ 교통, 交通渋滞しています。

⑦ **동지**를 만났네요.　　　　　　　気の合う仲間に出会いましたね。

⑧ **통지**를 받았어요.　　　　　　　通知をもらいました。

⑨ 답이 **틀려**요.　　　　　　　　　答えが違います。

⑩ 소리가 **들려**요.　　　　　　　　音が聞こえます。

⑪ **배달** 됩니까?　　　　　　　　　配達できますか。

⑫ **설탕** 넣으세요?　　　　　　　　砂糖入れますか。

⑬ **당연**하죠.　　　　　　　　　　当然でしょう。

子音 7　ㄷ と ㄸ

練習1　ㄷ と ㄸ の音の違いをよく聴いて、ㄷ と ㄸ の発音を練習しましょう。

① 도　　또
② 달　　딸
③ 담　　땀
④ 덕　　떡
⑤ 대문　때문
⑥ 닿아　땋아
⑦ 덜어　떨어
⑧ 듣고　뜯고
⑨ 진담　진땀
⑩ 마당　마땅

練習2　DVDをよく聴いて、(　)内の語のうち発音された方にそれぞれ○をしましょう。EX.2

① 그 친구(도, 또) 왔어?
② 그 친구 (도, 또) 왔어?
③ (담, 땀) 좀 닦아요.
④ (달, 딸)이 안 보여요.
⑤ (달, 딸)이 예뻐요.
⑥ 누구 (덕, 떡)이에요?

⑦ (덕, 떡)이 부족해요.

⑧ 남(대문, 때문)에 가요.

⑨ 남(대문, 때문)이에요?

⑩ (달기, 딸기)만 해.

⑪ (달기, 딸기)는 달아.

⑫ 머리 (닿아, 땋아)요.

⑬ 머리 (닿아, 땋아)요.

⑭ 라디오 (듣고, 뜯고) 싶다.

⑮ 선물 (듣고, 뜯고) 있어.

練習 3 始めに太字の部分が読まれ、その後文章全体が読まれます。DVDをよく聴いて、繰り返し練習しましょう。

①	**땀** 좀 닦아라.	汗を拭いて。
②	**달**이 떴네요.	月が出ていますね。
③	**딸**이 시집가요.	娘が嫁ぎます。
④	**떡**이 맛있네요.	お餅がおいしいですね。
⑤	**남대문**에 가요.	南大門に行きます。
⑥	**남 때문**이에요?	人のせいですか。
⑦	**딸기**가 달죠?	イチゴが甘いでしょう。
⑧	커피가 **달기**만 해.	コーヒーがただ甘いだけだ。
⑨	음악을 **듣고** 있어요.	音楽を聴いています。
⑩	선물을 **뜯고** 있어요.	プレゼントを開けています。
⑪	**진담**이야.	本音だよ。
⑫	**진땀**이 나요.	冷や汗が出ます。
⑬	**개똥**을 밟았어.	犬のフンを踏んじゃった。
⑭	**똥차**예요.	おんぼろ車です。

Ex.2 ① 도, あの友達も来たの？　② 또, あの友達また来たの？　③ 땀, 汗を拭いてください。　④ 달, 月が見えないです。　⑤ 딸, 娘さんがきれいです。　⑥ 떡, 誰のお餅ですか。　⑦ 덕, 徳が足りないです。　⑧ 대문, 南大門に行きます。　⑨ 때문, 人のせいですか。　⑩ 딸기, イチゴだけにして。　⑪ 달기, 甘いことは甘い。　⑫ 닿아, 頭が(天井に)届きます。　⑬ 땋아, 髪を三つ編みにします。　⑭ 듣고, ラジオを聞きたい。　⑮ 뜯고, プレゼントを開けている。

子音 8 ㄷ, ㅌ, ㄸ

子音 8.1 基本的な発音

練習 1 　ㄷ, ㅌ, ㄸの音の違いをよく聴いて、ㄷ, ㅌ, ㄸの発音を練習しましょう。

① 다　타　따
② 더　터　떠
③ 덕　턱　떡
④ 단　탄　딴
⑤ 든　튼　뜬
⑥ 달　탈　딸
⑦ 들　틀　뜰
⑧ 담　탐　땀
⑨ 당　탕　땅
⑩ 동　통　똥

練習 2 　DVDをよく聴いて、(　)内の語のうち発音された方にそれぞれ○をしましょう。 **EX. 2**

① 물에 (터, 떠)요.
② 손이 (터, 떠)요.
③ 좀 (더, 떠) 주세요.
④ (단, 탄) 고기는 버려.
⑤ (탄, 딴) 종이에 쓰세요.
⑥ (단, 탄) 과자를 좋아해요.
⑦ (탈, 딸)도 많다.
⑧ (달, 딸)이 예쁘네요.
⑨ (달, 탈)이 동그래요.
⑩ 다 부모님 (덕, 떡)이에요.
⑪ (턱, 떡)이 길어요.
⑫ 생일(턱, 떡)이에요.
⑬ (새통, 새똥)에 맞았어요.

⑭ (교동, 교통)이 복잡해요.

⑮ 정말 (동물, 똥물)이야.

練習 3 始めに太字の部分が読まれ、その後文章全体が読まれます。DVDをよく聴いて、繰り返し練習しましょう。

① **탄** 고기는 먹지 마. 　　　　　　　　　焦げた肉は食べないで。
② **딴소리** 하지 마. 　　　　　　　　　　話そらさないで。
③ **단** 걸 좋아해요. 　　　　　　　　　　甘いものが好きです。
④ 차가 **탐이** 나요. 　　　　　　　　　　車が欲しくて気になっています。
⑤ **땀이** 나요. 　　　　　　　　　　　　汗をかいています。
⑥ **담을** 쌓았어요. 　　　　　　　　　　垣根を建てました。
⑦ 부모님 **덕이**에요. 　　　　　　　　　両親のお陰です。
⑧ 맛있는 **떡이**에요. 　　　　　　　　　おいしいお餅です。
⑨ 한**턱** 내세요. 　　　　　　　　　　　おごってください。
⑩ **새똥**에 맞았어요. 　　　　　　　　　鳥のフンにやられました。
⑪ **쓰레기통** 있어요? 　　　　　　　　　ゴミ箱ありますか。
⑫ **동쪽**에 있어요. 　　　　　　　　　　東側にあります。
⑬ 눈을 **뜬 것** 같아요. 　　　　　　　　目が覚めたようです。
⑭ 철이 **든 것** 같아요. 　　　　　　　　物心がついたようです。
⑮ 싹이 **튼 것** 같아요. 　　　　　　　　芽が出たようです。
⑯ **왕따**가 뭐예요? 　　　　　　　　　　'왕따'(いじめ)とは何ですか。
⑰ 고기 다 **타요**. 　　　　　　　　　　　肉、全部焦げますよ。

Ex.2 ① 떠, 水に浮きます。　② 터, 手が荒れます。　③ 더, もう少しください。　④ 탄, 焦げた肉は捨てて。　⑤ 딴, 別の紙に書いてください。　⑥ 단, 甘い菓子が好きです。　⑦ 탈, 問題点も多い。　⑧ 딸, 娘さんがきれいですね。　⑨ 달, 月がまん丸です。　⑩ 덕, すべて両親のお陰です。　⑪ 턱, 顎が長いです。　⑫ 떡, 誕生日祝いのお餅です。　⑬ 새똥, 鳥のフンにやられました。　⑭ 교통, 交通渋滞しています。　⑮ 동물, 本物の動物だよ。

子音 8.2　子音の前、語の最後にくる ㄷ と ㅌ

練習 1　ㄷとㅌは、語の最初では、異なる発音ですが、子音の前では、ともにㄷと発音します。DVDをよく聴いて、ㄷの発音を練習しましょう。

① 다　　타　　　　語の最初：(ㄷ ≠ ㅌ)
　받다　　밭다　　子音の前：(ㄷ = ㅌ) → ㄷ

② 디　　티　　　　語の最初：(ㄷ ≠ ㅌ)
　믿지는　밑지는　子音の前：(ㄷ = ㅌ) → ㄷ

練習 2　ㄷとㅌは、子音の前、または、語の最後にくると、ともにㄷと発音しますが、母音で始まる接尾辞の前では、異なる発音をします。DVDをよく聴いて、ㄷとㅌの発音を練習しましょう。

● 語の最後：(ㄷ = ㅌ) → ㄷ
　① 곧　　솥
　② 곧 와　솥 없어

● 子音の前：(ㄷ = ㅌ) → ㄷ
　③ 곧장　솥뚜껑

● 母音で始まる接尾辞の前：(ㄷ ≠ ㅌ)
　④ 믿어　밑에

練習 3　太字の音節のうち、発音が異なるものに○をしましょう。 **Ex. 3**

① a. 간격이 너무 **밭**아.　　　　　　　　間隔が短すぎる。
　 b. 전화 **받**아.　　　　　　　　　　　電話に出て。
　 c. 콩**밭** 아냐?　　　　　　　　　　　豆畑じゃない?

② a. **솥**에 끓여요.　　　　　　　　　　釜で炊きます。
　 b. **솥** 없어요.　　　　　　　　　　　釜ありません。
　 c. **솥** 안 닦아요?　　　　　　　　　釜洗わないんですか。

③ a. 딸기**밭**에 가자.　　　　　　　　　イチゴ畑に行こう。
　 b. 딸기**밭** 없어?　　　　　　　　　 イチゴ畑、ない?
　 c. 전화 **받**았어?　　　　　　　　　 電話に出た?

④ a. **밑**지는 장사예요.　　　　　　　　損する商売です。
　b. **믿**지는 마세요.　　　　　　　　　信じたりしないでください。
　c. **밑**에 떨어졌어요.　　　　　　　　下に落ちました。

子音 9　ㄱ

練習 1　ㄱは、母音とㅁ, ㄴ, ㅇ, ㄹの間に挟まれると、有声音になります。ㄱの有声音化は、語の中だけでなく、語の境界を越えたところでも起こります。DVDをよく聴いて、ㄱの発音を練習しましょう。

① 구　　　누구　　　친구
② 국　　　미국　　　한국
③ 백　　　백원　　　백일
④ 가방　　내 가방　　흰 가방
⑤ 꼭　　　꼭 와　　　꼭 안아

練習 2　次の文章には、ㄱがそれぞれ2箇所使われています（太字の部分）。DVDをよく聴いて、ㄱが有声音で発音される方に○をしましょう。**Ex. 2**

① **가**방이 비싼**가**요?　　　　　　　　カバンは高いですか。
② 내 **가**방은 **가**벼워요.　　　　　　　私のカバンは軽いです。
③ **개**미가 불**개**미야.　　　　　　　　このアリは赤アリです。
④ **거**의 본 **거**예요.　　　　　　　　ほとんど見たものです。
⑤ **과**일은 사**과**를 좋아해요.　　　　　果物ではリンゴが好きです。
⑥ 9일날 야**구**하자.　　　　　　　　　9日、野球しよう。
⑦ **김**하고 물**김**치 있어요.　　　　　　海苔と水キムチがあります。
⑧ **목**요일에 **교**실에서 보자.　　　　　木曜日に教室で会おう。
⑨ **구**백 원입니다.　　　　　　　　　900ウォンです。
⑩ 같이 **꼭** 오세요.　　　　　　　　　ぜひ一緒に来てください。

Ex.3　① a　② a　③ a　④ c
Ex.2　① 2番目　② 1番目　③ 2番目　④ 2番目　⑤ 2番目　⑥ 2番目　⑦ 2番目　⑧ 1番目　⑨ 2番目　⑩ 2番目

子音 10 ㄱとㅋ

練習 1 ㄱとㅋの音の違いをよく聴いて、ㄱとㅋの発音を練習しましょう。

① 개　캐　　　　② 기　키
③ 간　칸　　　　④ 근　큰
⑤ 금　큼　　　　⑥ 겁　컵
⑦ 공　콩　　　　⑧ 그게　크게
⑨ 그림　크림　　⑩ 골라　콜라

練習 2 DVDをよく聴いて、( )内の語のうち発音された方にそれぞれ○をしましょう。 **Ex. 2**

① 감자를 (개, 캐)요.
② 옷을 (개, 캐)요.
③ (기, 키)가 부족해요.
④ (간, 칸)이 콩알만 해졌어요.
⑤ (겁, 컵)이 많아요.
⑥ 무슨 (공, 콩)이에요?
⑦ 주인(공, 콩)이에요.
⑧ (공, 콩)들인 보람이 있네요.
⑨ (공, 콩)떡이 맛있어요.
⑩ (골라, 콜라) 가지세요.
⑪ (골라, 콜라) 드세요.
⑫ (근시, 큰 시)예요.
⑬ 이 (근방, 큰 방)에 사세요?
⑭ (그림, 크림)이 맛있어요.
⑮ (그림, 크림)이 멋있어요.

Ex.2 ① 캐, じゃが芋を掘ります。 ② 개, 服をたたみます。 ③ 기, 気力が足りないです。 ④ 간, 肝が抜けました。 ⑤ 겁, 臆病です。 ⑥ 콩, 何の豆ですか。 ⑦ 공, 主人公です。 ⑧ 공, 精根を尽くした甲斐がありますね。 ⑨ 콩, コントク(豆を入れた餅)がおいしいです。 ⑩ 골라, 好きなのを取ってください。 ⑪ 콜라, コーラ飲んでください。 ⑫ 근시, 近視です。 ⑬ 근방, この辺に住んでいますか。 ⑭ 크림, クリームがおいしいです。 ⑮ 그림, 絵が素敵です。

練習 3 始めに太字の部分が読まれ、その後文章全体が読まれます。DVDをよく聴いて、繰り返し練習しましょう。

① **키가** 작아요. 　　　　　　　　　背が低いです。
② **기가** 막혀. 　　　　　　　　　　呆れた。
③ 무슨 **콩**이에요? 　　　　　　　　何の豆ですか。
④ **야구공**이에요. 　　　　　　　　　野球のボールです。
⑤ 간이 **콩**알만 해졌어. 　　　　　　肝が抜けた。
⑥ **골라** 가지세요. 　　　　　　　　好きなの取ってください。
⑦ **크게** 써 주세요. 　　　　　　　　大きく書いてください。
⑧ **그게** 뭐야? 　　　　　　　　　　それは何だ?
⑨ **크림**이 맛있네. 　　　　　　　　クリームがおいしいねえ。
⑩ **그림**이 멋있지? 　　　　　　　　絵が素敵でしょ。
⑪ **칼국수** 끓여요. 　　　　　　　　カルグックス作っています。
⑫ **갈비** 먹읍시다. 　　　　　　　　カルビ食べましょう。
⑬ 옷이 **큼직**해요. 　　　　　　　　服がゆったりして大きめです。
⑭ **금연**입니다. 　　　　　　　　　　禁煙です。

子音 11　ㄱとㄲ

練習 1　ㄱとㄲの音の違いをよく聴いて、ㄱとㄲの発音を練習しましょう。

① 가　　까
② 개　　깨
③ 굴　　꿀
④ 강　　깡
⑤ 가지　까지
⑥ 고리　꼬리
⑦ 기어　끼어
⑧ 갈아　깔아
⑨ 토기　토끼
⑩ 곰곰이　꼼꼼히

発音練習 子音　**187**

練習2 DVDをよく聴いて、(　)内の語のうち発音された方にそれぞれ○をしましょう。**EX.2**

① 언제 (가, 까)요?
② (가지, 까지) 마세요.
③ 언제(가지, 까지) 먹어?
④ 세(가지, 까지) 받았어.
⑤ (개, 깨)소금 맛이다!
⑥ (굴, 꿀)이 시원해요.
⑦ (굴, 꿀)맛이 변했어요.
⑧ (고리, 꼬리)가 길면 잡혀요.
⑨ 열쇠 (고리, 꼬리)예요.
⑩ 천천히 (기어, 끼어) 왔어.
⑪ 간신히 (기어, 끼어) 왔어.
⑫ 방석을 (갈아, 깔아)요.
⑬ 전구를 (갈아, 깔아)요.
⑭ (토기, 토끼)가 귀여워요.
⑮ (곰곰이, 꼼꼼히) 생각 중이야.

練習3 始めに太字の部分が読まれ、その後文章全体が読まれます。DVDをよく聴いて、繰り返し練習しましょう。

① **가지** 마세요.　　　　　　　　　　行かないでください。
② **언제까지** 해요?　　　　　　　　　いつまでやりますか。
③ **깨소금** 맛이다!　　　　　　　　　悪いことしていると最後はバチがあたる。
④ **개가** 짖어요.　　　　　　　　　　犬が吠えます。
⑤ **강이** 깊네.　　　　　　　　　　　川が深いねえ。
⑥ **깡이** 세요.　　　　　　　　　　　勇気があります。

Ex.2 ① 가, いつ行きますか。　② 까지, 剥かないでください。　③ 가지, いつ茄子食べるの?　④ 가지, 三種類もらったよ。　⑤ 깨, ざまを見ろ!　⑥ 굴, 牡蠣がさわやかです。　⑦ 꿀, 蜂蜜の味が変わりました。　⑧ 꼬리, 隠し事は最後にはばれます。　⑨ 고리, キーホルダです。　⑩ 기어, ゆっくり這ってきた。　⑪ 끼어, ぎりぎり間に合った。　⑫ 갈아, 座布団を敷きます。　⑬ 갈아, 電球を取り替えます。　⑭ 토끼, うさぎが可愛いです。　⑮ 곰곰이, じっくり考え中なの。

⑦ 설설 **기어**요. 　　　　　そろりそろりと這います。
⑧ 팔짱을 **끼어**요. 　　　　腕を組みます。
⑨ 방석을 **깔아**요. 　　　　座布団を敷きます。
⑩ 칼을 **갈아**요. 　　　　　刃物を磨ぎます。
⑪ **가끔** 전화해야 돼. 　　　たまに電話しないとだめだよ。
⑫ **방금** 왔어요. 　　　　　来たばかりです。

子音 12　ㄱ, ㅋ, ㄲ

子音 12.1　基本的な発音

練習 1　ㄱ, ㅋ, ㄲの音の違いをよく聴いて、ㄱ, ㅋ, ㄲの発音を練習しましょう。

① 개　　캐　　깨
② 겨　　켜　　껴
③ 기　　키　　끼
④ 간　　칸　　깐
⑤ 근　　큰　　끈
⑥ 글　　클　　끌
⑦ 감감　　캄캄　　깜깜
⑧ 굴굴　　쿨쿨　　꿀꿀

練習 2　DVDをよく聴いて、（　）内の語のうち発音された方にそれぞれ○をしましょう。**Ex. 2**

① (기, 키)가 모자라요.
② (키, 끼) 가 있어요.
③ (기, 키)가 커요.

Ex. 2 ① 기, 気力が足りません。　② 끼, 才能にあふれています。　③ 키, 背が高いです。　④ 기, 旗が素敵だ！　⑤ 개, 粘土を練ります。　⑥ 캐, 高麗人参を掘ります。　⑦ 깨, 氷を砕きます。　⑧ 클, 少し大きいと思います。　⑨ 끌, マッチを消します。　⑩ 껴, 重ね着しました。　⑪ 켜, 電気をつけてください。　⑫ 겨자, からしですか。　⑬ 깜깜, 部屋が真っ暗です。　⑭ 감감, 何の連絡もありません。　⑮ 캄캄, 空が真っ暗です。

④ (기, 끼)가 멋있다!

⑤ 진흙을 (개, 깨)요.

⑥ 인삼을 (캐, 깨)요.

⑦ 얼음을 (캐, 깨)요.

⑧ 좀 (클, 끌) 거예요.

⑨ 성냥을 (글, 끌)게요.

⑩ 옷을 (겨, 껴) 입었어요.

⑪ 불 좀 (켜, 껴) 주세요.

⑫ (겨자, 껴 자)요?

⑬ 방이 (갂갂, 깜깜)해요.

⑭ (감감, 캄캄) 무소식이야.

⑮ 하늘이 (캄캄, 깜깜)해요.

練習3 始めに太字の部分が読まれ、その後文章全体が読まれます。DVDをよく聴いて、繰り返し練習しましょう。

① 좀 **큰 것** 같아요.　　　　　少し大きいようです。

② **근** 이틀을 잤어.　　　　　ほぼ二日間寝た。

③ **끈**이 끊어졌어요.　　　　　紐が切れました。

④ **글씨**를 잘 써요.　　　　　字が上手です。

⑤ 좀 **클** 거야.　　　　　少し大きいと思う。

⑥ 불 **끌**게.　　　　　電気消すよ。

⑦ 옷이 **큼직**해요.　　　　　服が大きめです。

⑧ 정말 **끔찍**해요.　　　　　本当に恐ろしいです。

⑨ 주차**금지**예요.　　　　　駐車禁止です。

⑩ 방이 **깜깜**해요.　　　　　部屋が真っ暗です。

⑪ **감감** 무소식이에요.　　　　何の連絡もありません。

⑫ 앞이 **캄캄**해요.　　　　　お先真っ暗です。

子音 12.2　子音の前、語の最後にくる場合の ㄱ, ㅋ, ㄲ

練習 1　ㄱ, ㅋ, ㄲは、語の最初の位置では、異なる発音ですが、語の最後の位置にくると、ともに息を開放しないㄱの発音になります。DVDをよく聴いて、息を開放しないㄱの発音を練習しましょう。

① 가　　까　　카　　　　語の最初：(ㄱ ≠ ㄲ ≠ ㅋ)

　　박　　밖　　부엌　　語の最後：(ㄱ = ㄲ = ㅋ) → ㄱ

練習 2　ㄱ, ㅋ, ㄲは、子音の前、または、語の最後にくると、ともにㄱの発音ですが、母音で始まる接尾辞の前では、発音がそれぞれ異なります。DVDをよく聴いて、後について発音してみましょう。

● 語の最後：(ㄱ = ㄲ = ㅋ) → ㄱ

　① 수박　　　　밖　　　　　부엌

　② 수박 안 사　　밖 안 보여　　부엌 안

● 子音の前：(ㄱ = ㄲ = ㅋ) → ㄱ

　③ 수박까지　　밖까지　　　부엌까지

● 母音で始まる接尾辞の前：(ㄱ ≠ ㄲ ≠ ㅋ)

　④ 수박에　　　밖에　　　　부엌에*

＊ㅋは、ㄱとも発音します。(PART2の発音変化15参照)

練習 3　太字になっている音節のうち、発音が異なるものに○をしましょう。 **Ex. 3**

① a. **박**씨가 없어요.　　　　　　　　朴(パク)さんがいません。
　 b. **밖**에 나가요.　　　　　　　　　外に出ます。
　 c. **밖**까지 나갈게요.　　　　　　　外まで出ます。
② a. **낚**시를 좋아해.　　　　　　　　釣りが好きだ。
　 b. **낚**싯줄이 끊어졌어.　　　　　　釣り糸が切れた。
　 c. 한 마리도 못 **낚**아.　　　　　　一匹も釣れない。

Ex.3 ① b　② c　③ b　④ b

③ a. 고기 좀 **볶**지. 肉を炒めたら。
　　b. **볶**음밥 시킬까? チャーハン頼もうか。
　　c. **복**지 사업 해. 福祉事業やっている。
④ a. 사과 **깎**아? リンゴ、むこうか。
　　b. **깎**지 마. むかないで。
　　c. 연필**깎**이 있어? 鉛筆削りある？

子音 13 ㅈ

練習 1　ㅈは、母音とㅁ, ㄴ, ㅇ, ㄹの間に挟まれると、有声音になります。ㅈの有声音化は、語の中だけでなく、語の境界を越えたところでも起こります。DVDをよく聴いて、ㅈの発音を練習しましょう。

① 자　　모자　　상자
② 절　　계절　　품절
③ 낮　　낮에　　낮은
④ 자리　내 자리　다른 자리

練習 2　次の文章には、ㅈがそれぞれ2箇所使われています(太字の部分)。DVDをよく聴いて、ㅈが有声音で発音される方に○をしましょう。**Ex. 2**

① **자**기 모**자**야. あなたの帽子だよ。
② **주**로 양**주** 마셔요. 主に洋酒を飲みます。
③ **지**갑에 휴**지** 있어. 財布の中にティッシュがある。
④ **전** 오**전**에 왔어요. 私は午前中に来ました。
⑤ **정**말 인**정**이 없네. 本当に人情がないねえ。
⑥ **자**리에 앉**아**요. 席に座ってください。
⑦ **자**꾸 내 **자**리로 왜 와? どうしてよく私の席にくるの？
⑧ 제가 **낮**에 갈게요. 私が昼に行きます。

Ex.2 ① 2番目　② 2番目　③ 2番目　④ 2番目　⑤ 2番目　⑥ 2番目　⑦ 2番目　⑧ 2番目

子音 14 ㅈとㅊ

練習 1　ㅈとㅊの音の違いをよく聴いて、ㅈとㅊの発音を練習しましょう。

① 자　　차　　　　② 절　　철
③ 질　　칠　　　　④ 짐　　침
⑤ 종　　총　　　　⑥ 주워　추워
⑦ 중고　충고　　　⑧ 진해　친해
⑨ 기자　기차　　　⑩ 가지　가치

練習 2　DVDをよく聴いて、(　　)内の語のうち発音された方にそれぞれ○をしましょう。Ex. 2

① 밤에는 (자, 차)요.
② 아기가 (자, 차)요.
③ (자고, 차고) 할까요?
④ (질, 칠)이 나빠요.
⑤ 테니스를 (졌어, 쳤어).
⑥ 내가 (졌어, 쳤어).
⑦ (종, 총) 소리가 났어요.
⑧ (종, 총) 울렸어요?
⑨ 커피가 (진해, 친해)요.
⑩ 걔하고 (진해, 친해)?
⑪ (짐, 침)이 바뀌었어요.
⑫ (짐, 침) 넘어 가요.
⑬ (기자, 기차)예요.
⑭ (기자, 기차)가 빨라요.
⑮ (가지, 가치)가 떨어져요.

Ex.2 ① 차, 夜は冷えます。　② 자, 赤ん坊が寝ています。　③ 자고, 寝てからやりましょうか。
④ 질, 質が悪いです。　⑤ 쳤어, テニスした。　⑥ 졌어, 私が負けた。　⑦ 총, 銃の音がしました。
⑧ 종, ベル鳴りましたか。　⑨ 진해, コーヒーが濃いです。　⑩ 친해, あの子と仲良しなの?
⑪ 짐, 荷物が入れ替わりました。　⑫ 침, よだれが出ています。　⑬ 기자, 記者です。　⑭ 기차, 汽車が速いです。　⑮ 가치, 価値が落ちます。

練習 3 始めに太字の部分が読まれ、その後文章全体が読まれます。DVDをよく聴いて、繰り返し練習しましょう。

① 공을 **차요**.　　　　　　　　　　　ボールを蹴ります。
② 잘 **자**.　　　　　　　　　　　　　お休み。
③ **총**에 맞았어.　　　　　　　　　　銃に撃たれた。
④ **종** 쳤어요?　　　　　　　　　　　ベル鳴りましたか。
⑤ **짐**이 무거워요?　　　　　　　　　荷物が重いですか。
⑥ **침**을 맞았어요.　　　　　　　　　針を打ってもらいました。
⑦ 테니스 **쳤어**.　　　　　　　　　　テニスをした。
⑧ 게임에 **졌어**.　　　　　　　　　　ゲームに負けた。
⑨ **충고** 좀 주세요.　　　　　　　　　アドバイスをください。
⑩ **중고**차 샀는데.　　　　　　　　　中古車を買ったんだけど。
⑪ **가지**나물이에요.　　　　　　　　　なすのナムルです。
⑫ **가치**가 없네.　　　　　　　　　　価値がないねえ。

子音 15　ㅈとㅉ

練習 1 ㅈとㅉの音の違いをよく聴いて、ㅈとㅉの発音を練習しましょう。

① 자　　짜
② 족　　쪽
③ 짐　　찜
④ 자리　짜리
⑤ 졸면　쫄면
⑥ 쟁쟁　쨍쨍
⑦ 짖어　찢어
⑧ 가자　가짜
⑨ 팔지　팔찌
⑩ 공자　공짜

練習 2　DVDをよく聴いて、（　）内の語のうち発音された方にそれぞれ○をしましょう。Ex. 2

① 그 친구 (자, 짜)요.
② 실컷 (자, 짜)요.
③ (잠, 짬)이 안 와요.
④ (잠, 짬)이 안 나요.
⑤ (짐, 찜)은 다 쌌어요?
⑥ 이 (족, 쪽)을 보세요.
⑦ 옥수수 (지고, 찌고) 있어.
⑧ 개한테 (질렸어, 찔렸어).
⑨ 좀 (질리, 찔리)네요.
⑩ (졸면, 쫄면) 안 돼요.
⑪ (졸면, 쫄면) 먹어야지.
⑫ 개가 (짖어, 찢어)요.
⑬ 왜 (짖어, 찢어)?
⑭ 귀에 (쟁쟁, 쨍쨍)해요.
⑮ 해가 (쟁쟁, 쨍쨍) 나요.

練習 3　始めに太字の部分が読まれ、その後文章全体が読まれます。DVDをよく聴いて、繰り返し練習しましょう。

① **얼마짜리**예요?　　　　　　　　　　―いくらですか。
② **자리에** 앉으세요.　　　　　　　　　席に座ってください。
③ **이 쪽으로** 오세요.　　　　　　　　　こちらに来てください。
④ **짐** 쌌어요.　　　　　　　　　　　　荷物まとめました。
⑤ **갈비찜** 먹자.　　　　　　　　　　　カルビチム(料理名)食べよう。

Ex.2 ① 짜, あの人けちです。　② 자, 存分に寝てください。　③ 잠, 寝つけられないです。　④ 짬, 時間がつくれないんです。　⑤ 짐, 荷造りは終わりましたか。　⑥ 쪽, こっちを見てください。　⑦ 찌고, とうもろこし蒸している。　⑧ 질렸어, あの子に呆れた。　⑨ 찔리, ちょっと後ろめたいねえ。　⑩ 졸면, 居眠りしてはいけません。　⑪ 쫄면, チョルミョン(麺の一種)食べなくちゃ。　⑫ 짖어, 犬が吠えます。　⑬ 찢어, どうして裂くの？　⑭ 쟁쟁, 耳に残っています。　⑮ 쨍쨍, 日がカンカンと照り付けています。

⑥ **졸면** 안돼.　　　　　　　　　　居眠りをしてはだめだ。

⑦ **쫄면** 먹자.　　　　　　　　　　チョルミョン(麺の一種)食べよう。

⑧ 같이 **가자**.　　　　　　　　　　一緒に行こう。

⑨ 이건 **가짜**야.　　　　　　　　　これは偽者だよ。

⑩ **공짜**로 얻었어.　　　　　　　　ただでもらった。

⑪ 차를 **팔지** 그래.　　　　　　　　車を売ったら。

⑫ **팔찌**가 너무 예뻐.　　　　　　　ブレスレットがとてもきれいだ。

子音 16　ㅈ, ㅊ, ㅉ

子音 16.1　基本的な発音

練習 1　ㅈ, ㅊ, ㅉの音の違いをよく聴いて、ㅈ, ㅊ, ㅉの発音を練習しましょう。

① 자　　　차　　　짜
② 져　　　쳐　　　쪄
③ 족　　　촉　　　쪽
④ 잔　　　찬　　　짠
⑤ 짐　　　침　　　찜
⑥ 절절　　철철　　쩔쩔
⑦ 가자　　가차　　가짜
⑧ 지르지　치르지　찌르지

練習 2　DVDをよく聴いて、(　)内の語のうち発音された方にそれぞれ○をしましょう。Ex. 2

① (자, 차, 짜) 드세요.
② (자, 차) 있으세요?
③ 바닷물이 (차, 짜)요.
④ (잔, 짠)돈 있으세요?
⑤ (찬, 짠)물 한 잔 주세요.
⑥ (짐, 찜)이 오래 걸려요.

⑦ (짐, 침) 넘어 가요.

⑧ (짐, 침) 싸야지요.

⑨ 피아노를 (져, 쳐)요.

⑩ 옥수수를 (져, 쪄)요.

⑪ (질, 칠)이 안 좋아요.

⑫ (질, 칠)을 조심하세요.

⑬ 몇 (촉, 쪽)이에요?

⑭ (밤잠, 밤참)이 꿀맛이야.

⑮ (잠, 짬)이 안 나요.

練習 3　始めに太字の部分が読まれ、その後文章全体が読まれます。DVDをよく聴いて、繰り返し練習しましょう。

①	**차** 드세요.	お茶、どうぞ。
②	**자**, 드세요.	さぁ、召し上がってください。
③	계획을 **짜요**.	計画を立てます。
④	**잔돈** 있으세요?	小銭ありますか。
⑤	**찬물** 한 잔 주세요.	お冷いっぱいください。
⑥	**짠** 건 못 먹어.	塩辛いのは食べられない。
⑦	**군침**이 도는군요.	よだれが出ますねえ。
⑧	**짐**을 부치세요.	荷物を送ってください。
⑨	소금 좀 **쳐요**.	塩少し振ってください。
⑩	살 **쪄**.	太るよ。
⑪	왜 소리 **질러**?	なぜ大声出すの？
⑫	양심에 **찔려요**?	後ろめたいですか。

Ex.2 ① 차, お茶どうぞ。　② 자, 定規ありますか。　③ 짜, 海水が塩辛いです。　④ 잔, 小銭ありますか。　⑤ 찬, お冷いっぱいください。　⑥ 찜, チム(蒸し物)は時間がかかります。　⑦ 침, よだれが出ます。　⑧ 짐, 荷物をまとめなくてはいけないでしょう。　⑨ 쳐, ピアノを弾きます。　⑩ 쪄, とうもろこしを蒸します。　⑪ 질, 質が悪いです。　⑫ 칠, 塗ったばかりのペンキに気をつけてください。　⑬ 촉, 何ワットですか。　⑭ 밤참, 夜食が本当においしい。　⑮ 짬, 時間がつくれません。

子音 16.2 子音の前、語の最後にくる場合の ㅈ と ㅊ

練習 1　ㅈとㅊは、語の最初では、異なる発音ですが、語の最後では、ともにㄷと発音します。DVDをよく聴いて、語の最初のㅈ, ㅊと、語の最後のㅈ, ㅊの発音を練習しましょう。

① 자　　차　　　語の最初：(ㅈ ≠ ㅊ)
　 낮　　낯　　　語の最後：(ㅈ = ㅊ) → ㄷ

② 지　　치　　　語の最初：(ㅈ ≠ ㅊ)
　 빚　　빛　　　語の最後：(ㅈ = ㅊ) → ㄷ

練習 2　ㅈとㅊは、子音の前、または、語の最後にくると、ともにㄷと発音しますが、母音で始まる接尾辞の前では、異なる発音をします。DVDをよく聴いて、後について発音してみましょう。

● 語の最後：(ㅈ = ㅊ) → ㄷ

　① 빚　　　　빛
　② 빚 안 져　　빛 안 나

● 子音の前：(ㅈ = ㅊ) → ㄷ

　③ 빚쟁이　　빛깔

● 母音で始まる接尾辞の前：(ㅈ ≠ ㅊ)

　④ 빚이　　　빛이

練習 3　太字の音節のうち、発音が異なるものに○をしましょう。 Ex. 3

① a. **꽃**가루가 날려요.　　　　　　　花粉が飛びます。
　 b. **꽃**이 예뻐요.　　　　　　　　　花がきれいです。
　 c. **꽃**꽂이 배워요.　　　　　　　　生け花を習います。

② a. **빛**이 안 나요.　　　　　　　　　輝きがありません。
　 b. **빛**깔이 고와요.　　　　　　　　色彩が美しいです。
　 c. **빚**까지 졌어요.　　　　　　　　借金までしました。

Ex.3　① b　② a　③ b　④ a

③ a. 사람이 **몇** 안 돼. 　　　　　　　　　人が何人もいない。
　 b. 친구 **몇**이 와? 　　　　　　　　　　　友達何人が来るの？
　 c. **몇** 월 며칠이야? 　　　　　　　　　　何月何日？
④ a. **낯**이 설어요. 　　　　　　　　　　　　見慣れないです。
　 b. **낮**잠 자요. 　　　　　　　　　　　　　昼寝します。
　 c. **낯** 뜨거워요. 　　　　　　　　　　　　顔から火が出ます。

子音 17　ㅅとㅆ

子音 17.1　基本的な発音と'シ'のような発音

練習 1　ㅅとㅆは、ㅣまたは'y'の合成母音の前にくると、「シ」のような発音になります。DVDをよく聴いて、ㅅとㅆの異なる発音を練習しましょう。

① 소　　시
② 싸　　씨
③ 술　　실
④ 서　　셔

練習 2　太字の音節のうち、ㅅ, ㅆの発音が異なるものにそれぞれ○をしましょう。 **Ex. 2**

① **삼**　　　**심**　　　**솜**
② **사**와　　**샤**워　　**쉬**워
③ **맛**은　　**맛**있어　　마**셔**
④ 도**시**　　가**수**　　교**실**
⑤ **씨**름　　**싸**움　　**씨**앗

Ex.2 ① 심　② 사와　③ 맛은　④ 가수　⑤ 싸움

練習3 ㅅ, ㅆの本来の発音と、ㅣまたは'y'の合成母音の前のときの発音の違いをよく聴いて、ㅅ, ㅆの発音を練習しましょう。

① 사　　싸　　　　② 서　　써
③ 시　　씨　　　　④ 속　　쏙
⑤ 살　　쌀　　　　⑥ 상　　쌍
⑦ 시름　씨름　　　⑧ 수다　쑤다
⑨ 설어　썰어　　　⑩ 가서　갔어

練習4 DVDをよく聴いて、(　)内の語のうち発音された方にそれぞれ○をしましょう。**Ex. 4**

① 책을 (사, 싸)요.
② 컴퓨터를 (사, 싸)요.
③ (시, 씨)를 빼요.
④ (시, 씨)를 써요.
⑤ (살, 쌀)이 탔어요.
⑥ (살, 쌀)이 떨어졌어요.
⑦ (살, 쌀)이 좀 빠졌어요.
⑧ 차가 (서, 써)요.
⑨ 들러리 (섰어, 썼어)요.
⑩ (삼, 쌈) 먹어요.
⑪ 떡 (설어, 썰어)요.
⑫ 비 (와서, 왔어)요.
⑬ 피곤(해서, 했어)요.
⑭ (아파서, 아팠어)요.
⑮ 재미(있어서, 있었어)요.

Ex. 4 ① 사, 本を買います。② 싸, コンピュータを包みます。③ 씨, 種を抜きます。④ 시, 詩を書きます。⑤ 살, 日焼けしています。⑥ 쌀, 米がなくなりました。⑦ 살, 少し痩せました。⑧ 써, お茶が苦いです。⑨ 섰어, わき役を務めました。⑩ 쌈, サム(レタスで巻いた食べ物)食べます。⑪ 썰어, お餅切ります。⑫ 왔어, 雨降りました。⑬ 해서, 疲れてるからです。⑭ 아파서, 調子が悪かったからです。⑮ 있었어, 面白かったです。

練習 5 始めに太字の部分が読まれ、その後文章全体が読まれます。DVDをよく聴いて、繰り返し練習しましょう。

① 옷이 **싸요**.　　　　　　　　　服が安いです。
② 옷을 **사요**.　　　　　　　　　服を買います。
③ **씨가** 없네.　　　　　　　　　種がないねえ。
④ **도시가** 커요.　　　　　　　　都市が大きいです。
⑤ 너무 **속이** 상해.　　　　　　心が痛む。
⑥ 마음에 **쏙** 들어요.　　　　　とても気に入りました。
⑦ 새로 **샀어**.　　　　　　　　　新しく買った。
⑧ 포장지에 **쌌어요**.　　　　　　包装紙に包みました。
⑨ 날씨가 **쌀쌀해요**.　　　　　　肌寒いです。
⑩ **살살** 만져요.　　　　　　　　そっと触れてください。
⑪ 왜 안 **왔어요**?　　　　　　　なぜ来なかったんですか。
⑫ 비가 **와서요**.　　　　　　　　雨が降ったからです。

子音 17.2　子音の前、語の最後にくる場合のㅅとㅆ

練習 1　ㅅとㅆは、語の最初では、異なる発音ですが、子音の前では、ともに息を開放しないㄷと発音します。DVDをよく聴いて、後について発音してみましょう。

　　사　　　싸　　　語の最初：（ㅅ ≠ ㅆ）
　　잇다　　있다　　子音の前：（ㅅ = ㅆ）→ ㄷ

練習 2　ㅅとㅆは、子音の前、または、語の最後にくると、ともにㄷと発音しますが、母音で始まる接尾辞の前では、異なる発音をします。DVDをよく聴いて、後について発音してみましょう。

● 語の最後：（ㅅ = ㅆ）→ ㄷ
　　① 옷　　　　　（ㅆはこの場所にきません）
　　② 옷 없어　　（ㅆはこの場所にきません）

● 子音の前：（ㅅ = ㅆ）→ ㄷ
　　③ 옷감　　　　있고

- 母音で始まる接尾辞の前：(ㅅ ≠ ㅆ)

　　④ 옷에　　있어

練習 3　太字の音節のうち、発音が異なるものに○をしましょう。 Ex.3

① a. **맛**있어?　　　　　　　　　　　　おいしい？
　 b. **맛**없어.　　　　　　　　　　　　おいしくない。
　 c. **맛**이 없어.　　　　　　　　　　　おいしくない。

② a. **멋**있어요?　　　　　　　　　　　素敵ですか。
　 b. **멋**없어요.　　　　　　　　　　　格好悪いです。
　 c. **멋** 안 나요.　　　　　　　　　　粋じゃないです。

③ a. **옷** 있어요?　　　　　　　　　　　服ありますか。
　 b. **옷** 없어요.　　　　　　　　　　　服ありません。
　 c. **옷**을 사요.　　　　　　　　　　　服を買います。

④ a. 줄을 **잇**지요.　　　　　　　　　　紐をつなぎます。
　 b. 줄 **있**지요?　　　　　　　　　　　紐ありますよね？
　 c. 줄 **있**어요.　　　　　　　　　　　紐あります。

⑤ a. 집에 **있**다 왔어.　　　　　　　　家から来た。
　 b. 줄 **잇**다 왔어.　　　　　　　　　紐つなぎをしてから来たの。
　 c. 재미**있**어?　　　　　　　　　　　面白い？

子音 *18*　ㅎ

子音 18.1　基本的な発音

練習 1　母音で始まる音節と、ㅎで始まる音節の発音の違いをよく聴いて、練習しましょう。

① 와　　화　　　　　　② 영　　형
③ 악기　학기　　　　　④ 유지　휴지

Ex.3　① b　② a　③ c　④ c　⑤ c

練習 2 DVDをよく聴いて、(　)内の語のうち発音された方にそれぞれ○をしましょう。 Ex. 2

① (악기, 학기)가 끝났어요.
② 손이 (얼었어, 헐었어)요.
③ (양수, 향수) 냄새가 나요.
④ (유지, 휴지) 있으세요?
⑤ (영, 형)이 몇이에요?

子音 18.2　子音の前、語の最後にくる場合のㄷ, ㅌ, ㅈ, ㅊ, ㅅ, ㅆ

ㄷ, ㅌ, ㅈ, ㅊ, ㅅ, ㅆは、子音の前、または、語の最後にくると、すべて息を開放しないㄷと発音します。しかし、母音で始まる接尾辞の前では、それぞれ異なる発音をします。DVDをよく聴いて、後について発音してみましょう。

練習 1 各グループのうち、異なる発音が1つ含まれています。異なる発音をする方に○をしましょう。 Ex. 1

① 낫　　낯　　날　　낯
② 갖다　간다　갔다　같다
③ 이고　잇고　있고　잊고
④ 낫지　낮지　났지　남지

練習 2 太字の音節のうち、発音が異なるものに○をしましょう。 Ex. 2

① a. 똑**같**지 않아?　　　　　　　　そっくりじゃない？
　 b. 똑**같**다.　　　　　　　　　　そっくりだ。
　 c. 똑**같**아.　　　　　　　　　　そっくりだ。
② a. 시간 **있**어요?　　　　　　　　時間ありますか。
　 b. 시간 **있**지요?　　　　　　　 時間ありますよね？
　 c. **잊**지 마세요.　　　　　　　　忘れないでください。

Ex. 2 ① 학기, 学期が終わりました。　② 얼었어, 手が凍えています。　③ 향수, 香水の匂いがします。
　　　　④ 휴지, ティッシュありますか。　⑤ 형, お兄さんは何人いますか。
Ex. 1 ① 날　② 간다　③ 이고　④ 남지
Ex. 2 ① c　② a　③ c　④ c

③ a. 이게 **낫**지? こっちの方が良くない?
　 b. 화**났**지? 怒ってるよね?
　 c. 화**났**어? 怒った?
④ a. **빚** 없어요. 借金ありません。
　 b. **빛** 안 나요. 輝きがないです。
　 c. **빛**이 안 나요. 輝きがないです。

練習3 太字になっている2つが同じであれば「同」、違う場合は「異」、に○をしましょう。Ex.3

① 똑**같**지? ［同　異］ そっくりだよね?
　 못 **갔**지? 行けなかったでしょ?
② **낯** 안 가려요. ［同　異］ 人見知りしません。
　 낯이 뜨거워요. 顔から火が出ます。
③ 시간 **있**지? ［同　異］ 時間あるよね?
　 시간 **잊**지 마. 時間忘れないで。
④ **빚** 없어요. ［同　異］ 借金ありません。
　 빗 없어요. 櫛ありません。

練習4 始めに太字の部分が読まれ、その後文章全体が読まれます。DVDをよく聴いて、繰り返し練習しましょう。

① **빗** 있어요? 櫛ありますか。
② **빗**이 없어요? 櫛がありませんか。
③ **빛** 안 나요. 輝きません。
④ **빛**이 안 나요. 輝きがありません。
⑤ **잊**지 마세요. 忘れないでください。
⑥ **잊어**버렸어요. 忘れてしまいました。
⑦ 똑**같**죠? そっくりでしょう?
⑧ 못 **갔**죠? 行けなかったでしょう?

Ex.3 ①同 ②異 ③同 ④同

子音 19 ㅁ, ㄴ, ㅇ

練習 1 ㅁ, ㄴ, ㅇの音の違いをよく聴いて、ㅁ, ㄴ, ㅇの発音を練習しましょう。

① 그물　　금물
② 몸에　　몸매
③ 시는　　신는
④ 많아　　만나
⑤ 부어　　붕어

練習 2 DVDをよく聴いて、（　）内の語のうち発音された方にそれぞれ○をしましょう。 **Ex. 2**

① (잠 안, 잠만) 자요.
② (잠 안, 잠만) 자요?
③ (자만, 잠만)이 뭐예요?
④ (그물, 금물)이에요.
⑤ (그물, 금물)이 뭐예요?
⑥ (몸에, 몸매) 딱 맞아요.
⑦ (몸에, 몸매)는 좋아요.
⑧ 신발 (신은, 신는) 사람?
⑨ 신발 (신은, 신는) 사람?
⑩ (신은, 신는) 운동화가 편해.
⑪ 친구 (많아, 만나)요.
⑫ 친구 (많아, 만나)요.
⑬ 고기 (타네, 탄 내).
⑭ (저 나무, 전나무)요?
⑮ 물의 (부어, 붕어) 보세요.

Ex.2 ① 잠만, 寝てばかりです。　② 잠 안, 寝ないんですか。　③ 자만, '자만'(自慢)とは何ですか。　④ 그물, 魚の網です。　⑤ 금물, '금물'(禁物)とは何ですか。　⑥ 몸에, 体にぴったりです。　⑦ 몸매, スタイルはいいです。　⑧ 신는, 靴履いている人？（動作）　⑨ 신은, 靴履いている人？（状態）　⑩ 신은, 履き心地でいうと、スニーカーがいいです。　⑪ 많아, 友達が多いです。　⑫ 만나, 友達に会います。　⑬ 타네, 肉焦げます。　⑭ 저 나무, あの木ですか。　⑮ 붕어, 水の中のフナを見てください。

練習3 始めに太字の部分が読まれ、その後文章全体が読まれます。DVDをよく聴いて、繰り返し練習しましょう。

① **잠만** 자요. 寝てばかりです。
② **잠 안** 자요? 寝ないんですか。
③ **자만하지** 마세요. うぬぼれないでください。
④ **몸에** 딱 맞네. 体にぴったりだ。
⑤ **몸매**가 좋잖아. スタイルがいいじゃない。
⑥ 친구를 **만나**요. 友達に会います。
⑦ 친구가 **많아**요. 友達が多いです。
⑧ **탄** 내가 나. 焦げた臭いがする。
⑨ 고기가 **타네**요. 肉が焦げてますねえ。
⑩ **금붕어** 좀 봐. 金魚を見て。

子音 20 ㄹ

練習1 ㄹの場所による発音の違いをよく聴いて、ㄹの発音を練習しましょう。

	語の最後	母音の間	連続したㄹ
①	달	다리	달리
②	불	불어	불러
③	길	길어	길러

練習2 ㄹの場所による発音の違いをよく聴いて、後について練習しましょう。

① 벌레를 버렸어요. 虫を捨てました。
② 이름은 비밀이에요. 名前は秘密です。
③ 로션을 발라요. 乳液をつけます。
④ 스킨은 바르지만, 로션은 안 발라요. ローションはつけますが、乳液はつけません。

練習 3 DVDをよく聴いて、（ ）内の語のうち発音された方にそれぞれ○をしましょう。Ex. 3

① 잠깐 (들어, 들러)요.
② 노래 (들어, 들러)요.
③ 잘 (들어, 들려)요.
④ 시계가 (느려, 늘려)요.
⑤ 얼음 (어려, 얼려)요.
⑥ 배 (불어, 불러)요.
⑦ 바람 (불어, 불러)요.
⑧ 네 말이 (옳았, 올랐)어.
⑨ 값이 (옳았, 올랐)어.
⑩ 오래 (걸었어, 걸렸어)요.
⑪ 오래 (걸었어, 걸렸어)요.
⑫ 몹시 (놀았어, 놀랐어)요.
⑬ 너무 (놀았어, 놀랐어)요.
⑭ 머리 (자랐어, 잘랐어)요.
⑮ 머리 (자랐어, 잘랐어)요.

練習 4 始めに太字の部分が読まれ、その後文章全体が読まれます。DVDをよく聴いて、繰り返し練習しましょう。

① 노래 **들어요**.　　　　　　　　　　歌を聴いています。
② 잘 **들려요**.　　　　　　　　　　　よく聞こえます。
③ 바람이 **불어요**.　　　　　　　　　風があります。
④ 배가 **불러요**.　　　　　　　　　　おなかがいっぱいです。
⑤ 생선이 **비려요**.　　　　　　　　　魚が生臭いです。
⑥ 책을 **빌려요**.　　　　　　　　　　本を借ります。

Ex.3 ① 들러, ちょっと寄ってください。　② 들어, 歌を聴いています。　③ 들려, よく聞こえます。　④ 느려, 時計が遅れています。　⑤ 얼려, 氷を作ります。　⑥ 불러, おなかがいっぱいです。　⑦ 불어, 風があります。　⑧ 옳았, あなたの言ったことが正しかった。　⑨ 올랐, 値段が上がった。　⑩ 걸었어, 長い時間歩きました。　⑪ 걸렸어, 長い時間かかりました。　⑫ 놀랐어, すごく驚きました。　⑬ 놀았어, 遊び過ぎました。　⑭ 잘랐어, 髪を切りました。　⑮ 자랐어, 髪が伸びました。

⑦ 오래 **걸었어**.　　　　　　　　　　長い時間歩いた。

⑧ 오래 **걸렸어**.　　　　　　　　　　長い時間かかった。

⑨ 신나게 **놀았어**.　　　　　　　　　楽しく遊んだ。

⑩ 깜짝 **놀랐어**.　　　　　　　　　　ほんとにビックリした。

練習5　ㄹがたくさん使われている伝統民謡です。DVDをよく聴いて、後について発音してみましょう。

아리랑 아리랑 아라리요　　　　　アリランアリランアラリよ

아리랑 고개를 넘어간다　　　　　アリラン峠を越えて行く

나를 버리고 가시는 님은　　　　　私を捨てて去るあんたは

십리도 못 가서 발병 난다　　　　十里も行かないうちに足が痛くなるでしょう

発音変化

発音変化 1　子音の連音化

練習 1　太字になっている音節の最後の子音は、次の音節が母音で始まるため、次の音節の最初の位置で発音されます。DVDをよく聴いて、子音の連音化の発音を練習しましょう。

① 음　　**음**악
② 일　　**일**요일
③ 집　　**집**에
④ 맛　　**맛**이
⑤ 있-　　**있**어
⑥ 먹-　　**먹**어
⑦ 밖　　**밖**에

練習 2　次の音節が子音で始まるときは、最初の音節の最後の2つの子音のうち、1つだけが発音されます。次の音節が母音で始まるときは、2つの子音とも発音され、2番目の子音は、次の音節の一部として発音されます。DVDをよく聴いて、子音の連音化の発音を練習しましょう。

① 앉고　　앉아
② 젊지　　젊은
③ 읽다　　읽어
④ 값진　　값이

練習 3　2つの語が1つのものとして発音されるとき、子音の連音化は、語の境界を越えて起こります。DVDをよく聴いて、子音の連音化の発音を練習しましょう。

① **안 왔**어요.　　　　　　　　　　　まだ来てないです。
② **곧 올** 거예요.　　　　　　　　　　もうすぐ来るでしょう。

③ 꼭 오세요. ぜひ来てください。

④ 꽃 안 사요. 花は買いません。＊

⑤ 학교 앞 어디? 学校の前のどこ？＊

＊ ㅊはㄷのような発音で(PART2の子音16.2参照)、ㅍはㅂのような発音です(PART2の子音4.2参照)。

練習4 始めに太字の部分が読まれ、その後文章全体が読まれます。DVDをよく聴いて、繰り返し練習しましょう。

① **월요일**이에요. 月曜日です。
② **책을 읽어**요. 本を読みます。
③ **천오백 원**이에요. 1500ウォンです。
④ **낮이 짧아**요. 昼間が短いです。
⑤ **병원에 입원**해요. 病院に入院します。
⑥ **곧 올**게요. すぐ戻ります。
⑦ **빗 있어**요? くし持っていますか。
⑧ **물이** 안 **나와**요. 水が出ません。
⑨ **음악** 들어요? 音楽、聴きますか。

発音変化 2 有声音化

練習1 ㅂ, ㄷ, ㄱ, ㅈは、2つの有声音(母音, ㅁ, ㄴ, ㅇ, ㄹ)の間に挟まれると(2番目と3番目の列)、有声音になります。DVDをよく聴いて、有声音化の発音を練習しましょう。

① 발   이발   금발
② 다   크다   간다
③ 구   야구   농구
④ 정   다정   인정

練習2 2つの語が1つのものとして発音されるとき、有声音化は、語の境界を越えて起こります。DVDをよく聴いて、有声音化の発音を練習しましょう。

① 꼭 오세요. ぜひ来てください。

② 좋은 **자**리예요.　　　　　　　　　　　いい席です。

③ 곧 올 **거**예요.　　　　　　　　　　　すぐ来るでしょう。

④ 맛 **없**어요.　　　　　　　　　　　　おいしくないです。

練習 3　太字になっている音節のうち、発音が異なるものに○をしましょう。**Ex. 2**

① ㅂ　a. 갈**비**요.　　　　　　　　　　　カルビです。
　　　 b. **비**싸요?　　　　　　　　　　　高いですか。
　　　 c. 안 **비**싸요.　　　　　　　　　　高くありません。

② ㅂ　a. 금**발**이에요?　　　　　　　　　金髪ですか。
　　　 b. 가**발**이에요.　　　　　　　　　かつらです。
　　　 c. **발**소리예요.　　　　　　　　　足音です。

③ ㄱ　a. 농**구**해요?　　　　　　　　　　バスケットしますか。
　　　 b. 야**구**해요?　　　　　　　　　　野球しますか。
　　　 c. **구**월이에요.　　　　　　　　　九月です。

④ ㄱ　a. 안 **가**요?　　　　　　　　　　　行かないのですか。
　　　 b. **가**수예요.　　　　　　　　　　歌手です。
　　　 c. **약**아요.　　　　　　　　　　　ずる賢いです。

⑤ ㄷ　a. **옻** 올라요.　　　　　　　　　　漆にかぶれますよ。*
　　　 b. **돌**떡이에요.　　　　　　　　　満1歳時に作るお餅です。
　　　 c. 두 **돌**이에요.　　　　　　　　　2歳です。

⑥ ㄷ　a. **더** 추워요.　　　　　　　　　　もっと寒いです。
　　　 b. **옷** 없어요.　　　　　　　　　　服がありません。*
　　　 c. **얻**었어요.　　　　　　　　　　ただでもらいました。

⑦ ㅈ　a. **지**갑이요?　　　　　　　　　　財布ですか。
　　　 b. 휴**지**요.　　　　　　　　　　　ちり紙です。
　　　 c. 편**지** 써요.　　　　　　　　　　手紙を書きます。

＊옻のえ、옷の人は、ㄷのように発音します。(PART2の子音16.2, 17.2)

Ex. 2　① b　② c　③ c　④ b　⑤ b　⑥ a　⑦ a

発音変化 3 合成母音の弱音化

練習 1 合成母音（半母音＋母音）のうちの半母音は、話し言葉では、語の最初に来ない場合、弱まるか、全くなくなります。DVDをよく聴いて、半母音の弱音化の発音を練習しましょう。

ㅘ → ㅏ			
	① 과	사과 먹어요.	りんご食べてください。
	② 봐	여기 봐요.	ここ見てください。

ㅖ → ㅔ			
	③ 계	안녕히 계세요.	さようなら。
	④ 예	얼마예요?	いくらですか。

ㅝ → ㅓ			
	⑤ 뭐	뭐 하세요?	何していますか。
	⑥ 워	고마워요.	ありがとう。

ㅚ → ㅔ			
	⑦ 쇠	열쇠 있어요?	鍵ありますか。
	⑧ 죄	죄송합니다.	すみません。

ㅟ → ㅣ			
	⑨ 뒤	뒤에 있어.	後にある。
	⑩ 쉬	좀 쉬어.	少し休んで。

ㅙ → ㅔ			
	⑪ 괜	괜찮아.	大丈夫だ。
	⑫ 돼	안 돼.	だめだ！

練習 2 太字になっている部分は、半母音が完全に消えて、それぞれ同じ発音になります。DVDをよく聴いて、合成母音の弱音化の発音を練習しましょう。

① **사과** 먹어. りんご食べて。
　케익을 **사 가**. ケーキを買って行く。

② **영하** 5도예요. 零下5度です。
　영화 봐요. 映画見ます。

③ 계란 **과자**. 卵のお菓子。
　이제 **가자**. そろそろ行こう。

④ **멉**니까? 遠いですか。
　뭡니까? 何ですか。

⑤ 우리집 **열쇠**예요. わが家の鍵です。
　우리가 **열세**예요. 私たちの方が劣勢です。

⑥ 포도가 **시어**요.　　　　　　　　　　　　ぶどうが酸っぱいです。

　　잠깐 **쉬어**요.　　　　　　　　　　　　少し休みましょう。

発音変化 4　短縮形

練習 1　DVDをよく聴いて、短縮形の発音を練習しましょう。

① 나의	내	저희	제
② 나는	난	이것은	이건
③ 저를	절	이것을	이걸
④ 그것이	그게	이것이	이게
⑤ 무엇	뭐	－것이에요	－거예요
⑥ 마음	맘	다음주	담주
⑦ 이 아이	얘	이야기	얘기
⑧ 그런데	근데	그러면	그럼
⑨ 보아요	봐요	지어요	져요
⑩ 주어요	줘요	되어요	돼요
⑪ 가지요	가죠	아니요	아뇨
⑫ 재미있다	재밌다	의사입니다	의삽니다

発音変化 5　ㅜのように発音されるㅗ

練習 1　DVDをよく聴いて、ㅜのように発音するㅗの発音を練習しましょう。

고 → 구
① 친구하**고** 갔어요.　　　　　友達と行きました。
② 그리**고** 뭐 했어?　　　　　それから何をしたの？
③ 보**고** 싶어요.　　　　　　　会いたいです。
④ 뭐라**고**요?　　　　　　　　何ですって？

도 → 두
⑤ 빵**도** 사.　　　　　　　　　パンも買いなさい。
⑥ 나**도** 갈게.　　　　　　　　私も行くよ。

로 → 루	⑦ 어디**로** 가요?	どこに行きますか。
	⑧ 비행기**로** 가?	飛行機で行く？
	⑨ 바**로** 갈게.	すぐ行くよ。

練習2 太字になっている音節のうち、ㅗがㅜにならない場合に○をしましょう。
Ex. 2

① a. 뭐 먹**고** 싶다. 　　　　　　　何か食べたい。
　 b. 자**고** 나서 할게. 　　　　　　寝てからやるよ。
　 c. 냉장**고**에 있어. 　　　　　　冷蔵庫にあるよ。
② a. **고**장났어. 　　　　　　　　故障している。
　 b. 간다**고**? 　　　　　　　　　行くんだって？
　 c. 나하**고** 가. 　　　　　　　　私と行こう。
③ a. 지**도** 있어요? 　　　　　　　地図はありますか。
　 b. 배**도** 샀어요? 　　　　　　　梨も買いましたか。
　 c. 하**도** 졸라서요. 　　　　　　すごくねだりましたから。
④ a. 과**로**하지 마세요. 　　　　　無理しないでください。
　 b. 따**로** 왔어요. 　　　　　　　別々に来ました。
　 c. 연필**로** 쓰세요. 　　　　　　鉛筆で書いてください。
⑤ a. 바**로** 갈게. 　　　　　　　　すぐ行くよ。
　 b. 위**로** 올라 와. 　　　　　　上に上がって来て。
　 c. 위**로**해 주자. 　　　　　　　慰めてあげよう。

Ex.2　①c　②a　③a　④a　⑤c

発音変化 6 ㅎの弱音化

練習 1 有声音(母音, ㅁ, ㄴ, ㅇ, ㄹ)の間に挟まれると、ㅎは、弱音化します。どの程度弱音化するか(弱まるか、あるいは、完全に消えるか)は、発話の速度によります。速くなればなるほど、弱まります。DVDをよく聴いて、ㅎの弱音化の発音を練習しましょう。

① 화　　　소화　　　영화
② 해　　　새해　　　올해
③ 학　　　대학　　　방학
④ 혼　　　이혼　　　결혼
⑤ 합니다　감사합니다　죄송합니다

練習 2 ㅎは、語根の最後の位置で、必ず消えてなくなります。DVDをよく聴いて、ㅎを発音しない場合の発音を練習しましょう。

① 좋아　　놓아
② 많아　　괜찮아
③ 싫어　　끓어

練習 3 次の例では、ㅎの弱音化、子音の連音化(2番～4番)、合成母音の弱音化(4番)の影響で、それぞれほとんど同じ発音になります。よく聴いて練習しましょう。

① 고향이요?　　　　　　　　　　故郷ですか。
　 고양이요?　　　　　　　　　　猫ですか。
② 올해 가요.　　　　　　　　　 今年行きます。
　 오래 가요.　　　　　　　　　 長い間行きます。/長くもちます。
③ 환해요.　　　　　　　　　　　明るいです。
　 화내요.　　　　　　　　　　　怒っています。
④ 만화요?　　　　　　　　　　　漫画ですか。
　 많아요?　　　　　　　　　　　多いですか。

発音変化 7 有気音化

練習 1 無気音の後にㅎがくると、無気音は、ㅎと合わさり、有気音になります。
DVDをよく聴いて、有気音化の発音を練習しましょう。

① 해　　　착해　　　답답해
② 화　　　국화　　　삽화
③ 회　　　학회　　　집회
④ 학　　　약학　　　입학
⑤ 합　　　백합　　　집합
⑥* －하고　　옷하고　　꽃하고

＊ㅅ,ㅊは、語の最後で息を開放しない発音ㄷとなり、したがって、ㅎと合わさって、有気音ㅌになります。
（PART2の子音16.2, 17.2参照）

練習 2 無気音の前にㅎがくると、無気音は、ㅎと合わさり、有気音になります。
DVDをよく聴いて、有気音化の発音を練習しましょう。

① 좋아　　　좋다　　　좋게
② 많아　　　많다　　　많지
③ 괜찮아　　괜찮다　　괜찮지

練習 3 DVDをよく聴いて、太字になっている音節のㅎの音が、弱音化されている場合には「弱」、有気音化されている場合には「気」に○をしましょう。**Ex. 3**

① 그렇지 않아요.　　　［ 弱　　気 ］　　　そうではありません。
② 날씨가 좋지요?　　　［ 弱　　気 ］　　　天気がいいですよね。
③ 올해 입학해요.　　　［ 弱　　気 ］　　　今年入学します。
④ 어떡해요?　　　　　［ 弱　　気 ］　　　どうしたらいいですか？
⑤ 국화가 예뻐요.　　　［ 弱　　気 ］　　　菊の花がきれいです。
⑥ 만화 봐요.　　　　　［ 弱　　気 ］　　　漫画を読んでいます。
⑦ 백화점에 가요.　　　［ 弱　　気 ］　　　デパートへ行きます。
⑧ 급히 나갔어요.　　　［ 弱　　気 ］　　　急いで出掛けました。

Ex.3 ①気 ②気 ③気 ④気 ⑤気 ⑥弱 ⑦気 ⑧気 ⑨気 ⑩弱 ⑪弱 ⑫気

⑨ 특**히** 어려워요.　　　　［弱　　気］　　　　特に難しいです。

⑩ 천천**히** 가요.　　　　　［弱　　気］　　　　ゆっくり行きましょう。

⑪ 잘**해**요?　　　　　　　　［弱　　気］　　　　お上手ですか。

⑫ 잘 못 **해**요.　　　　　　［弱　　気］　　　　下手です。

練習 4　太字になっている音節で有気音化が起こった結果、最後の子音が変化した後の音を書きましょう。Ex. 4

① 깨**끗**해요.　　　　　　［ㅌ］　　　　きれいです。*

② **축**하합니다.　　　　　［　］　　　　おめでとうございます。

③ 날씨 좋**지**요?　　　　　［　］　　　　天気がいいですね。

④ 별로 안 좋**다**.　　　　　［　］　　　　あまりよくない。

⑤ **백**화점에 가요.　　　　［　］　　　　デパートへ行きます。

⑥ 늦지 않도**록** 해.　　　　［　］　　　　遅くならないようにして。

⑦ 잘 부**탁**합니다.　　　　［　］　　　　よろしくお願いします。

⑧ **딱** 하루면 돼.　　　　　［　］　　　　一日あれば大丈夫だ。

⑨ **옷** 한 벌 사요.　　　　　［　］　　　　服1着、買います。*

⑩ 답**답**해요.　　　　　　［　］　　　　息苦しいです。

＊끗と옷のㅅは、ㄷのような発音をします。(PART2の子音17.2参照)

発音変化 8　ㄹのように発音されるㄴ

練習 1　ㄴは、ㄹの前後の位置で、ㄹに変化します。ㄹが2つ続いたときの発音は、「春(はる)」の「ル」の発音ではなく、2つの'l'の発音です。DVDをよく聴いて、ㄹ＋ㄹの発音を練習しましょう。

| ㄹ＋ㄴ → ㄹ＋ㄹ |

① 나　　찰나
② 내　　실내
③ 남　　월남
④ 날　　칼날
⑤ 넷　　열넷

Ex.4　① ㅌ　② ㅋ　③ ㅊ　④ ㅌ　⑤ ㅋ　⑥ ㅋ　⑦ ㅋ　⑧ ㅋ　⑨ ㅌ　⑩ ㅍ

ㄴ+ㄹ → ㄹ+ㄹ

⑥ 신　　신라
⑦ 연　　연락
⑧ 원　　원래
⑨ 진　　진로
⑩ 편　　편리

練習2　ㄹの直後のㄴは、ㄹに変わります。DVDをよく聴いて、ㄹ+ㄹの発音を練習しましょう。

① 잘 나와요.　　　　　　　　　　　　　　よく出ます。
② 매일 늦어요.　　　　　　　　　　　　　毎日遅れます。
③ 큰일 났어요.　　　　　　　　　　　　　大変なことが起きました。
④ 설탕을 넣으세요.　　　　　　　　　　　砂糖を入れてください。

練習3　太字になっている音節のうち、発音が異なるものに○をしましょう。 Ex.3

① a. 일요일**날** 만나.　　　　　　　　　日曜日に会おう。
　 b. 무슨 **날**이야?　　　　　　　　　　何の日なの？
　 c. 설**날**이야.　　　　　　　　　　　　元日だよ。
② a. 일 **년** 됐어요.　　　　　　　　　　1年になります。
　 b. 십 **년** 됐어요.　　　　　　　　　　10年になります。
　 c. 훈**련** 받아요.　　　　　　　　　　 訓練を受けています。
③ a. 불 **났**어요.　　　　　　　　　　　　火事が起こりました。
　 b. 큰일 **났**어요.　　　　　　　　　　 大変なことが起きました。
　 c. 언제 **났**어요?　　　　　　　　　　 いつ起こりましたか。
④ a. 항상 **늦**어.　　　　　　　　　　　　いつも遅れる。
　 b. 매일 **늦**어.　　　　　　　　　　　　毎日遅れる。
　 c. 한발 **늦**었어.　　　　　　　　　　　手遅れだ。
⑤ a. **연**극을 봤어요.　　　　　　　　　　演劇を見ました。
　 b. **연**락하세요.　　　　　　　　　　　連絡してください。
　 c. **연**령제한이 있습니까?　　　　　　 年齢の制限がありますか。

Ex.3　① b　② b　③ c　④ a　⑤ a　⑥ c

⑥ a. **원래** 그래요. もともとそうです。

　b. **월례** 행사예요. 毎月行なわれる行事です。

　c. **원칙**대로 해요. 原則通りにしましょう。

練習 4 始めに太字の部分が読まれ、その後文章全体が読まれます。DVDをよく聴いて、繰り返し練習しましょう。

① **일요일날** 만나요.　　　　日曜日に会いましょう。
② 제 **생일날** 오세요.　　　　私の誕生日に来てください。
③ **일 년** 됐습니다.　　　　　1年になります。
④ **팔팔년**생이에요.　　　　　1988年生まれです。
⑤ **열네 명**이에요.　　　　　14名です。
⑥ **잘났어**, 정말.　　　　　偉いね、まったく。
⑦ **곤란**해요.　　　　　　　困りますよ。
⑧ **연락** 주세요.　　　　　連絡してください。
⑨ 정말 **편리**해요.　　　　本当に便利ですよ。
⑩ **물난리**가 났어요.　　　洪水が起こりました。

発音変化 9 鼻音化

発音変化 9.1　ㅁ, ㄴの前で起こる鼻音化

練習 1 子音は、ㅁ, ㄴがその後に続く場合、鼻音化します。DVDをよく聴いて、鼻音化の発音を練習しましょう。

① 십　　　십만
② 합　　　합니다
③ 앞　　　앞머리
④ 몇　　　몇 명
⑤ 여섯　　여섯 명
⑥ 꽃　　　꽃무늬
⑦ 겉　　　겉모습
⑧ 백　　　백만

⑨ 한국　　한국말
⑩ 창밖　　창 밖만

練習 2　太字になっている音節のうち、発音が異なるものに○をしましょう。 Ex. 2

① **신**년　　**십**년　　**심**장
② 많**네**　　맞**네**　　막**내**
③ **콩**장　　**콘**칩　　**콧**노래
④ **작**년　　**장**난　　**잔**디
⑤ **박**수　　**방**수　　**박**물관
⑥ **궁**전　　**국**어　　한**국**말

練習 3　太字になっている音節の発音の方に○をしましょう。 Ex. 3

① **겁**나요.　　　　　　［ 건　검 ］　　怖いです。
② 지금 **없**는데요.　　　［ 언　엄 ］　　今いないんですが。
③ 도서관에 **갑**니다.　　［ 간　감 ］　　図書館へ行きます。
④ **몇** 명이에요?　　　　［ 면　명 ］　　何名ですか。
⑤ 화**났**나 봐요.　　　　［ 난　낭 ］　　怒ったみたいです。
⑥ 어디 **갔**는데요?　　　［ 간　감 ］　　どこ行ったんですか。
⑦ **못** 만났어요.　　　　［ 몬　몽 ］　　会えませんでした。
⑧ **국**물 좀 주세요.　　　［ 굼　궁 ］　　スープをください。
⑨ 저**녁** 먹어요.　　　　［ 년　녕 ］　　晩ご飯を食べています。
⑩ **백**만 원 벌었어요.　　［ 뱀　뱅 ］　　100万ウォンを稼ぎました。
⑪ **딱** 맞아요.　　　　　［ 땀　땅 ］　　ぴったり合います。
⑫ 창 **밖**만 바라봐요.　　［ 밤　방 ］　　窓の向こうだけ見つめます。

Ex. 2 ① 신년　② 막내　③ 콩장　④ 잔디　⑤ 박수　⑥ 국어
Ex. 3 ① 검　② 엄　③ 감　④ 면　⑤ 난　⑥ 간　⑦ 몬　⑧ 궁　⑨ 녕　⑩ 뱅　⑪ 땅
　　　 ⑫ 방

練習 4 始めに太字の部分が読まれ、その後文章全体が読まれます。DVDをよく聴いて、繰り返し練習しましょう。

① **밥** 먹어요. ご飯を食べています。
② 집에 **없는데**요. 家にいないんですが。
③ 비 **왔네**요. 雨が降りましたねえ。
④ **끝났나** 봐요. 終わったみたいです。
⑤ 어디 **갔는데**요. どこかへ行きました。
⑥ **꽃무늬**로 해요. 花模様にしましょう。
⑦ **못 말려**요. 止められません。
⑧ **저녁 먹어**요. 晩ご飯を食べています。
⑨ **한국말**이 재미있어요. 韓国語が面白いです。
⑩ **생각났어**요. 思い出しました。
⑪ 아직 **멀었어**요. まだまだです。
⑫ 오직 너**뿐**이야. 今でも君だけだ。

発音変化 9.2　ㄴとㄹ以外の子音の後で起こるㄹの鼻音化

練習 1　DVDをよく聴いて、ㄹのそれぞれの場合の鼻音化の発音を練習しましょう。

● ㅁの後で、ㄴに変わるㄹ
　① 여려　　염려
　② 그리　　금리

● ㅇの後で、ㄴに変わるㄹ
　③ 조류　　종류
　④ 저력　　정력

● ㄱの後で、ㄴに変わるㄹ（→ ㄴの影響でㄱも鼻音化）
　⑤ 서류　　석류
　⑥ 라면　　떡라면

● ㅂの後で、ㄴに変わるㄹ（→ ㄴの影響でㅂも鼻音化）
　⑦ 서리　　섭리

⑧ 다래   답례

練習2 DVDをよく聴いて、（　）内の語のうち発音された方にそれぞれ○をしましょう。Ex.2

① (금리, 금이) 비싸죠?
② (실리, 심리)학을 공부합니다.
③ (공룡, 공용)이에요.
④ (정류장, 정유장)이에요.
⑤ 자연 (섭이, 섭리)예요.
⑥ (석류, 석유)가 비싸요.

練習3 太字になっている音節のうち、発音が異なるものに○をしましょう。Ex.3

① a. 악랄해요.   悪辣です。
   b. 발랄해요.   ハツラツとしてます。
   c. 신랄해요.   辛辣です。
② a. 방랑자예요.   流れ者です。
   b. 신랑이에요.   新郎です。
   c. 명랑해요.   明朗です。
③ a. 실력이 좋아요.   実力がよいです。
   b. 경력이 많아요.   経歴がたくさんあります。
   c. 박력있어요.   迫力があります。
④ a. 입장료가 얼마예요?   入場料はいくらですか。
   b. 진료중이십니다.   診療中です。
   c. 음료수 마셔요.   飲料水を飲んでください。
⑤ a. 합리적이에요.   合理的です。
   b. 궁리중이에요.   考え中です。
   c. 불변의 진리예요.   不変の真理です。

Ex.2 ① 금이, 金が高いですね？　② 심리, 心理学を勉強しています。　③ 공룡, 恐竜です。　④ 정류장, バス停です。　⑤ 섭리, 自然の摂理です。　⑥ 석유, 石油が高いです。

Ex.3 ① a　② b　③ a　④ b　⑤ c　⑥ c

⑥ a. 군중 심**리**예요. 群集の心理です。
　b. 4킬로는 십 **리**예요. 4キロは、10里です。
　c. 실**리**적이에요. 実利的です。

練習 4　太字になっている音節の発音の方に○をしましょう。 Ex. 4

① **금리**가 내렸어요. [그미　금니] 金利が下がりました。
② **염려** 마세요. [여며　염녀] 心配しないでください。
③ **공립**학교예요. [공닙　공입] 公立学校です。
④ **공룡**을 봤어요. [고농　공농] 恐竜をみました。
⑤ **석류**가 시어요. [성뉴　성유] ザクロが酸っぱいです。
⑥ **식량**이 부족해요. [싱냥　싱양] 食料が足りないです。
⑦ **확률**이 적어요. [환뉼　황뉼] 確立が少ないです。
⑧ 주식이 **폭락**했어요. [퐁낙　퐁악] 株が暴落しました。
⑨ **압력**이 세요. [아멱　암녁] 圧力が強いです。
⑩ 자연 **섭리**예요. [섬니　성니] 自然の摂理です。

練習 5　始めに太字の部分が読まれ、その後文章全体が読まれます。DVDをよく聴いて、繰り返し練習しましょう。

① **염려** 마세요. 心配しないでください。
② **음료수** 한 잔 주세요. 飲料水を一杯ください。
③ 성격이 **명랑**해요. 性格が明朗です。
④ **등록금**이 비싸요. 授業料が高いです。
⑤ 방 **정리** 좀 해라. 部屋の整理をしなさい。
⑥ **확률**이 높아요. 確率が高いです。
⑦ **국립대학**이에요. 国立大学です。
⑧ **박력**이 부족해요. 迫力が足りないです。
⑨ **합리적**이에요. 合理的です。
⑩ **독립기념일**이에요. 独立記念日です。

Ex. 4　① 금니　② 염녀　③ 공닙　④ 공농　⑤ 성뉴　⑥ 싱냥　⑦ 황뉼　⑧ 퐁낙　⑨ 암녁
⑩ 섬니

発音変化 10　ㅁ, ㅇのように発音されるㄴ

練習1　DVDをよく聴いて、ㅁ, ㅇに変化するㄴの発音を練習しましょう。

● ㅁ, ㅂ, ㅍ, ㅃの前　　ㄴ → ㅁ

① 신문
② 몇 명
③ 한 번
④ 건포도
⑤ 찐빵

● ㄱ, ㅋ, ㄲの前　　ㄴ → ㅇ

⑥ 한국
⑦ 빈 칸
⑧ 단꿈

練習2　太字になっている音節のうち、発音が同じものに○をしましょう。Ex. 2

① a. **방** 말이에요?　　　　　　　部屋のことですか。
　 b. **반**말로 하세요.　　　　　　タメ口でどうぞ。
　 c. **밤**말은 쥐가 들어요.　　　　壁に耳あり。

② a. **신**문 봐요.　　　　　　　　新聞を読みます。
　 b. **심**문하는 거예요?　　　　　尋問しているんですか。
　 c. 신**식** 문이에요.　　　　　　新式のドアーです。

③ a. **겁**이 많아.　　　　　　　　臆病なの。
　 b. **겁**만 많아.　　　　　　　　臆病なだけだよ。
　 c. **겉**만 번지르르해.　　　　　見せかけだけは派手だよ。

④ a. **꽃**무늬야.　　　　　　　　花模様だよ。
　 b. **꼼**짝 못 하겠어.　　　　　全然、動けないわ。
　 c. **꽁**무니 빼지 마.　　　　　身を引くなよ!

⑤ a. **한**국에 가요.　　　　　　　韓国へ行きます。
　 b. **함**구하세요.　　　　　　　黙ってください。
　 c. **항**구예요.　　　　　　　　港です。

Ex.2　① b, c　② a, b　③ b, c　④ a, b　⑤ a, c

発音変化 11　ㄴの追加

練習 1　太字になっている音節に、ㄴが加わっています。DVDをよく聴いて、ㄴが加わる発音を練習しましょう。

① 요　　담**요**
② 일　　웬**일**
③ 육　　만**육**천
④ 여름　한**여**름

● ㄴの追加がその前の子音の鼻音化をまねく例

⑤ 육　　십**육**
⑥ 일　　막**일**
⑦ 약　　염색**약**
⑧ 연필　색**연**필

● ㄴが追加され、そのㄴがㄹに変化（*PART2の発音変化8を参照）

⑨ 약　　물**약**
⑩ 역　　전철**역**
⑪ 육　　칠**육**
⑫ 잎　　풀**잎**

練習 2　ㄴが加わる発音です。5番で加わっているㄴは、ㄹの発音です。DVDをよく聴いて、ㄴが加わる発音を練習しましょう。

① 문 **열**어 주세요.　　　　　　　ドアーを開けてください。
② 무슨 **요**일이에요?　　　　　　　何曜日ですか。
③ 집 **열**쇠예요.　　　　　　　　　家の鍵です。
④ 옷 **입**어요.　　　　　　　　　　服を着ています。
⑤ 볼 **일**이 있어요.　　　　　　　　用事があります。

練習 3 これらの数字の発音には、ㄴが加わった発音が含まれています。DVDをよく聴いて、ㄴが加わる発音を練習しましょう。

① 16
② 160
③ 1,600
④ 16,000
⑤ 362-2636
⑥ 916-0666

練習 4 太字になっている音節のうち、発音が異なるものに○をしましょう。 Ex. 4

① a. 무슨 **약**이야?　　　　　　　　　どんな薬なの？
　 b. 염색**약**이야?　　　　　　　　　毛髪染料なの？
　 c. 감기**약**이야.　　　　　　　　　風邪薬だよ。

② a. 십**육**　　　　　　　　　　　　16
　 b. **육**십　　　　　　　　　　　　60
　 c. 백**육**　　　　　　　　　　　　106

③ a. 막**일** 해요?　　　　　　　　　肉体労働をしますか。
　 b. 부엌**일** 해요.　　　　　　　　台所の仕事をしています。
　 c. 하루종**일** 해요?　　　　　　　一日中やりますか。

④ a. 꽃**잎**이에요?　　　　　　　　花びらですか。
　 b. 풀**잎**이에요?　　　　　　　　草の葉ですか。
　 c. 깻**잎**이에요.　　　　　　　　ゴマの葉っぱです。

⑤ a. 한 **일**이 없어요.　　　　　　やったものは、ないです。
　 b. 무슨 **일**이에요?　　　　　　どうしたんですか。
　 c. 별**일** 아니에요.　　　　　　何でもないです。

⑥ a. 절**약**하자.　　　　　　　　　節約しよう。
　 b. 물**약**이야?　　　　　　　　　水薬なの？
　 c. 알**약**이야.　　　　　　　　　錠剤だよ。

Ex.4 ① c　② b　③ c　④ b　⑤ c　⑥ a

練習 5　始めに太字の部分が読まれ、その後文章全体が読まれます。DVDをよく聴いて、繰り返し練習しましょう。

① **웬일**이에요?　　　　　　　　　　どうしたんですか。
② **십육년** 됐어요.　　　　　　　　　16年になります。
③ **앞일**이 걱정돼요.　　　　　　　　さっきのことが心配です。
④ **깻잎**이 맛있어요.　　　　　　　　ゴマの葉がおいしいです。
⑤ **낯익은** 얼굴이에요.　　　　　　　馴染みの顔です。
⑥ **색연필**로 쓰세요.　　　　　　　　色鉛筆で書きなさい。
⑦ **옷 입어**요.　　　　　　　　　　　服を着ています。
⑧ **외국 여행**하고 싶다.　　　　　　外国の旅行がしたい。
⑨ **별일** 없으시죠?　　　　　　　　　お変わりありませんか。
⑩ **전철역**으로 가죠.　　　　　　　　駅に行きましょう。

発音変化 12　緊張音化

発音変化 12.1　規則的な緊張音化

練習 1　太字になっている音節の子音は、直前の子音の影響を受け、緊張音になります。DVDをよく聴いて、緊張音化の発音を練習しましょう。

① 가부　　　갑**부**
② 가다　　　같**다**
③ 마시다　　맛있**다**
④ 백원　　　백**권**
⑤ 수속　　　숲**속**
⑥ 찾아　　　찾**자**

練習 2　DVDをよく聴いて、(　)内の語のうち発音された方にそれぞれ○をしましょう。**Ex. 2**

① (자비, 잡비)가 들어요.　　　　　　雑費が掛かります。
② (가다, 갔다) 왔어요.　　　　　　　行って来ました。
③ 커피 (맛이다, 맛있다).　　　　　　コーヒーがおいしい。

④ (백 권, 백 원) 있어요.　　　　　　　　　100ウォンあります。

⑤ (악기, 아기)를 좋아해요.　　　　　　　楽器が好きです。

⑥ (이 속, 잇속)에 있어요.　　　　　　　この中にあります。

⑦ 공 좀 (차자, 찾자).　　　　　　　　　　ボールを捜そう。

練習 3 始めに太字の部分が読まれ、その後文章全体が読まれます。DVDをよく聴いて、繰り返し練習しましょう。

① 대단한 **갑부**예요.　　　　　　　　　　すごい大金持ちです。

② **못 봤**어요.　　　　　　　　　　　　　見られませんでした。

③ 커피 **맛있다**!　　　　　　　　　　　　コーヒーがおいしい。

④ **학기**가 끝났어요.　　　　　　　　　　学期が終わりました。

⑤ **옷 값**이 비싸요.　　　　　　　　　　服の値段が高いです。

⑥ **약속** 있어요.　　　　　　　　　　　　約束があります。

⑦ **잊지** 마세요.　　　　　　　　　　　　忘れないでください。

発音変化 12.2　1つ1つ覚えていかなくてはならない緊張音化

練習 1 左側の例と比べてみると、右側の例では、有声音(母音、ㄹ, ㅁ, ㄴ, ㅇ)の後にあっても、緊張音化が起こっています。これらの例外は、1つ1つ覚えていかなくてはなりません。DVDをよく聴いて、例外的な緊張音化の発音を練習しましょう。

①	큰 방	大きい部屋	안**방**	主に使う部屋　　(＊방＝房)
②	콩밥	豆ご飯	김**밥**	海苔巻き
③	정돈	整頓	용**돈**	おこづかい
④	사과	りんご	치**과**	歯科
⑤	공격	攻撃	성**격**	性格
⑥	상점	商店	장**점**	長所
⑦	정자	精子	한**자**	漢字

Ex.2 ① 잡비, 雑費が掛かります。　② 갔다, 行って来ました。　③ 맛있다, コーヒーがおいしい。
④ 백 원, 100ウォンあります。　⑤ 악기, 楽器が好きです。　⑥ 이 속, この中にあります。
⑦ 찾자, ボールを捜そう。

⑧	반대	反対	절**대**	絶対
⑨	출발	出発	출**장**	出張
⑩	출근	出勤	출**석**	出席
⑪	양성	陽性	가능**성**	可能性
⑫	장기	将棋	장**기**	特技
⑬	연기	演技	인**기**	人気
⑭	증기	蒸気	등**기**	登記

練習 2 太字になっている音節が、緊張音の場合は「緊」、有声音の場合は「有」に、それぞれ○をしましょう。 Ex. 2

① a. 열**병**을 앓아요. 　　　[緊　有]　　熱病を病んでいます。
　 b. 열 **병**을 마셨어요. 　　[緊　有]　　10本(瓶)飲みました。

② b. 노름 판**돈**이에요. 　　 [緊　有]　　博打のお金です。
　 a. 책 판 **돈**이에요. 　　　[緊　有]　　本を売ったお金です。

③ a. 장**기**가 많아요. 　　　 [緊　有]　　特技が多いです。
　 b. 장**기**가 취미예요. 　　 [緊　有]　　将棋が趣味です。

④ a. 정말 신**기**해요. 　　　 [緊　有]　　本当に不思議です。
　 b. 구두 신**기** 싫어요. 　　[緊　有]　　靴履きたくありません。

⑤ a. 개가 물**기** 때문이에요. [緊　有]　　犬が噛むからです。
　 b. 물**기** 닦으세요. 　　　 [緊　有]　　水気を拭いてください。

⑥ a. 한**자**도 배웁니다. 　　 [緊　有]　　漢字も学びます。
　 b. 한 **자**도 몰라요. 　　　[緊　有]　　一文字も知りません。

⑦ a. 이**점**이 많아요. 　　　 [緊　有]　　利点が多いです。
　 b. 이 **점**이 좋아요. 　　　[緊　有]　　この点がいいです。

Ex. 2 ① a: 有, b: 緊　② a: 緊, b: 有　③ a: 緊, b: 有　④ a: 有, b: 緊　⑤ a: 有, b: 緊
　　　 ⑥ a: 緊, b: 有　⑦ a: 緊, b: 有

練習3 太字になっている音節が、緊張音ではないものに○をつけましょう。 Ex.3

① a. 한 **번** 해보세요.　　　　　　　　一度やってみてください。
　 b. 다섯 **번** 했어요.　　　　　　　　5回やりました。
　 c. 열 **번** 했어요.　　　　　　　　　10回やりました。

② a. 수**법**이 다양해요.　　　　　　　手口が様々です。
　 b. 그런 **법**이 어디 있어요?　　　　そんなの、どこにありますか。
　 c. 비**법**이 있어요.　　　　　　　　秘法があります。

③ a. 정**돈** 좀 해라.　　　　　　　　　ちょっと、整頓をしなさい。
　 b. 용**돈** 좀 주세요.　　　　　　　　少しお小遣いをください。
　 c. 푼**돈**을 아껴야지.　　　　　　　小銭も大事にした方がいいよ。

④ a. 절**대** 안 됩니다.　　　　　　　　絶対駄目です。
　 b. 상**대**가 안 됩니다.　　　　　　　相手にならないです。
　 c. 장**대**비가 와요.　　　　　　　　大雨が降っています。

⑤ a. 누구 **거**예요?　　　　　　　　　誰のですか。
　 b. 이**거**요?　　　　　　　　　　　これですか。
　 c. 제 **거**예요.　　　　　　　　　　私のです。

⑥ a. 조**건**이 있어요.　　　　　　　　条件があります。
　 b. 용**건**이 뭐예요?　　　　　　　　ご用件は何ですか。
　 c. 물**건**이 비싸요?　　　　　　　　品物は高いですか。

⑦ a. 중**성**이에요.　　　　　　　　　中性です。
　 b. 가능**성**이 커요.　　　　　　　　可能性は大きいです。
　 c. 참을**성**이 없어요.　　　　　　　気が短いです。

⑧ a. 서**점**에서 샀어요.　　　　　　　書店で買いました。
　 b. 문제**점**이 많아요.　　　　　　　問題点が多いです。
　 c. 장**점**도 많아요.　　　　　　　　長所もたくさんあります。

Ex.3　① a　② b　③ a　④ b　⑤ b　⑥ c　⑦ a　⑧ a

練習 4 始めに太字の部分が読まれ、その後文章全体が読まれます。DVDをよく聴いて、繰り返し練習しましょう。

① **문법**이 어려워요. 文法が難しいです。
② 맥주 **열 병** 마셔요. ビールは10ビン飲みます。
③ **용돈** 좀 주세요. 少しお小遣いをください。
④ **절대** 안돼. 絶対だめだ。
⑤ **물가**가 올랐어요. 物価が上がりました。
⑥ **창가**에 앉읍시다. 窓側に座りましょう。
⑦ **치과**에 가요. 歯医者に行きます。
⑧ **인기**가 많아요. 人気が多いです。
⑨ **성격**이 좋아요. 性格がいいです。
⑩ **단점**도 있어요. 短所もあります。

練習 5 太字になっている音節の最初の子音は、緊張音です。DVDをよく聴いて、繰り返し練習しましょう。

① **버**스 탈까요? バスに乗りましょうか。
② 하루**밖**에 없어요. 一日しかありません。
③ 이 **닦**아요. 歯を磨きます。
④ **달**러가 비싸요. ドルが高いです。
⑤ **가**시에 찔렸어요. トゲが刺さりました。
⑥ **거**꾸로 입었어요. さかさまに着ました。
⑦ 힘이 **세**요. 力が強いです。
⑧ 너무 **작**아요. 小さすぎです。
⑨ 머리 **잘**랐어요. 髪を切りました。
⑩ 방이 **좁**아요. 部屋が狭いです。

練習6
太字になっている音節の最初の子音が、緊張音の場合は「緊」、そうでない場合は「×」に、それぞれ○をしましょう。 Ex.6

①	차 **닦**아요.	[緊　×]		洗車しています。
②	고집이 **세**요.	[緊　×]		本当に頑固です。
③	돈을 **세**요.	[緊　×]		お金を数えています。
④	숫자가 **줄**었어요.	[緊　×]		数字が減りました。
⑤	고기에 **질**렸어요.	[緊　×]		肉に飽きました。
⑥	머리 **잘**랐어요?	[緊　×]		髪を切りましたか。
⑦	**밖**에 안 나가요?	[緊　×]		外に出ないですか。
⑧	하나**밖**에 없어요.	[緊　×]		1つしかありません。

発音変化 13　ㅅの挿入

練習1
DVDをよく聴いて、ㅅが挿入されて起こる発音変化の発音を練習しましょう。

● 挿入されたㅅが、後に続く子音を緊張音にします。

①	해	빛	햇빛	日	光	日光
②	비	길	빗길	雨	道	雨道
③	코	수염	콧수염	鼻	ひげ	口ひげ
④	차	집	찻집	茶	家	茶の家

● 挿入されたㅅが、後に続く子音のため鼻音化します。

⑤	예	날	옛날	過去	日	昔
⑥	코	물	콧물	鼻	水	鼻水
⑦	코	노래	콧노래	鼻	歌	鼻歌

● 挿入されたㅅが、追加されたㄴのため鼻音化します。

⑧	예	일	옛일	過去	事	昔の事
⑨	깨	잎	깻잎	ゴマ	葉	ゴマの葉
⑩	나무	잎	나뭇잎	木	葉	木の葉

Ex.6 ①緊　②緊　③×　④緊　⑤×　⑥緊　⑦×　⑧緊

練習 2　太字になっている音節のうち、発音が異なるものに○をしましょう。 Ex. 2

① a. 바닷가에 가요.　　　　　　　　　海辺へ行きます。
　 b. 바닷물은 짜요.　　　　　　　　　海水はしょっぱいです。
　 c. 바닷바람이 세요.　　　　　　　　海風が強いです。

② a. 콧대가 높아요.　　　　　　　　　鼻が高いです。
　 b. 콧노래를 흥얼거려요.　　　　　　鼻歌を歌います。
　 c. 콧물이 나요.　　　　　　　　　　鼻水が出ます。

③ a. 옛날 생각이 나요.　　　　　　　　昔の日々が思い出されます。
　 b. 옛일이 생각나요.　　　　　　　　昔のことが思い出されます。
　 c. 옛친구가 그리워요.　　　　　　　昔の友達が懐かしいです。

発音変化 14　ㄷ, ㅌの発音変化

練習 1　太字になっている音節のㄷ, ㅌは、接尾辞-이の前で、それぞれㅈ, ㅊのように発音されます。DVDをよく聴いて、ㄷ, ㅌがㅈ, ㅊに変わる発音変化の発音を練習しましょう。

① 마디　　맏이
② 굳어　　굳이
③ 걷어　　걷혀*
④ 닫아　　닫혀*
⑤ 같은　　같이
⑥ 붙어　　붙여

＊3番と4番では、有気音化(PART2の発音変化7参照)が起こっています。

練習 2　始めに太字の部分が読まれ、その後文章全体が読まれます。DVDをよく聴いて、繰り返し練習しましょう。

① 제가 맏이예요.　　　　　　　　　私が長女です/私が長男です。
② 굳이 사양하지 마세요.　　　　　　頑なに断らないでください。
③ 해돋이 보러 가요.　　　　　　　　日の出を見に行きましょう。

Ex.2 ① b　② a　③ c

④ **미닫이**예요.　　　　　　　　　引き戸です。

⑤ **같이** 가요.　　　　　　　　　　一緒に行きましょう。

⑥ 문이 안 **닫혀요**.　　　　　　　ドアーが閉められません。

⑦ 답을 **맞혔어요**.　　　　　　　　答えを言い当てました。

⑧ 결심을 **굳혔어요**.　　　　　　　決心を固めました。

⑨ 구름이 **걷혔어요**.　　　　　　　雲が晴れました。

⑩ 우표를 **붙여요**.　　　　　　　　切手を貼ります。

⑪ 편지를 **부쳐요**.　　　　　　　　手紙を送ります。

⑫ 문이 안 **닫혔어요**.　　　　　　ドアが閉まりませんでした。

⑬ 돈이 많이 안 **걷혔어요**.　　　　お金がたくさん集まりませんでした。

発音変化 15　子音の弱音化

DVD 164　練習1　DVDをよく聴いて、有気音が弱まる発音変化の発音を練習しましょう。

● 有気音ㅊが、弱音化してㅅに変わる

① 꽃이

② 빛을

● 有気音ㅌが、弱音化してㅈ、または、ㅅに変わる

③ 곁을

④ 끝을

● ㅈに弱音化した有気音ㅌ（→PART2の発音変化14）が、ㅅにまで弱まる

⑤ 끝이

⑥ 숱이

● 有気音ㅍが、弱音化して無気音ㅂに変わる

⑦ 숲이

⑧ 무릎이

● 有気音ㅋが、弱音化して無気音ㄱに変わる

⑨ 부엌에

練習 2　太字になっている部分のうち、発音が同じものに○をしましょう。 Ex. 2

① a. **꽃꽂이** 배워요.　　　　　　　生け花を習っています。
　 b. **꽃이** 예뻐요.　　　　　　　　花がきれいです。
　 c. **꼬시**지 마세요.　　　　　　　誘わないでください。

② a. **낮이** 뜨거워요.　　　　　　　昼間が暑いです。
　 b. **낯이** 뜨거워요.　　　　　　　(恥ずかしくて)顔が燃えるようです。
　 c. **낫이** 잘 들어요.　　　　　　　草刈がまがよく切れます。

③ a. **숱이** 없어요.　　　　　　　　髪の毛が薄いです。
　 b. **숯이** 필요해요.　　　　　　　炭が必要です。
　 c. **수지** 맞았어요.　　　　　　　利益を得ました。

Ex.2　① b, c　② b, c　③ a, b

リズムとイントネーション

※「リズムとイントネーション」の練習問題では、音の長さを示したり、文末のピッチの型を見やすくするために、文と文の間に余分のスペースが入れてある場合があります。

リズムとイントネーション 1 高さ、大きさ、長さ

練習 1 韓国語では最後の音節が長く伸ばされます。DVDをよく聴いて練習しましょう。

① 저기요.　　　　　　　　　　　　　　　すみません。(話しかける場合)
② 여보세요.　　　　　　　　　　　　　　もしもし。
③ 안녕하세요.　　　　　　　　　　　　　こんにちは。
④ 감사합니다.　　　　　　　　　　　　　ありがとうございます。
⑤ 진심으로 감사합니다.　　　　　　　　心から感謝します。
⑥ 저는 어젯밤에 왔어요.　　　　　　　 私は昨日の夜来ました。
⑦ 학교에서 분명히 봤는데.　　　　　　 学校で確かに見たんだけど。
⑧ 그런데, 그 사람이 사라졌어요. 정말이에요.　　ところが、その人、消えたんです。本当です。

⑨ 누구보다 좋아하는 엄마한테 고무 장갑을
　 사 주고 싶어하는 그 아이, 돕고 싶습니다.　　誰よりも大好きなお母さんに
　　　　　　　　　　　　　　　　　　　　　　　 ゴム手袋を買ってあげたいその子、
　　　　　　　　　　　　　　　　　　　　　　　 助けてあげたいです。

リズムとイントネーション 2 さらに音の高さについて

練習 1 ピッチ・フレーズのしくみにしたがって、それぞれの音節の高低を、H(高い)、L(低い)の記号を使って書き入れましょう。**Ex. 1**

① 도서관에서 공부했어요.　　　　　　　図書館で勉強しました。
　 L H L L H

② 노래방에서 친구하고 놀았어요.　　　　カラオケで友だちと遊びました。

③ 선생님은 지난달에 강원도에 가셨습니다.　先生は先月カンウォンド(江原道)へ
　　　　　　　　　　　　　　　　　　　　行かれました。

④ 혜성오빠하고 미국으로 떠났습니다.　　　ヘソン兄さんとアメリカへ発ちました。

練習 2　音の高さの変化をよく聴いて、練習しましょう。

① 그만둬.　　　　　　　　　　　　　　　もうやめろ。
② 그만 해요.　　　　　　　　　　　　　　もうやめてください。
③ 자, 들어가자.　　　　　　　　　　　　さあ、入ろう。
④ 한국에 돌아가자.　　　　　　　　　　　韓国へ帰ろう。
⑤ 명동에서 청바지 샀어요.　　　　　　　 ミョンドン(明洞)でジーパン買いました。
⑥ 이 정도 상처는 아무 것도 아니에요.　　この程度の怪我は何でもないです。
⑦ 무슨 일이 있어도 절대 포기하지 않았어요.　どんなことがあっても絶対
　　　　　　　　　　　　　　　　　　　　あきらめませんでした。

練習 3　よく聴いて、フォーカスが置かれている語・句を○で囲み、さらに一番高い
　　　　　音節に下線を引きましょう。Ex.3
　　　　　（フォーカスが置かれているところは、全体が高くなります。）

① 오늘 영미하고 놀았어.　　　　　　　　今日ヨンミと遊んだ。

② 영미하고 영화 봤어.　　　　　　　　　ヨンミと映画見た。

③ 일이 좀 있어서 못 가요.　　　　　　　用事があって行けません。

④ 큰일 났습니다.　　　　　　　　　　　　大変です。

Ex.1 ① 도서관에서 LHLLH 공부했어요 LHLLL　② 노래방에서 LHLLH 친구하고 HHLH 놀았어요 LHLL　③ 선생님은 HHLH 지난달에 LHLH 강원도에 LHLH 가셨습니다 LHLLL
④ 혜성오빠하고 HHLLLH 미국으로 LHLH 떠났습니다 HHLLL
Ex.3 ① 영미하고　② 영화 봤어　③ 못 가요　④ 큰일（＊語頭で、有気音、緊張音、ㅅ, ㅎがくる場合、2番目、最後の音節より、語頭の音節の方がわずかに高くなります。）　⑤ 이걸　⑥ 사고 때문에
⑦ 돈을　⑧ 고기가

⑤ 그것보다 이걸 봐요. それより、これを見てください。

⑥ 사고 때문에 늦었습니다. 事故のため遅れました。

⑦ 그게 아니라, 돈을 돌려 주려고. そうじゃなくて、お金を返そうと思って。

⑧ 김치찌개도 좋지만, 고기가 더 좋아요. キムチチゲも好きだけど、肉の方が
もっと好きです。

練習 4 よく聴いて、フォーカスが置かれているところを○で囲み、さらに一番高い音節に下線を引きましょう。 **Ex. 4**

① 여학생도 몇 명 있어요.

② 여학생도 몇 명 갔어요?

③ 여학생 몇 명 갔어요?

④ 와, 예쁘다. 누가 만들었어요?

⑤ 누가 왔었나 봐.

⑥ 근데, 오빠랑 뭐 먹었니?

⑦ 아빠랑 뭐 먹고 왔니?

⑧ 뭐 안 마실래?

⑨ 부장님은 어떻게 만났어요.

⑩ 부장님은 어떻게 만났어요?

⑪ 부장님은 어떻게 만났대?

⑫ 어디서 분명히 봤는데.

Ex. 4 ① 여학생도, 女子学生も何名かいます。 ② 갔어요, 女子学生も何名か行きましたか。 ③ 몇 명, 女子学生は何名行きましたか。 ④ 누가, わあ、きれいだ。誰が作りましたか。 ⑤ 왔었나 봐, 誰か来てみたいだ。 ⑥ 뭐, それで、お兄さんと何食べたの？ ⑦ 왔니, お父さんと何か食べてきたの？ ⑧ 안 마실래, 何か飲まないの？ ⑨ 부장님은, 部長さんとは、どういう訳だか会いました。 ⑩ 어떻게, 部長さんと、どうやって会いましたか。 ⑪ 만났대, 部長さんと、どのようにして会ったって？ ⑫ 분명히, どこかで確かに見かけたんだけど。 ⑬ 어디서, 土曜日どこで会う？

⑬ 토요일에 어디서 만나니?

練習 5 太字の音節の発音をよく聴いて、ㅎの弱化、緊張音化、有声音化のどれかが起こるものに○、起こらないものに×をつけましょう。**Ex.5**

① A: 누구 **기**다려? （　　）
　 B: 네, 어떤 여자애요.　　　　　　　　　ええ、ある女の人です。
② A: 숙제 끝났니?　　　　　　　　　　　宿題終わった？
　 B: 지금 **하**고 있어요. （　　）　　　　今やってるところです。
③ A: 여기서 뭐 **하**니? （　　）
　 B: 아무 것도 아니야.　　　　　　　　　何でもないよ。
④ A: 어디 **가**니? （　　）
　 B: 친구 만나러 가는 길이에요.　　　　　友達に会いに行くところです。
⑤ A: 한국 **갈** 거야? 정말? （　　）　　　韓国行くの？本当に？
　 B: 네, 꼭 **갈** 거예요. （　　）　　　　はい、必ず行きます。
⑥ A: 에릭 **봤**어? 에릭? （　　）　　　　エリック見たの？エリック？
　 B: 응, 진짜야. **봤**어. （　　）　　　　うん、ほんとさ。見たんだ。
⑦ A: 아까 넘어지던데, 다친 데 없어?　　　さっきころんだみたいだけど、
　　　　　　　　　　　　　　　　　　　　怪我はなかった？
　 B: ….
　 A: 아후, 다친 거 같은데.　　　　　　　　ああ、怪我したみたいだけど。
　　　약 **발**랐어? （　　）　　　　　　　薬つけた？
　 B: 아니.　　　　　　　　　　　　　　　ううん。
　 A: 어떻게 해. 좀 기다려.　　　　　　　　あらまあ、ちょっと待ってて。
　 B: 어디 **가**? （　　）
　 A: 약 **사**올게. 기다려. （　　）　　　　薬買ってくる。待ってて。

練習 6 練習5の文章がもう一度読まれます。DVDをよく聴いて繰り返し練習しましょう。

Ex.5 ① × 誰か待ってるの？　② ×　③ ○ ここで何してるの？　④ ○ どこ行くの？　⑤ ×, ○
⑥ ○, ×　⑦ ○, ○, ○ どこ行くの？

発音練習 リズムとイントネーション　**239**

練習 7 話者Aの発話をよく聴いて、2つのうちの適切な方の答えを選びましょう。
Ex. 7

① A： 어디 가요?
　　B1： 학교요.
　　B2： 네, 어디 좀 가요.

② A： 누가 와요?
　　B1： 친구요.
　　B2： 네.

③ A： 언제 봤어요?
　　B1： 조금 아까요.
　　B2： 네.

④ A： 몇 번 봤어요?
　　B1： 두 번이요.
　　B2： 네, 봤어요.

⑤ A： 뭐 해요?
　　B1： 공부요.
　　B2： 네.

⑥ A： 뭐 하니?
　　B1： 아무 것도 안 해.
　　B2： 네.

練習 8 始めに太字の部分が読まれ、その後文章全体が読まれます。DVDをよく聴いて、繰り返し練習しましょう。

① **누구** 기다려?　　　　　　　　　誰か待ってるの？
② 여기서 **누구** 기다려?　　　　　　ここで誰を待ってるの？

Ex.7 ① B2　② B1　③ B1　④ B2　⑤ B2　⑥ B1

③ **누구랑** 왔어요? 誰かと来たの？
④ 미국은 **누구랑** 가는 거야? アメリカは、誰と行くつもりなの？
⑤ 그래서 **누구랑** 갈 거라고? それで、誰かと行くの？
⑥ 아까 **누구** 때문에 혼났대? さっき、誰のせいで叱られたって？
⑦ **누구** 때문에 혼났다면서? 誰かのせいで叱られたそうじゃないか。
⑧ 손님이 **몇 명** 기다리세요. お客さんが何名か待っています。
⑨ 손님이 **몇 명** 기다리세요? お客さんが何名待っていますか。
⑩ **어디서** 분명히 봤는데. どこかで確かに見たんだけど。
⑪ 이 노래 **어디서** 들었니? この歌どこで聞いたの？
⑫ 일요일에 **어디서** 만날까요? 日曜日どこで会いましょうか。

リズムとイントネーション3 文末のイントネーション

練習1 平叙文、「はい/いいえ」で答える疑問文の文末の音節には、文末のイントネーションに、L%, H%, HL%の3つの可能性があります。DVDをよく聴いて答えを書き入れましょう。**Ex.1**

① 한국에 갑니다. （　　　）
② 한국말 잘해요. （　　　）
③ 한국에 갑니까? （　　　）
④ 한국말 잘해요? （　　　）
⑤ 내일 누가 와요? （　　　）
⑥ 밥 먹었니? （　　　）
⑦ 김기자의 보고였습니다. （　　　）
⑧ 지금 어디 가는 거야? （　　　）
⑨ 손님 몇 분 오셨어요. （　　　）
⑩ 그거 말고, 이거 주세요. （　　　）

Ex.1 ① HL% 韓国へ行きます。 ② L% 韓国語が上手です。 ③ H% 韓国へ行きますか。 ④ H% 韓国語が上手ですか。 ⑤ H% 明日誰か来ますか。 ⑥ H% ごはん食べた？ ⑦ HL% キム記者の報告でした。 ⑧ H% 今どこかへ行くのですか。 ⑨ L% お客さん何人かいらっしゃいました。 ⑩ L% それじゃなくて、これください。

練習 2 「はい/いいえ」の疑問文、疑問詞の疑問文の文末の音節には、文末のイントネーションに、H%, LH%, HL%の3つの可能性があります。DVDをよく聴いて答えを書き入れましょう。**Ex. 2**

① 중국에 갑니까?　　　　　　　　(　　　　)
② 어디 갑니까?　　　　　　　　　(　　　　)
③ 언제 왔어?　　　　　　　　　　(　　　　)
④ 이게 사실인가?　　　　　　　　(　　　　)
⑤ 내일 누가 와요?　　　　　　　　(　　　　)
⑥ 뭐 먹을래?　　　　　　　　　　(　　　　)
⑦ 몇 시예요?　　　　　　　　　　(　　　　)
⑧ 일찍부터 어디 가?　　　　　　　(　　　　)
⑨ 며칠이에요?　　　　　　　　　　(　　　　)
⑩ 지금 나갈 수 있어?　　　　　　　(　　　　)
⑪ 어디 갈까?　　　　　　　　　　(　　　　)
⑫ 뭐 안 마실래?　　　　　　　　　(　　　　)
⑬ 누구한테 들었어?　　　　　　　(　　　　)
⑭ 영미 집에 있니?　　　　　　　　(　　　　)

練習 3 始めに太字の部分が読まれ、その後文章全体が読まれます。DVDをよく聴いて、繰り返し練習しましょう。

① 지금 **몇 시야**?　　　　　　　　今何時？
② 거기서 **뭐 하니**?　　　　　　　そこで何してるの？
③ 거기서 **뭐 하니**?　　　　　　　そこで何かしてるの？
④ 누구한테 **들었어**?　　　　　　誰かに聞いたの？
⑤ **누구한테** 들었어?　　　　　　誰に聞いたの？
⑥ **누구랑** 가는 거예요?　　　　　誰と行くんですか。
⑦ **어디서** 밥 먹을래?　　　　　　どこかでご飯食べる？
⑧ **왜 이렇게** 늦었어요?　　　　　どうしてこんなに遅れたんですか。
⑨ **일본 만화는** 재미있어요.　　　日本の漫画は面白いです。

Ex.2 ① H%　② LH%　③ LH%　④ H%　⑤ H%　⑥ LH%　⑦ HL%　⑧ H%　⑨ LH%
⑩ H%　⑪ LH%　⑫ H%　⑬ HL%　⑭ H%

⑩ 둘이서만 어디서 **만나는 거야**? 二人きりでどこかで会うつもり？

⑪ 다음달에 친구가 몇 명 **와요**. 来月友だちが何人か来ます。

⑫ '새해 복 많이 받으세요' 라고 한다. 「新年の福がたくさん来ますように」と言う。

⑬ 일본에서 와 있던 친구 **언제 떠났어**? 日本から来てた友だち、いつ発ったの？

リズムとイントネーション 4 文末のイントネーションと話者の意図、感情表現

練習 1 文末のイントネーションL%, H%, LH%, HL%のうち、どれが最後の音節（太字）で使われているか、DVDをよく聴いて練習しましょう。

● －구나と－네

① 여기 계셨군**요**. こちらにいらしたんですねえ。
　　　　　HL%

② 왔구**나**. 생각보다 빨리 왔**네**. 来たねえ。思ったより早かったねえ。
　　 HL%　　　　　　　LH%

③ 잘 됐네**요**. よかったですねえ。
　　　　LH%

● －어と－자

④ 입 닥**쳐**! だまりなさい！
　　　L%

⑤ 전화 받**어**. 電話に出て。
　　　　L%

⑥ 억울하지만 미연이를 위해서 좀 참**어**. 悔しいだろうけど、ミヨンのために、ちょっと我慢して。
　　　　　　　　　　　　　　LH%

⑦ 어디 갔다 이제 와! 한참 기다렸잖아. 어서 돌아가**자**. どこ行ってたんだ今まで！さんざん待ったじゃないか。すぐ帰るぞ！
　　　　　　　　　　　　　　　　　　　L%

⑧ 네 마음 잘 알겠는데, 그래도 한국에 돌아가**자**. 君の気持ちもわかるんだけどやっぱり韓国へ帰ろう。
　　　　　　　　　　　　　　　　　LH%

● −죠/−지

⑨ 어때? 맛있**지**?
　　　　HL%

どう？おいしいでしょ？

⑩ 얼마**죠**?
　　H%

いくらですか。

⑪ 그때 만났던 것 기억하**지**?
　　　　　　　HL%

あの時会ったの覚えているでしょ？

⑫ 내 가방 어디 갔**지**?
　　　　　H%

私のかばんどこ行ったっけ？

⑬ 아저씨, 내 시계 거기 있**죠**?
　　　　　　　　HL%

おじさん、私の時計そこにあるでしょう？

⑭ 날 믿**지**? 내게라면 알려줄 거**지**?
　　　HL%　　　　　　HL%

僕を信じてるでしょ？
僕にだったら教えてくれるでしょ？

⑮ 너무 불안해서 물어만 본 거**죠**?
　　　　　　　　　HL%

とっても不安だったから聞いただけですよね？

⑯ 그 사람 어디서 봤는데… 누구**지**?
　　　　　　　　　　H%

さっきの人どこかで見たんだけど。
誰かなあ？

⑰ 이쪽으로 오시**죠**.
　　　　HL%

こちらへ一緒にいらしてください。

● −걸

⑱ 나도 같이 갈**걸**.
　　　L%

ぼくも一緒に行けばよかった。

⑲ 날씨가 좀 춥네. 코트를 입고 나올 **걸**.
　　　　　　　　　　　　L%

ちょっと寒いなあ。
コート着てくればよかった。

⑳ 안 간다고 했는데, 내가 보기엔 갈 **걸**.
　　　　　　　　　　　　H%

行かないっていってたけど、
きっと行くと思うな。

練習 2 話者Aの文末のイントネーションをよく聴いて、適切な答えに○をしましょう。Ex. 2

① A : 그 사람도 같이 갈**걸**.

　　B1 : 정말이요? 　　　　　　　　　　　本当ですか。

　　B2 : 그러게요. 　　　　　　　　　　　そうですね。

② A : 그 집도 같이 살**걸**.

　　B1 : 설마. 　　　　　　　　　　　　　まさか。

　　B2 : 그러게요. 　　　　　　　　　　　そうですね。

③ A : 태권도도 거기서 배울 **걸**.

　　B1 : 진짜? 　　　　　　　　　　　　　本当?

　　B2 : 그러게. 　　　　　　　　　　　　そうね。

④ A : 신화의 앤디 알지? 앤디도 나올 **걸**.

　　B1 : 그래? 　　　　　　　　　　　　　本当に?

　　B2 : 그러게. 　　　　　　　　　　　　そうですね。

練習 3 文末のイントネーションLH%, LHL%のうち、どちらが最後の音節(太字)で使われているか、DVDをよく聴いて練習しましょう。

※ 引用の接尾辞-고(日本語の「~と、~って」)の発音は[구]です。(PART1の4.5, 5.4参照)

● 話者の説得

① 조심해서 가시라고**요**. 　　　　　　　気をつけて帰ってくださいね。
　　　　　　　　　LH%

② 또 그 얘기야? 그만 **해**. 그만 하라**고**. 　またその話か。もうやめろ。
　　　　　　　　 LH%　　　　LHL% 　　　やめろって。

③ 힘들겠지만, 스트레스 가끔 풀어줘**요**. 　大変でしょうけど、ときどき
　　　　　　　　　　　　　　 LHL% 　　　ストレス解消してください。

Ex. 2 ① B2, その人も一緒に行けばよかったのに。　② B1, その家も一緒に買うだろう。　③ B2, テコンドーもそこで習っとけばよかった。　④ B1, 神話(歌手のグループ)のアンディ知ってるでしょ？アンディも出てくると思うよ。

● 話者の主張

④ 사는 게 사는 것이 아니**다**.　　　　　　　　こうやって生きるのは、
　　　　　　　　　LHL%　　　　　　　　　　　生きるってことじゃない。

⑤ 어디 가서도 잘 먹고 잘 살아야 **돼**.　　　　どこに行ってもごはん食べて
　　　　　　　　　　　　　LHL%　　　　　　しっかり生きないとだめだよ。

● 話者の不満・苛立ち

⑥ 어쩔 수 없지 **뭐**.　　　　　　　　　　　　どうしようもないな。
　　　　　　　LH%

⑦ 나이 먹어도 철이 없다 **너**.　　　　　　　年いってもこどもね、あなた。
　　　　　　　　　　　LH%

⑧ 난 이 정도밖에 안 되는 사람이**야**.　　　　僕はせいぜいこの程度の人間さ。
　　　　　　　　　　　　　LHL%

⑨ 사실인데, 내가 봤다**고**. 진짜 봤다니**까**.　本当だよ、僕が見たって。
　　　　　　　　　LHL%　　　　　 LH%　　　本当に見たんだから。

DVD 181　**練習4**　文末のイントネーションLH%, HLH%のうち、どちらが最後の音節(太字)で使われているか、DVDをよく聴いて練習しましょう。
　　　　　＊引用の接尾辞-고(日本語の「～と、～って」)の発音は[구]です。(PART1の4.5, 5.4参照)

● 話者の信じられないという気持ち・驚き

① 그래? 선생님 일본에 가신다**고**?　　　　　本当? 先生日本へ行かれるって?
　　　LH%　　　　　　　　　 LH%

② 그래? 진짜 다 했**어**? 아닌 거 같은**데**.　　ほんと? ほんとに全部やったの?
　　　HLH%　　 HLH%　　　　　 HLH%　　　そうは見えないけど。

③ 설마, 너 그 아이한테 줬**어**? 전부 **다**?　　まさか、あなたあの子にあげたの?
　　　　　　　　　　　　LH%　　 HLH%　　全部?

④ 그래서, 걔한테 가겠**대**? 그게 **돼**?　　　それで、あの子のとこに行くって?
　　　　　　　　　 LH%　　 HLH%　　　　そんなのあり?

246

● 話者の自信・誇り

⑤ 나 미연이랑 일본에 간**다**.　　　　ぼくミヨンと日本へ行くんだ。
　　　　　　　　　HLH%

⑥ 화장실에 가야 되거든. **나** 먼저 간**다**.　会長室に行かなくちゃいけ
　　　　　　　　　HLH%　　　　HLH%　　ないんだ。先に失礼するよ。

　　　　　　　　　　　　　　　　　※ 優位な立場にある自分の存在・自信
　　　　　　　　　　　　　　　　　　を強く伝えたい場合、나にもHLH%のイ
　　　　　　　　　　　　　　　　　　ントネーションが加わります。

● 聞き手に同意を求める

⑦ 정말 예뻐졌**다**!　　　　　　　　本当にきれいになったねえ。
　　　　　　HLH%

⑧ 와, 진짜 멋지**다**!　　　　　　　わぁ、ほんとカッコイイ！
　　　　　　　HLH%

DVD 182　練習 5　文末のイントネーションL%, H%, LH%, HL%, LHL%, HLH%のうち、どれが最後の音節（太字）で使われているか、DVDをよく聴いて答えを書き入れましょう。**Ex. 5**

① A：미연이구**나**.　　　　　　　　ミヨンだね。
　　　　　　　HL%

　　B：네, 저 왔어요, 할머**니**. 안녕하셨어**요**?　え、来ましたよ、おばあちゃん。
　　　　　　　　　LH%　　　　　H%　　　お元気でいらっしゃいましたか。

② A：어, 물 없**네**.　　　　　　　　あ、水がないねえ。

　　B：없**어**? 아침에 있었는**데**.　　ない？朝はあったんだけど。

③ A：지금 몇 시**죠**?　　　　　　　今何時かな？

　　B：두 시예**요**.　　　　　　　　2時です。

Ex.5　② LH%, LH%, LH%　③ H%, L%　④ LH%, H%, LH%　⑤ HLH%, HL%
⑥ HL%, LH%, HL%　⑦ HL%, LH%, LHL%, L%, L%　⑧ LHL%, L%　⑨ LH%, LH%, LHL%, L%　⑩ LH%, L%, H%　⑪ LH%, L%, L%　⑫ LH%, LH%　⑬ HLH%, LH%, LHL%, L%, LHL%　⑭ LHL%, LH%, LH%　⑮ HL%, LH%, LH%, HLH%

④ A : 자리 없**대**. 어떡하**지**?   席ないって。どうしよう？

    B : 다른 곳 찾지 **뭐**.   他の場所探すしかないさ。

⑤ A : 아, 이것 정말 맛있**네**.   あ、これ、ほんとおいしいねえ。

    B : 그렇**죠**?   そうでしょう？

⑥ A : 학교 앞에 새로 나온 가게 있**지**?   学校の前に新しくできた店あるでしょ？

    B : 응, **왜**?   それが？

    A : 거기 가서 떡볶이 좀 사다 주**라**.   そこいってトッポッキ買ってきて。

⑦ A : 미연 **씨**.   ミヨンさん。

    B : 네?   はい？

    A : 거기서 뭐 **해**? 빨리 들어**와**.   そこで何してる。早く中入って。

    B : 네.   はい。

⑧ A : 아픈데, 어서 약 먹고 **자**.   調子悪いんだから早く薬飲んで寝なさい。

    B : 네.   はい。

⑨ A : 그만 해**라**. 나 좀 건드리지 말**고**.   もうやめろ。気に障るようなことはやめろ。

    B : 그래**도**…. 알았**어**.   でも… わかったよ。

⑩ A : 민기는 호주 돌아갈 건데, 그거 알**아**?   ミンギはオーストラリア戻るんだって、知ってる？

    B : 응, 아까 들었**어**. 거기서 아마 행복할 수 있을 **걸**.   うん、そこでたぶん幸せになれると思うよ。

⑪ A : 그러니까 내 말은….   だから私が言ってるのは…。

    B : 됐**어**. 네 말 잘 알았다니까 어서 먹**어**.   もういい。話はよくわかったから早く食べなさい。

⑫ A : 너 장난하니, 지금?

　B : 무슨 말씀을, 아이, 오해하지 마세요.

今、あなたふざけてるの？

何をおっしゃるんですか。
ああ、誤解しないでください。

⑬ A : 어제 현대 신차발표회 갔는데,
　　　와, 올해 차 진짜 죽인다!

　B : 그래? 근데, 왜 말 안 했어?
　　　나도 가고 싶었는데. 싸가지.

昨日現代の新車発表会行ったんだ
けど、今年の車超いかすんだ！

本当？でも、なんで言ってくれなかった
んだい？僕も行きたかったのに。けち。

⑭ A : 아후, 정말 내가 너땜에 못 살아.

　B : 잘못 했어요. 다시는 안 그럴게요.

もう、ほんとにあなたのおかげで
やってられないわ！

ごめんなさい。もう二度とやりません。

⑮ A : 나땜에 많이 외로웠지?

　B : 외로웠긴 뭐.

　A : 걱정 마. 앞으론 외롭지 않게
　　　해줄게.

私のせいで今まで寂しかったでしょ？

寂しいなんて…

心配しないで。これからは、
寂しがらせたりしないから。

練習 6　練習5の文章がもう一度読まれます。DVDの後について繰り返し練習しましょう。

練習 7 文末のイントネーション L％, H％, LH％, HL％, LHL％, HLH％ のうち、どれが最後の音節（太字）で使われているか、DVDをよく聴いて答えを書き入れ、会話の内容について後の問題に答えましょう。

1 初雪の夜、屋台で Ex. 7-1

A：오늘 같은 날 밖에서 데이트 하니까 참 좋**다**.
B：……

〈しばらくして〉

A：꼭 누군가 올 거 같은 날씨 아니**야**?
B：……
A：**왜**?
B：말이 예뻐**서**. 누군가 올 거 같은 날**씨**. 맞네. 정말 누군가 올 거 같**다**.
A：누가 왔으면 좋겠**어**?
B：당**신**. 착한 당신이 내 마음 깊은 곳으로 왔으면 좋겠**어**.

[問題]

(1) 話者Aと話者Bはどのような関係でしょうか。　　　　　　　（　　）

① 上司と部下　　　　　　② 夫と妻
③ 友人関係　　　　　　　④ 兄妹

(2) 話者Aは話者Bをどう思っていると思いますか。　　　　　　（　　）

① 両想いでうれしい　　　② 好きでも嫌いでもない
③ 関心がない　　　　　　④ 相手の気持ちはともかく自分は大好き

(3) 話者Bは話者Aをどう思っていると思いますか。　　　　　　（　　）

① とっても好きだ　　　　② 好きでも嫌いでもない
③ 関心がない　　　　　　④ どうしても好きになれない

Ex. 7-1 HLH％, 今日みたいな日に外でデートしてるのはほんと気分いいな。〈しばらくして〉H％, 誰かが空から降りてきそうな天気じゃない？ LH％, どうしたの？ L％, HL％, LH％, L％, 言葉がきれいだから。'誰かが空から降りてきそうな天気'そのとおりねえ。ほんとに誰かが降りてきそう。LH％, 誰が来てくれるとうれしい？ HL％, L％, あなた。心のやさしいあなたが私の心の深いところに降りてきてくれるといいのに。
[問題]　(1) ②　(2) ④　(3) ④

2　会社の室長室にて Ex. 7-2

A : 열심히 일하는 모양인**데**.
B : **형**. 무슨 일로 여기 왔어**요**?
A : 아니, 도울 거 없는**지**. 필요한 거 있으면 말**해**.
B : 아아, 됐어**요**, 됐습니**다**.
A : 그래 그럼, 열심히 해**라**. 나 간**다**.

[問題]

(1) 話者Aと話者Bはどのような関係でしょうか。　　　　　　　　　（　　）

　　① 親子　　　　　　　　　　② 兄弟
　　③ 取引先の会社関係　　　　④ 飲み友達

(2) 話者Aは、何のために話者Bの室長室を訪ねたのでしょうか。（　　）

　　① 手伝ってあげたかったから　　② 親しくなりたかったから
　　③ 偵察・自己顕示のため　　　　④ 特に理由はなかった

(3) 話者Bは話者Aをどう思っていると思いますか。　　　　　　　（　　）

　　① 感謝している　　　　　　② いつか親しくなれると思っている
　　③ 頼りにしている　　　　　④ 信用していない

Ex. 7-2 HLH％, 仕事がんばってるみたいだけど。HL％, 兄さん。LH％, どうしてここへ？ HL％, いや、手伝うことあるかと思って。LH％, 必要なものがあったら言ってくれ。LH％, ああ、結構。LHL％, 結構です。HLH％, そう、それなら、ま、がんばって。HLH％, HLH％, ぼくは行くからな。
[問題]　(1) ②　(2) ③　(3) ④

発音練習 リズムとイントネーション　**251**

3　夜の銀行のATMにて Ex. 7-3

（屋台で話者Bが話者Aの分を立て替えたお金を、話者Aが返すと言って、銀行のATMに二人でやって来たが…）

A：내가… 낼테니까… 여기 있**어**.
B：알았어요, 아줌**마**. 진짜 웃긴 아줌마**네**.
A：아줌**마**? 아줌마 아니**야**. 아후….

〈門が閉まる音〉

A：어, 안 돼, 어떡**해**. 안 돼**요**. 아저씨, 여기 사람이 있어**요**. 아저**씨**.
B：좀 문 열어 **줘**. 아이….
A：안 돼, 나쁜 놈아, 이게, 아이, 재수가 없잖**아**….

〈しばらくして〉

C：아니, 이 시간에 그런 데 들어가지 말아야**지**.
　아니, 젊은 사람이, 그렇게 눈치도 없어**요**?
B：죄송합니**다**.
C：아니, 그리**고**, 여자친구한테 도대체 얼마나 술을 먹였길래 이 지경이 됐어요, 이**것**?
B：제가 먹인 거 아닙니**다**.
C：이야, 완전히 맛이 갔구**만**.

[問題]

(1) 話者Cは、どのような人でしょうか。　　　　　　　　　　（　　）
　① 話者Bの父　　　　　　　② 通りがかりの人
　③ 屋台のおじさん　　　　　④ 銀行の警備員

(2) 話者Cの話者Bに対する気持ちにあてはまらないものはどれですか。（　　）
　① 若者なのにATMが閉まる時間を知らないのはおかしい
　② こんな遅い時間に呼び出されて迷惑だ
　③ 若いけど礼儀正しくてよい
　④ ガールフレンドをこんなになるまで飲ませてよくない

(3) 話者Aは、今どこにいるでしょうか。　　　　　　　　　　　（　）

　　① さっきまで飲んでいた屋台　　　② 話者Bの家

　　③ 自分の家　　　　　　　　　　　④ ATMの建物の中

(4) 話者Aと話者Bは、どのような関係でしょうか。　　　　　　（　）

　　① 恋人関係　　　　　　　　　　　② 親しい友人関係

　　③ 長年の知り合い　　　　　　　　④ 知り合って間もない関係

Ex. 7-3 LHL％ 私がお金出すから、そこにいて。LH％, LH％わかりましたよ、おばさん。ほんとおかしいおばさんだねえ。LH％, LH％, おばさん？ おばさんじゃない。〈門が閉まる音〉LHL％, LHL％, LHL％, LH％ あ、だめ、どうしよう。あ、だめよ。おじさん、ここに人がいるんです。おじさん。LHL％, ちょっと門開けてよ、ああ。LHL％, このやろう、こんなのむかつくじゃないの。〈しばらくして〉LHL％ いや、この時間にこんなとこに入っちゃだめだろう。LH％, いや、若いのにそんなこともわからないの？ LH％, すみません。LH％, HLH％, いや、それに、ガールフレンドにどれだけ飲ませてたからこうなったって？ LHL％, ぼくが飲ませたんじゃないんです。HL％, ああ、それにしても完全に酔っ払ってるなあ。

［問題］（1）④　（2）③　（3）④　（4）④

4 市場(いちば)にて Ex. 7-4

(話者Bを探していた話者Aがついに….)

A : 아, 어디 갔었어요?

B : 왜요? 날 찾았어요?

A : 어디 간다면 간다고 말을 하고 가야죠.
　　한참 찾았잖아요.

B : 아니, 장터에 볼거리들이 많아서.
　　너무 재미있게 놀고 있길래 나 금방 갔다 온다고.

A : 아, 뭐 금방 뭐가 금방이에요. 얼마나 찾았는데.

B : 이야, 나 무지하게 보고 싶었나 보네.
　　고새 내가 그렇게 보고 싶었어요?

A : 아, 누, 누가 보고 싶어서 그런 줄 알아요?
　　실장님 없으면 집에 못 가니까 그렇죠.

B : 아후, 자, 그러지 말고, 이거 먹어 봐요. 일부러 산 건데.

A : 흥, 순 불량식품만 산 거 봐. 사람이 불량품이니까 그렇지.

B : 불량품? 아이, 이것 토산품이랬는데.
　　아, 같이 가요.

[問題]

(1) 話者Aと話者Bは、どのような関係でしょうか。　　　　　　(　　)

　　① 親しい友人関係　　　　　② 取引先の会社関係

　　③ 部下と上司だけの関係　　④ 部下と上司だが恋愛関係

(2) このやりとりで、話者Aの気持ちを最もよく表しているものはどれですか。

　　　　　　　　　　　　　　　　　　　　　　　　　　　　(　　)

　　① 愉快だけどちょっと心配

　　② 寂しくて甘えたい

　　③ 心配するとともに苛立っている

　　④ 驚くとともに落胆している

(3) このやりとりで、話者Bの気持ちを最もよく表しているものはどれですか。

(　　)

① 楽しいけれど仕事が気がかり

② 小言を言われて気分が悪い

③ 楽しい開放感と気分の高揚

④ これからの責任を負担に感じている

(4) 話者Bが買ってきたものに対して、話者Aはどのように思ったと思いますか。

(　　)

① こんな不良品買ってきてどうするつもりなのかしら。

② 何が好きか先に聞いてから買ってくれればよかったのに。

③ 一緒に行って買えば、もっといいものが買えたのに。

④ 私が必死で探してるときにのん気にこんなもの買ってるなんて。

Ex. 7-4 LHL%, ああ、どこに行ってたんですか。H%, どうして H%, ぼく探してた？ LHL%, どこかに行くんだったら行くって言ってから行かなきゃ。LHL%, 散々探したじゃないですか。LH%, いや、ここには見るものがいっぱいあったものだから。LHL%, 君が楽しく遊んでいたから、ぼくはちょっとそこまで行って来ようと思って。LHL%, えっ、ちょっとしたら、ってそんな。LHL%, どれだけ探したか。HLH%, いやあ、ぼくにとっても会いたかったみたいだね。H%, そんなにぼくに会いたかったの？ LH%, 誰があなたに会いたくて探したっていうんですか。LHL%, 室長がいないと(車がなくて)家に帰れないから探したんです。LHL%, さ、そんなこと言わず、これ食べてみて。LH%, わざわざ買ってきたんだから。LHL%, 不良食品ばっかり買ってきたんですね。LHL%, 人(=あなた)が不良品だからそうなんでしょ。LH%, 不良品？ LH%, え、これ土産品だって言ってたから買ったんだけど。LH%, あ、ちょっと待ってよ。

［問題］ (1)④　(2)③　(3)③　(4)④

リズムとイントネーション 5　意味のまとまりと発音

練習 1　DVDをよく聴いて、短いポーズ(間)が置かれているところに斜線(/)を入れましょう。Ex. 1

① 매운 음식은 못 먹어요.
辛いものは食べられません。

② 내일부터는 저녁 먹기 전에 30분씩 운동하려고 해요.
明日からは夕ご飯を食べる前に30分ずつ運動しようと思います。

③ 어제는 너무 피곤해서 저녁도 안 먹은 채 그냥 잠이 들었어요.
昨日は疲れすぎて夕食もしないまま眠ってしまいました。

④ 지금은 전화를 받을 수 없으니 메시지를 남겨 주시면 감사하겠습니다.
只今電話に出ることができませんので伝言を残してください。

⑤ 처음 미국에 왔을 때는 영어가 많이 서툴렀는데 이젠 꽤 능숙해졌어요.
初めてアメリカに来た時は英語が下手でしたが今はかなり上手になりました。

⑥ 일요일에 친구들하고 등산을 가기로 했는데 갑자기 일이 생겨서 못 갈 것 같아요.
日曜日に友達と山に登ることにしてたんですが急に用ができて行けないかも知れません。

練習 2　DVDをよく聴いて、短いポーズ(間)が置かれているところに斜線(/)を入れましょう。Ex. 2

① 작년 4월에 시작된 나의 대학 생활은 정말 값지고도 소중합니다. 비록 1년이 채 안 되는 짧은 기간이었지만 그동안 나는 너무나 많은 것을 배우고 체험하고 또 느꼈습니다. 부모님으로부터 떨어져 자립이 무엇인지도 알게 되었습니다.
昨年4月に始まった私の大学の生活は本当に貴重で大事です。まだ1年にもならなかった間でしたが、

Ex. 1　① 매운 음식은/ 못 먹어요./
② 내일부터는/ 저녁 먹기 전에/ 30분씩/ 운동하려고 해요./
③ 어제는/ 너무 피곤해서/ 저녁도 안 먹은 채/ 그냥 잠이 들었어요./
④ 지금은/ 전화를 받을 수 없으니/ 메시지를 남겨 주시면/ 감사하겠습니다./
⑤ 처음/ 미국에 왔을 때는/ 영어가 많이 서툴렀는데/ 이젠/ 꽤 능숙해졌어요./
⑥ 일요일에/ 친구들하고/ 등산을 가기로 했는데/ 갑자기 일이 생겨서/ 못 갈 것 같아요./

その間、私はたくさんのことを学び、体験したと思っています。親から離れての自立というのが何かわかるようになりました。

② 개성있고 멋진 나의 사랑하는 친구들과의 시간들은 대학 생활 1년 중 얻은 가장 큰 선물이었습니다. 그리고 이제는 제법 졸지 않고 꾸준히 공부하는 법도 터득하게 되었습니다.

個性的で素敵な友人たちとの時間は大学生活1年の中で得られた一番大きい宝物でした。そして、今は居眠りせずにこつこつと勉強するコツもつかめるようになりました。

③ 부모님 품을 벗어나 빨래와 요리도 스스로 할 수 있게 되었으며 학교에서 여는 여러 행사에도 참여했고 대학 생활의 첫 목적이라고도 할 수 있는 지식을 넓힐 수 있었습니다.

親もとから離れて、洗濯と料理も一人でできるようになり、学校で開かれるさまざまな行事にも参加し、大学の生活の第一の目的ともいえる知識も幅広く得られるようになりました。

④ 그러나 대학 생활 중 반성하고 고쳐야 할 점도 많았습니다. 갑자기 얻어진 자유 탓인지 정신적으로 많이 느슨해져 있었던 것 같습니다. 이제 3년 남은 대학 생활, 나는 이 길고도 짧은 시간 동안 최선을 다해 내 생애 최고의 가장 값진 시간을 보내고자 합니다.

しかし、大学の生活の中で反省して直すべきこともたくさんありました。急に得られた自由のせいか精神的にもかなり気が緩んでいたようです。後3年残った大学生活、私は長くて短い時間の中で最善を尽くし、私の生涯で最高の価値のある時間を過ごしたいと思います。

Ex.2 ① 작년/ 4월에 시작된/ 나의 대학 생활은/ 정말/ 값지고도/ 소중합니다./ 비록/ 1년이 채 안 되는/ 짧은 기간이었지만/ 그동안 나는/ 너무 많은 것을 배우고/ 체험하고/ 또 느꼈습니다./ 부모님으로부터/ 떨어져/ 자립이 무엇인지도/ 알게 되었습니다./

② 개성있고 멋진/ 나의 사랑하는 친구들과의 시간들은/ 대학 생활 1년 중 얻은/ 가장 큰 선물이었습니다./ 그리고/ 이제는/ 제법 졸지 않고/ 꾸준히 공부하는 법도/ 터득하게 되었습니다./

③ 부모님 품을 벗어나/ 빨래와 요리도/ 스스로 할 수 있게 되었으며/ 학교에서 여는/ 여러 행사에도 참여했고/ 대학 생활의 첫 목적이라고도 할 수 있는/ 지식을 넓힐 수 있었습니다./

④ 그러나/ 대학 생활 중/ 반성하고/ 고쳐야 할 점도 많았습니다./ 갑자기 얻어진 자유 탓인지/ 정신적으로 많이/ 느슨해져 있었던 것 같습니다./ 이제 3년 남은 대학 생활,/ 나는 이 길고도/ 짧은 시간 동안/ 최선을 다해/ 내 생애 최고의/ 가장 값진 시간을/ 보내고자 합니다./

memo

巻末付録

韓国語文法の まとめ

1 ハングル文字
2 語順、助詞、省略、疑問文、否定文
3 動詞・形容詞と文体
4 動詞・形容詞の活用語尾とよく使う表現
5 過去形、未来形
6 連体形
7 受身と使役
8 変則活用のまとめ

1　ハングル文字

　ハングルは、チョソン(朝鮮)王朝時代(1392年～1910年)、1443年から約3年の月日をかけて、世宗大王(세종대왕)が中心となり作ったもので、1446年に発表された『訓民正音(훈민정음)』の刊行によって、初めてその姿を現しました。母音の字母は、宇宙的な哲学にもとづいた・(天)，ー(地)，丨(人)の3つの基本字を組み合わせ、子音の字母は、舌が上の歯茎につく形をかたどったㄴや、喉の穴の形をかたどったㅇように、発音器官の形をモデルにしたものを組み合わせて作ったと考えられています。[1]

　以下、ハングルの21の母音字母(基本字母10＋合成字母11)、19の子音字母(基本字母14＋合成字母5)を、辞典の配列順序(カナダ'가나다'順)にしたがって並べます。(発音は、本章を参照してください。)

〈子音〉

ㄱ　ㄲ　ㄴ　ㄷ　ㄸ　ㄹ　ㅁ　ㅂ　ㅃ　ㅅ
ㅆ　ㅇ　ㅈ　ㅉ　ㅊ　ㅋ　ㅌ　ㅍ　ㅎ

〈母音〉

ㅏ　ㅐ　ㅑ　ㅒ　ㅓ　ㅔ　ㅕ　ㅖ　ㅗ　ㅘ
ㅙ　ㅚ　ㅛ　ㅜ　ㅝ　ㅞ　ㅟ　ㅠ　ㅡ　ㅢ　ㅣ

　これらの字母がいくつか組み合わさって、1文字＝1音節のハングル文字が作られます。ハングルの組み合わせの基本は、[子音＋母音(＋子音)(＋子音)]です。

ハングル字母の組み合わせ	例
[子音＋母音]	ㅇㅐ → 애(子)　　ㄴㅏ → 나(私)
	ㅇㅖ → 예(例)　　ㅋㅗ → 코(鼻)
	＊母音だけの音節のときは、子音字母のㅇ(＝音がない、'空')を母音字母の前に添えます。
[子音＋母音＋子音]	ㅅㅏㄴ → 산(山)　　ㅁㅜㄹ → 물(水)
[子音＋母音＋子音＋子音]	ㄷㅏㄹㄱ → 닭(とり肉)
	ㅅㅏㄹㅁ → 삶(生きること)

1　Sohn 1994, Lee & Ramsey 2000 他

上の例は、どれも1文字(＝1音節)で表される単語です。以下に2文字以上で作られる単語の例をいくつかあげます。

2文字	여우(キツネ), 우유(牛乳), 갈비(カルビ), 나무(木), 학생(学生) 사랑(愛), 같이(一緒に), 자다(寝る), 사다(買う), 차다(冷たい)
3文字	어머니(お母さん), 거짓말(うそ), 열심히(熱心に) 그저께(おととい), 데리다(連れる), 예쁘다(きれいだ)
4文字	할아버지(おじいさん), 쫄깃쫄깃(もちもちした), 넘어지다(ころぶ) 부끄럽다(恥ずかしい), 아름답다(美しい), 스트레스(ストレス)

　現在使われている韓国語の語彙は、韓国語古来のことば(食べ物、生活に関するものなど)と接尾辞をあわせたものが約35％、8世紀の新羅の時代に唐の影響を強く受け取り入れた中国の漢字がもととなっているものが約60％、そして、もっと最近になって入ってきた英語や日本語などの外来語約5％から成り立っています。外来語のうち、英語が約90％を占めています。[2]

2　語順、助詞、省略、疑問文、否定文

▶語順

　韓国語と日本語の文の構造は、大変よく似ています。語順は日本語と同じように、基本的に、主語や目的語の後に動詞がきます。その他の細かいところでの順序も驚くほどよく似ています。

(＊文の構造、日本語との対応がよくわかるように語・句の間に余分なスペースを入れてあります。)

어제　영미가　책을　샀어요.
昨日　ヨンミが　本を　買いました。

영미가　작은　오빠에게　비싼　책을　사 줬어요.
ヨンミが　2番目の　兄さんに　高い　本を　買ってあげました。

---

[2] Sohn 1994

오늘은　일찍 아침에　시장에서　호박과 사과를　샀어요.
今日は　早く 朝　　市場で　　かぼちゃとりんごを　買いました。

영미는　동생이　　갖고 싶었던　아주　예쁜　　그 반지를　샀어요.
ヨンミは　妹が　　欲しがっていた　とても　きれいな　あの 指輪を　買いました。

영미는　미국보다　　일본에　가서　공부하는 게　더 낫다고　해요.
ヨンミは　アメリカより　日本へ　行って　勉強する方が　もっといいと　言っています。

은채는　　중국보다　프랑스에　가서　공부하는 게　더 낫대.
ウンチェは　中国より　フランスへ　行って　勉強する方が　いいって。

아들은　너무　피곤해서　　아까　방에　들어가서　잤어요.
息子は　とても　疲れていたから　さっき　部屋に　入って　　寝ました。

요즘엔　시간이 없어서　자주 만날 수 없지만,　　영미와 나는
最近は　時間が　ないので　あまり会うことはできないけれど　ヨンミと僕は

어렸을 때부터　친구예요.
小さいとき から　親友です。

▶助詞

　韓国語も日本語と同じように、主語や目的語などの重要な文の要素を表すのに、助詞を使います。

　上の例文の中で、日本語の「〜は」、「〜が」、「〜を」、「〜と」に対応するものを拾ってみましょう。「〜は」には−는と−은、「〜が」には−가と−이、「〜を」には−를と−을、「〜と」には−과と−와がそれぞれ対応しています。いくつか例を並べて比べてみると、助詞が付く語の最後の音が子音か母音かによって、使うものが決まっているのがわかります。

	語の最後が母音の場合	語の最後が子音の場合
「〜は」	영미는	아들은
「〜が」	영미가	동생이
「〜を」	반지를	책을
「〜と」	호박과	영미와

　さらに、名詞句の最後に注目してみると、行き先を表す「〜へ」には−에、比較の「〜より」には−보다が対応しているのがわかります。そして、−에게、−부터は、'誰それに'の「〜に」、時間の起点を表す「〜から」にそれぞれ対応するということが

明らかになってきます。

▶省略

主語、目的語、といった文の重要な機能が助詞によって示されるので、日本語の場合と同じように、語句の順序を変えることができます。

저는　　매일　　커피를　　　마셔요.
私は　　毎日　　コーヒーを　　飲みます。

저는　　커피를　　　매일　　마셔요.
私は　　コーヒーを　　毎日　　飲みます。

매일　　저는　　커피를　　　마셔요.
毎日　　私は　　コーヒーを　　飲みます。

매일　　커피를　　　저는　　마셔요.
毎日　　コーヒーを　　私は　　飲みます。

また、文章の背景にある状況が明らかであるとき、日本語と同じように、語句が省略されることがよくあります。

매일　　커피를　　　마셔요.　　　＊私、というのが明らかな場合
毎日　　コーヒーを　　飲みます。

어제　　책을　　샀어요.　　　＊誰が買ったか(例えばヨンミ)が明らかな場合
昨日　　本を　　買いました。

어제　　영미가　　샀어요.　　　＊何を買ったか(例えば本)が明らかな場合
昨日　　ヨンミが　　買いました。

어제　　샀어요.　　　＊誰が何を買ったのかが明らかな場合
昨日　　買いました。

샀어요.　　　＊いつ誰が何を買ったのかが明らかな場合
買いました。

さらに、日本語の場合と同じように、話し言葉では、助詞が頻繁に省略されます。

저　　매일　　커피　　　마셔요.
私(は)　毎日　　コーヒー(を)　　飲みます。

어제 비싼 책 샀어요.
昨日　高い本(を)　買いました。

내일 미국 가요.
明日　アメリカ(へ)　行きます。

나 영미 보고 싶어.
私(は)　ヨンミ姉さん(に)　会いたい。

영미누나 지금 은수 데리고 와 있어요.
ヨンミ姉さん(が)　今　ウンス(を)　連れてきています。

▶疑問文

疑問文の作り方も日本語と大変よく似ています。日本語の疑問文の接尾辞「～か。」に相当する韓国語の接尾辞は、**-까?**です。

병원에 갑니**까?**	病院へ行きますか。
안녕하십니**까?**	お元気でいらっしゃいますか。
알고 계십니**까?**	ご存知でいらっしゃいますか。
맛있습니**까?**	おいしいですか。

また、日本語の場合と同じように、実際の話し言葉では、平叙文の文末を上がり調子のイントネーションにすることで、聞き手に尋ねる疑問文を作ります。

매일 커피 마셔요?	毎日コーヒー飲みますか。
어제 책 샀어요?	昨日本買いましたか。
내일 미국 가?	明日アメリカ行く？
민기오빠 보고 싶어?	ミンギ兄さん(に)会いたい？

さらに、疑問詞を使う疑問文の場合も、日本語と同じように、尋ねる部分を疑問詞と置き換えて作ります。

例： 매일 **뭐** 마셔요?
　　 毎日　何　飲みますか。

　　 언제 책 샀어요?
　　 いつ　本　買いましたか。

내일 **어디** 가요?
明日　どこ　行きますか。

누구 보고 싶어?
誰(に)　会いたい？

▶否定文

① 動詞・形容詞の場合

　　否定文の作り方には、2つの方法があります。そのうち1つは、動詞・形容詞の前に、안を置いて否定文にします。

　　커피를 **안** 마셔요.　　　　　　　　　　コーヒーを飲みません。
　　미국에 **안** 가요.　　　　　　　　　　　アメリカへ行きません。
　　지금은 **안** 예뻐요.　　　　　　　　　　今は、きれいじゃないです。

　　もう1つの方法は、動詞・形容詞の語幹(-다を取った部分)に、-지 않다をつけて作る方法です。*-지 않아요は、-지 않다の「-요体」です。(「-요体」は**3、4**を参照してください。)

　　커피를 마시**지 않**아요.　　　　　　　　コーヒーを飲みません。
　　미국에 가**지 않**아요.　　　　　　　　　アメリカへ行きません。
　　지금은 예쁘**지 않**아요.　　　　　　　　今は、きれいじゃないです。

② 「～だ、～でない」の場合

　　名詞や代名詞に付く-이다という補助動詞の否定形は、-아니다です。名詞句に付いた助詞の場合と同じように、直前の音が母音か子音かによって少し異なります。語の最後が母音の場合、肯定文では、이が落ちて、否定文では、가を加えます。語の最後が子音の場合は、否定文で、이を入れます。

	語の最後が母音の場合	語の最後が子音の場合	
	이것은 우유**다**.	이것은 물**이다**.	これは牛乳/水だ。
否定文→	이것은 우유**가 아니다**.	이것은 물**이 아니다**.	これは牛乳/水ではない。

3 動詞・形容詞と文体

前の節で、「〜は」、「〜が」、「〜を」、「〜と」に対応する韓国語の助詞について、直前の音によって、2つある助詞の型のうち、どちらを使うかが決まっていると説明しました。このように、韓国語では、接尾辞が付く直前の音が、母音か子音か、という点が大変重要で、動詞・形容詞の活用の際にも、この点が重要なポイントになります。

動詞・形容詞の場合、辞書に載っている原形から-다を取った部分が語の本体の部分で、「**語幹**」といいます。ここでは、語幹が母音で終わるものの例として、**가다**(行く)、子音で終わるものの例として、**먹다**(食べる)を使って文体の種類を見てみましょう。さらに、さまざまな活用表現を覚えるのに大変便利な、日本語の「〜する」に対応する**하다**動詞も見てみましょう。

▶文体

日本語でも、動詞・形容詞の語尾の形によって異なる文体を表すように、韓国語においても、動詞・形容詞の語尾の形によってさまざまな文体が作られます。ここでは、韓国語の一般的な文体をいくつか紹介します。

まず、日本語の丁寧な文体である「〜です/〜ます」の文体に対応する文体「-ㅂ니다体」と「-요体」を見てみましょう。「-ㅂ니다体」は、ニュースや少しかしこまった場合に使われます。母音で終わる가다には、語幹の가に-ㅂ니다を付け、子音で終わる먹다には、語幹の먹に、-스-を加えた-습니다を付けます。

語幹が母音で終わる場合	語幹が子音で終わる場合	하다動詞
내일 한국에 **갑니다**. 明日　韓国へ　行きます。	김치찌개를 **먹습니다**. キムチチゲを　食べます。	열심히 **공부합니다**. 熱心に　勉強します。

もう一つの「-요体」は、初対面のときにも、目上の人に対しても使える最も一般的な、丁寧な表現です。先の**2**で使った例文の中にも、文章の最後が-요で終わっているものが多くありました。しかし、最も一般的で、そのため大変便利な表現でありますが、語幹の最後が母音か子音か、といったことの他に、活用が少し複雑なので、注意が必要です。この-요体の作り方についての詳細は、後の**4**でまとめます。ここでは、行く、食べる、するの3つの動詞の例を見てみましょう。

	가다	먹다	하다動詞
	내일 한국에 **가요**.	김치찌개를 **먹어요**.	열심히 공부**해요**.
	明日　韓国へ　行きます。	キムチチゲを　食べます。	熱心に　勉強します。

「-요体」の요をとると、ごく親しい間柄で使われるもう一つの文体、一般的に親しい間柄で使われるパンマル(**반말**)の形になります。この形は、命令文としても使われます。ドラマなどでは、家族や親しい友人同士の間でお互いの親近感や愛情を伝えるために使いますが、それ以外の場合でもストーリーの都合上よく使われています。実際には、目上の人に対して使ってはいけない文体です。

	가다	먹다	하다動詞
	내일 한국에 **가**.	김치찌개를 먹**어**.	열심히 공부**해**.
平叙文→	明日　韓国へ　行く。	キムチチゲを　食べる。	熱心に　勉強する。
命令文→	明日　韓国へ　行きなさい。	キムチチゲを　食べなさい。	熱心に　勉強しなさい。

パンマルの最後に**-라**を加えると、目下の者に対して使われる命令文になります。

	가다	먹다	하다動詞
命令文→	내일 학교에 가**라**.	이것 먹어**라**.	열심히 일해**라**.
	明日　学校へ　行け。	これ　食べろ。	熱心に　仕事しろ。

最後に、尊敬語の文体を作る接尾辞**-시-**を見てみましょう。日本語では、コミュニケーションを円滑にするために、敬語を適切に使うことは大切ですが、儒教の考えが広く浸透している韓国では、適切に敬語を使って話すことは大変重要です。日本語と大きく違う点は、韓国語の場合、身内以外の人に対して、身内の話をするときにも、自分よりも目上にあたる人の話をするときは、尊敬語を使わなくてはならないということです。

	韓国語	日本語
自分の祖母について	할머니께서 부산에 가십니다. おばあ様がプサンへ行かれます。＊	祖母がプサンへ参ります。
自分が勤める会社の社長について	사장님께서 그 쪽으로 가십니다. 社長様がそちらに行かれます。	社長がそちらに参ります。

＊께서は、-가/-이(〜が)の尊敬の助詞です。

NOTE　韓国語では、社長、会長などの職務にも「様」にあたる님がつきます。

次に、尊敬語の作り方ですが、上の例のように、語幹と「-ㅂ니다体」の間に、尊敬語の接尾辞**-시-**を入れて作ります。語幹が母音で終わる場合は、-다をとって、語幹にそのまま-십니다を付けます。語幹が子音で終わる場合には、語幹のあとに-으-を入れてから-십니다を付けます。

語幹が母音で終わる場合	語幹が子音で終わる場合	하다動詞
내일 일본에 **가십니다**.	요리대상을 **받으십니다**.[3]	열심히 **연습하십니다**.
明日　日本へ　行かれます。	料理大賞を　受けられます。	熱心に　練習されます。

　先の**2**の疑問文のところで、日本語の「～か。」に相当する接尾辞-까?を使った疑問文は、丁寧な文体の「-ㅂ니다体」と尊敬語の「-십니다体」の-다をとって、-까をつけて作ったものです。

4　動詞・形容詞の活用語尾とよく使う表現

　韓国語においても、日本語と同じように、動詞・形容詞の活用語尾が、接尾辞や他の語句と組み合わさって、さまざまな意味を表し、表現を豊かにしています。ここでは、よく使う表現を、活用語尾ごとにいくつか紹介します。その前に、**3**で少し触れた、最も一般的な丁寧な文体の「-요体」の作り方について見てみましょう。

▶「-요体」の作り方

　まず、「-요体」は、最後が-요で終わることから、このように呼ばれます。しかし、「-요体」は、辞書形から-다をとって、そのまま-요をつけるのではなく、-요の前に ㅓ か ㅏ を入れて作ります。どちらを入れるかは、<u>動詞・形容詞の語幹の中の、最後の母音の種類</u>によって、決まっています。ここでは、例文ではなく、語幹の音の作りを詳しく見てみます。

---

[3] 먹다には、日本語の「召し上がる」に相当する表現드시다があるので、ここでは、語幹が子音で終わる別の動詞받다(受ける、受けとる)を使ってあります。

まず、母音ㅏと組み合わさる語幹の最後の母音は、ㅏとㅗのみです。それ以外の場合、ㅓがつきます。

> **NOTE** ㅏとㅗの場合はㅏ、というように個々の母音で覚えるのではなく、語幹の最後の子音は別とし、母音のつながりに注目し、〈ㅏㅏ、ㅗㅏとつながる〉と音で覚えておくといいでしょう。

意味	辞書形	語幹の作り	-ㅓ/-ㅏ	パンマル	-요体
探す	찾다	[ㅊㅏㅈ]	+ㅏ	→ 찾아	→ 찾아요
良い	좋다	[ㅈㅗㅎ]	+ㅏ	→ 좋아	→ 좋아요

上の例は、語幹の最後の音節がㅏかㅗで、子音で終わっているので、そのまま-아요をつけます。しかし、語幹の最後が母音ㅗの場合、2つの母音ㅗとㅏが合わさって、合成母音ㅘとなり、その後に-요をつけます。また、가다のように、語幹が同じ母音ㅏで終わる場合、単に辞書形の-다をとって-요をつける形になります。

意味	辞書形	語幹の作り	-ㅓ/-ㅏ	パンマル	-요体	発音変化
来る	오다	[ㅗ]	+ㅏ	→ 와	→ 와요	合成母音に短縮 ＊PART1の4.4参照
見る	보다	[ㅂㅗ]	+ㅏ	→ 봐	→ 봐요	合成母音に短縮 ＊PART1の4.4参照
行く	가다	[ㄱㅏ]	+ㅏ	→ 가	→ 가요	辞書形の-다を-요におきかえる

次に、ㅓがつく場合を見てみましょう。動詞の語幹の最後の音節がㅗ,ㅏ以外で、子音で終わる場合は、最後の子音の後にそのまま-어요をつけます。

意味	辞書形	語幹の作り	-ㅓ/-ㅏ	パンマル	-요体
食べる	먹다	[ㅁㅓㄱ]	+ㅓ	→ 먹어	→ 먹어요
死ぬ	죽다	[ㅈㅜㄱ]	+ㅓ	→ 죽어	→ 죽어요
撮る	찍다	[ㅉㅣㄱ]	+ㅓ	→ 찍어	→ 찍어요
遅れる	늦다	[ㄴㅡㅈ]	+ㅓ	→ 늦어	→ 늦어요

しかし、語幹の最後が母音の場合、母音が短縮され、合成母音になります。[4] また、서다のように、語幹が同じ母音ㅓで終わる場合は、辞書形の-다を-요におきかえるだけです。

意味	辞書形	語幹の作り	-ㅓ/-ㅏ	パンマル	-요体	発音変化
学ぶ	배우다	[ㅂㅐㅜ]	+ㅓ	→ 배워	→ 배워요	合成母音に短縮 *PART1の4.4参照
見える	보이다	[ㅂㅗㅣ]	+ㅓ	→ 보여	→ 보여요	合成母音に短縮 *PART1の4.4参照
なる	되다	[ㄷㅗㅣ]	+ㅓ	→ 돼	→ 돼요	合成母音に短縮
立つ	서다	[ㅅㅓ]	+ㅓ	→ 서	→ 서요	辞書形の-다を-요におきかえる

また、母音がㅔ, ㅐ, ㅕの場合も、-다のかわりに-요をつけることになります。

意味	辞書形	語幹の作り	-ㅓ/-ㅏ	パンマル	-요体	発音変化
強い	세다	[ㅅㅔ]	+ㅓ	→ 세	→ 세요	辞書形の-다を-요におきかえる
出す	내다	[ㄴㅐ]	+ㅓ	→ 내	→ 내요	〃
(火を)付ける	켜다	[ㅋㅕ]	+ㅓ	→ 켜	→ 켜요	〃

最後に、하다動詞と、補助動詞の-이다の「-요体」について見てみましょう。

하다動詞の「-요体」は、**해요**です。[5] 하다動詞は、「する」、「言う」という意味で使われます。また、日本語の動名詞の場合に使う「～(を)する」と同じように、名詞などについて補助動詞としても広く使われます。

민기는　회사에서　일해요.
ミンギは　会社で　　仕事をします。

내일　미국에　　간다고　해요.
明日　アメリカへ　行くと　言っています。

영미는　아침부터　공부해요.
ヨンミは　朝から　　勉強します。

---

4 쉬다(休む) → 쉬어요、띄다(目立つ) → 띄어요のように、ㅓが短縮されずにそのまま後につくものもあります。

5 하여요という形もありますが、ここでは、해요を使います。

저는　　주말에　　피아노 연습을 해요.
私は　　週末に　　　ピアノの練習を　します。

학교에서는　　매년　　신체검사를　　　　해요.
学校では　　　毎年　身体検査(＝健康診断)を　します。

나는　　자주　　여자친구하고　　롯데월드에서　　데이트 해요.
ぼくは　よく　　ガールフレンドと　ロッテワールドで　デートします。

－이다(〜だ)の「−요体」は、語が母音で終わる場合−예요、語が子音で終わる場合−이에요です。

	語の最後が母音の場合	語の最後が子音の場合	
肯定文→	이것은 우유**예요**.	이것은 물**이에요**.	これは牛乳/水です。
否定文→	이것은 우유**가 아니에요**.	이것은 물**이 아니에요**.	これは牛乳/水ではありません。

　　ここからは、動詞・形容詞の3つの活用語尾ごとに、日常会話でもよく使う、さまざまな表現について紹介します。文体は、最も一般的な「−요体」を主に使います。

① −다をとって、そのまま語幹につける

	語幹が母音で終わる動詞・形容詞	語幹が子音で終わる動詞・形容詞	하다動詞[6]
-고	학교에 가고 친구를 만나요. 学校へ行き、友達に会います。	이 죽 먹고 약 먹어요. このお粥を食べて薬を飲んでください。	집에 전화하고 떠나요. 家に電話して発ちます。
-고 나서	아들을 보내고 나서 울었어요. 息子を送った後泣きました。	점심 먹고 나서 해요. 昼食食べてからやります。	공부하고 나서 영화 봐요. 勉強してから映画を見ます。
-고 싶다	미국에 가고 싶어요. アメリカへ行きたいです。	고기를 먹고 싶어요. 肉が食べたいです。	효리랑 데이트하고 싶어요. ヒョリとデートしたいです。
-고 있다	그 만화 가지고 있어요. その漫画持っています。	고기를 먹고 있어요. 肉を食べています。	숙제는 지금 하고 있어요. 宿題は今やっています。
-기 싫다	발리에 가기 싫어요. バリへ行きたくありません。	이렇게 죽기 싫어요. こんな風に死にたくありません。	이 결혼은 하기 싫어요. この結婚はしたくありません。

---

[6] 2の語順の例文にある피곤하다는、하다とともに使われる하다形容詞です。韓国語は、日本語と違って、動詞と形容詞のしくみが大変よく似ており、区別をしない学者もいます。하다는、動詞にも形容詞にも使われますが、ここでは、하다形容詞も含めて、하다動詞と呼ぶことにします。

-기 전에	거기 가기 전에 사요. そこに行く前に買います。	먹기 전에 약 먹어요. 食べる前に薬を飲みます。	결정하기 전에 잘 생각해요. 決定する前によく考えてください。
-기로 하다	이 옷을 사기로 해요. この服を買うことにします。	이것 먹기로 해요. これ食べることにしましょう。	이혼하기로 해요. 離婚することにしましょう。
-기 때문에	새로 회사를 세우기 때문에 바빠요. 新しく会社を作るため忙しいです。	사정이 있기 때문에 못 가요. 事情があるため行けません。	운동했기 때문에 피곤해요. 運動したため疲れています。
-기도 하다	가끔 싸우기도 해요. ときどきけんかもします。	가끔 술을 먹기도 해요. ときどきお酒を飲んだりもします。	엄마랑 얘기를 하기도 해요. お母さんと話をしたりもします。
-기는 -다 /하다 [7]	한국말 배우기는 하는데. 韓国語習うのは習って いるんだけど。	매력 있기는 있는데. 魅力あるのはあるんだけど。	일단 준비하기는 했는데. 一旦準備するのはしたんだけど。
-지 않다	오늘 집에 들어가지 않아요. 今日家に帰りません。	종류가 많지 않아요. 種類が多くありません。	전연 창피하지 않아요. 全然恥かしくありません。
-지 못하다	스키를 타지 못해요. スキーができません。	아직 즐겁게 놀지 못해요. まだ楽しく遊べません。	숙제 다 하지 못해요. 宿題、全部できません。
-지만	좋게 안 보이지만 나쁜 사람은 아니에요. 良い人には見えないけど悪い人 ではありません。	굉장히 좋지만 안 사요. すごくいいんだけど買いません。	후회하지만 괜찮아요. 後悔しているけど大丈夫です。
-지 말고 [8]	호주 가지 말고 여기 있어요. オーストラリア行かずにここに いてください。	저를 잊지 말고 잘 갔다 오세요. 私のことを忘れないで行って来て ください。	아무 말 하지 말고 해. 何も言わずにやりなさい。
-자마자	수업이 끝나자마자 빨리 와요. 授業が終わったら急いで来て ください。	밥 먹자마자 바로 자요. ごはん食べるや否やすぐ寝ます。	졸업하자마자 결혼해요. 卒業するや否や結婚します。
-게 하다	주말만 만나게 해요. 週末だけ会わせます。	외롭지 않게 해요. 寂しい思いはさせません。	미연을 행복하게 해요. ミヨンを幸せにします。
-게 되다	샌프란시스코 가게 됐어요. サンフランシスコ行くことに なりました。	중요한 역할을 맡게 됐어요. 大事な役割を受け持つように なりました。	미안하게 됐어요. すまないことをしました。
-겠다	금방 오겠어요. もうすぐ来るでしょう。	미안한데 지금은 못 먹겠어. 悪いけど今は食べられそうにないよ。	제가 멋지게 하겠어요. 私がかっこよくやります。

---

[7] 名詞句に使われる는が付いているので、-기は、動詞を名詞化することがわかります。-기を使う用法とは別に、一般的に「～すること」という動詞を名詞として使うときは、動詞の語幹に-는 것をつけて使います。'こと、もの'という意味の것を、「～することは」、「～することを」などと助詞と一緒に使うときは、가는 게(行くことが)、가는 걸(行くことを)のようにしばしば短縮されます。(短縮形→4.4参照)

[8] 禁止・命令の補助動詞말다(するな、しないで)の-고の形です。

② 「-요体」の-요をとって、その後につける

	語幹の中の最後の母音が ㅏかㅗの場合(-ㅏ-)	語幹の中の最後の母音が それ以外の場合(-ㅓ-)	하다動詞 (→해)
-서	내가 좋아서 그래요? 私が好きだからそうなんですか。	좀 일이 있어서 미안해요. ちょっと用があって、 ごめんなさい。	피곤해서 안 가요. 疲れているので行きません。
-도	잠깐 들어가도 돼요? ちょっと入ってもいいですか。	아무리 먹어도 살 안 쪄요. いくら食べても太りません。	아무리 생각해도 안 돼요. いくら考えてもだめです。
-보다	와, 눈이다. 잠깐 나와 봐요. わぁ、雪だ、ちょっと。 出てきてみてください。	이것 좀 먹어 봐요. これ、ちょっと食べてみて ください。	한 번 해 봐요. 一度やってみてください。
-버리다	말하지 않고 가 버리겠어요? 何も言わず行ってしまう のですか。	당신 추억 다 잊어 버려요. あなたの追憶すべて忘れて ください。	차라리 미국에 유학해 버려요. このさい、アメリカへ留学して しまいます。
-주다	내 사랑을 받아 줘요. 僕の愛を受け取ってください。	일단 날 믿어 줘요. 一旦僕を信じてください。	은채를 만나게 해 줘요. ウンチェに会わせてください。
-드리다	선배, 오늘은 제가 사 드릴게요. 先輩、今日は僕がごちそうします。	주소를 적어 드릴게요. 住所を書いて差し上げます。	싸게 해 드릴게요. 安くして差し上げます。
-야 되다/ 하다	혜인이 목걸이 찾아야 돼요. ヘインのネックレス探さなくては なりません。	이 책을 다 읽어야 해요. この本を全部読まなくては なりません。	꼭 그렇게까지 해야 돼요? 絶対にそこまでしなくては なりませんか。
-있다	어디 가지 말고 앉아 있어요. どこにも行かず座っていて ください。	아직도 안 가고 서 있어요. 帰らずにまだ立っています。	—
-가지고	열 받아 가지고 안 나가요. 頭にきたので出ていきません。	많이 다쳐 가지고 아파요. ひどく怪我したので痛いです。	심심해 가지고 그래요. 退屈してるから、そうなんです。
-보이다	다행히 좋아 보여요. 幸い、いいようにみえます。	전보다 젊어 보여요. 前より若くみえます。	피곤해 보여요. 疲れてみえます。
-지다	옷이 작아졌어요. 服が小さくなりました。	몰라보게 예뻐졌어요. 見違えるほど綺麗に なりました。	날씨가 쌀쌀해졌어요. 気候が肌寒くなりました。

③ -다をとって、そのまま語幹につけるが、語幹が子音で終わるときは-으-を挿入

	語幹の母音で終わる場合	語幹が子音で終わる場合(-으-)	하다動詞
-면	배우가 되면 좋겠어요. 俳優になったらいいのに。	남자친구 있으면 좋겠어요. 彼氏がいたらいいのに。	답답하면 밖에 나가 봐요. 息が詰まるなら外に出てみてください。
-면서	내 연기 보면서 따라해. 私の演技を見ながらまねして。	신문 읽으면서 밥 먹어요. 新聞読みながらご飯食べます。	일하면서 대학원에 다녀요. 仕事しながら大学院に通います。
-니까	오랜만에 돌아오니까 좋아요. 久しぶりに帰ってきたからいいです。	얼굴 작으니까 좋아요. 顔が小さいのでいいです。	행동이 이상하니까 안 좋아요. 行動がおかしいのでよくありません。
-러	친구를 만나러 일본에 가요. 友達に会いに日本へ行きます。	꽃사진 찍으러 산에 가요. 花の写真を撮りに山へ行きます。	운동하러 헬스클럽에 가요. 運動しにジムに行きます。
-려고 하다	이것 당신에게 주려고 해요. これ、あなたにあげようと思います。	같이 먹으려고 샀어요. 一緒に食べようと思って買いました。	오늘밤에 공부하려고 해요. 今晩勉強するつもりです。
-려다(가)	배우가 되려다가 그만뒀어요. 俳優になるつもりでしたがやめました。	그 여자 찾으려다가 늦었어요. その女を捜そうとしていたので遅れました。	싸움을 하려다가 참았어요. けんかをするつもりでしたが我慢しました。
-십니다	우리 어머님께서 가십니다. 僕のお母様が行かれます。	회장님께서 찾으십니다. 会長が探されています。	선생님은 약혼하십니다. 先生は婚約されます。
-세요	조심해서 가세요. 気をつけてお帰りください。	이리 와서 어서 앉으세요. こっちへきて、さあおかけください。	꼭 연락하세요. 必ず連絡してください。

　ここまで、動詞・形容詞の活用語尾とさまざまな表現について例文とともに見てきました。

　さて、하다動詞の活用をマスターすることは、韓国語の学習の大きな助けとなります。韓国語では、語幹の最後の音、あるいは、語幹の中の最後の母音が、語尾活用と大きく関わっているため、日本語の場合よりも、活用が少し複雑になっています。上の3つの活用語尾によって、さまざまに形を変える他の動詞・形容詞に比べて、하다動詞の하-と해-の2つの形だけで、シンプルです。하と해の音も日本語話者にとっては比較的区別しやすいものです。たとえば、接尾辞の-고、-서などの場合、해고ではなく**하고**、하서ではなく**해서**、といったふうに覚えておくと、他の動詞・形容詞の場合にもすぐ応用できます。この하다動詞の2つの活用語尾をもとに、さまざまな接尾辞・語を組み合わせて、表現力を伸ばしていくコツを覚えていくといいでしょう。

韓国語の語彙のうちの約60%を占める漢字語の中には、もともとの漢字語が日本語の場合と同じものが少なくありません。日本語の場合も、動作・状態を表す多くの熟語(動名詞)を「〜する」とともに活用させるように、韓国語では、하다動詞を使います。しかも、韓国語の場合、하다を使った하다形容詞も多くあります。したがって、広く使われる하다動詞とともに使われる語を覚えていくことは、語彙を増やすいい方法だと言えるでしょう。

5　過去形、未来形

▶過去形

　過去を表す接尾辞は、**-ㅆ-**です。「-요体」の-요をとった部分に-ㅆ다をつけて作ります。たとえば、가다(行く)、먹다(食べる)の場合は次のようになります。

가요　[가 **ㅆ다**] → 갔다　　　　　먹어요　[먹어 **ㅆ다**] → 먹었다
「-요体」　　　　　　過去形　　　　「-요体」　　　　　　　　過去形

　-다をとって、**-어요**をつけると、過去形-ㅆ다の「-요体」になります。

갔다　[갔 **어요**] → 갔어요　　　　먹었다　[먹었 **어요**] → 먹었어요
過去形　　　　　過去形の「-요体」　　過去形　　　　　　　　過去形の「-요体」

　過去形の-어요の部分は、直前の母音の種類にかかわらず、すべて-어요です。[9]

---

[9] 韓国語は、日本語と同じように、動詞・形容詞の語幹にどんどん接尾辞がついていく「膠着語」と呼ばれる言語です。ところが、韓国語の辞書には、動詞・形容詞の辞書形しか載っていません。活用語尾をともなった形から調べることはできないので、常に辞書形にたどり着けるようにすることは、上達する上での重要なポイントです。実際にさまざまな活用語尾とともに現れた動詞・形容詞を、そのまま学んでいくことは大切ですが、ときどき、さまざまな形をしている動詞・形容詞から、その辞書形を自分なりの方法で算出してみたりして、韓国語の活用語尾のしくみに慣れるとよいでしょう。たとえば、過去形の場合、-ㅆ어をとると、過去ではない通常の「-요体」になります。

過去形の「-요体」			-요体	辞書形
갔어요	→ [갔어 요]	→ [가 ㅆ어 요]	→ 가요	→ 가다
했어요	→ [했어 요]	→ [해 ㅆ어 요]	→ 해요	→ 하다
찾았어요	→ [찾았어 요]	→ [찾아 ㅆ어 요]	→ 찾아요	→ 찾다
먹었어요	→ [먹었어 요]	→ [먹어 ㅆ어 요]	→ 먹어요	→ 먹다

語幹の中の最後の母音が ㅏかㅗの動詞・形容詞	語幹の中の最後の母音が それ以外の動詞・形容詞	하다動詞
혜인이 목걸이 못 찾았어요. ヘインのネックレス 見つけられませんでした。	벌써 먹었어요. もう食べました。	아침에 숙제했어요. 朝宿題しました。
힘들었지만 참았어요. つらかったけど我慢しました。	늦게 일어나서 늦었어요. 寝坊をして遅れました。	옛날 '한나라' 라고 했어요. 昔「漢の国」と言いました。
어제 학교에 갔어요. 昨日学校へ行きました。	미국인도 몇 명 있었어요. アメリカ人も何人かいました。	그동안 열심히 일했어요. これまで熱心に仕事 しました。
케익하고 커피를 샀어요. ケーキとコーヒーを買いました。	갑자기 앞 차가 섰어요. 突然前の車が止まりました。	지난주 영어 공부를 했어요. 先週英語の勉強をしました。
피곤해서 푹 잤어요. 疲れていたのでよく寝ました。	뉴욕에 가게 됐어요. ニューヨークへ行くことに なりました。	어제 앤디랑 데이트했어요. 昨日アンディとデートしました。
병원에 갔다 왔어요. 病院へ行って来ました。	의사가 되려다가 그만뒀어요. 医者になるつもりでしたが、 やめました。	친구 생일에 무슨 선물을 사기 로 했어요? 友達の誕生日に何のプレゼントを 買うことにしましたか。

▶未来形

接尾辞 **-ㄹ** は、単純な未来のできごとの他にさまざまな用法に使われますが、ここでは、この接尾辞を未来形の接尾辞と呼ぶことにします。[10]

未来形の接尾辞 -ㄹ は、動詞の語幹の最後につけます。語幹が子音で終わる場合は、ㄹの前に ㅡ を入れ、-을 をつけます。韓国語では、未来の意志・推量を表すのに、未来形の-ㄹを使った次の3つの文末の用法があります。

---

10 未来の意志・推量を表す用法は、もう1つあります。4の活用語尾①の最後にあった接尾辞、-겠です。この接尾辞は、平叙文では、話者の強い意志・確信を表しますが、疑問文で、聞き手の意志や判断を尋ねるときに使えます。また丁寧な表現にするために使ったりもします。例：좋으시겠어요?(いいと思われますか？)

3つの用法の-요体	意味	語幹が母音で終わる場合	語幹が子音で終わる場合	하다動詞
-거예요[11]	推量	내일 비가 올 거예요. 明日雨が降るでしょう。	나중에 먹을 거예요. 後で食べます。	다음 주 시작할 거예요. 来週始まるでしょう。
	推量	민기는 미국에 갈 거예요. ミンギはアメリカへ行くでしょう。	민우는 날 믿을 거예요. ミヌは私を信じるでしょう。	영미는 결혼할 거예요. ヨンミは結婚するでしょう。
	意志	내일 미국에 갈 거예요. 明日アメリカへ行くんです。	고기 안 먹을 거예요. 肉食べないんです。	이혼할 거예요. 離婚するんです。
-래요	意志	그 사람을 만날래요. あの人に会うつもりです。	지금 안 먹을래요. 今食べないんです。	결혼할래요. 結婚するんです。
-게요	意志	제가 사드릴게요. 私が買って差し上げます。	대신 받을게요. 代わりに受け取ります。	전화할게요. 電話します。

これらの平叙文を疑問文にするときは、最初の2つは、文末の上がり調子のイントネーションを使います。

-거예요　　内일 미국 갈 거예요?　　明日アメリカへ行くんですか。
-래요　　　밥 먹을래요?　　　　　　ごはん食べますか。

最後の-게요のしくみは、少し異なります。話者が「〜します」という平叙文を、「〜しましょうか。」という疑問文にするときは、게を**까**にして上がり調子にします。

-게요　　　제가 할**까**요?　　　　私がやりましょうか。　　（提案）
　　　　　같이 갈**까**요?　　　　一緒に行きましょうか。　（提案・勧誘）

-게요を、そのままの形で上がり調子にするときは、要求されたことに対する理由を尋ねる疑問文になり、-려고요?(〜するつもりですか、〜したいんですか、どうして?)と同じ用法になります。

-게요　　　A: 카메라 있으세요?　　　カメラありますか。
　　　　　B: 왜요? 뭐 하게요?　　　　どうして?どうするつもりですか。
　　　　　　 (뭐 하려고요?)

11　もとの形は、-것이다です。-것이다の'ぞんざいな'文体では、-이다の部分が-야となり、全体で-거야となります。

一方で、未来形の接尾辞-ㄹは、決まった名詞や他の接尾辞と結びついた形で、よく使われます。そのような用法についてまとめます。

	語幹の母音で終わる場合	語幹が子音で終わる場合(-으-)	하다動詞
-ㄹ까 생각하다	이사갈까 생각해요. 引っ越しするかどうか考えてます。	이 고기 먹을까 생각해요. この肉を食べるかどうか考えています。	유학할까 생각중이에요. 留学するかどうか考え中です。
-ㄹ까봐	이 사진 보면 떠날까봐. この写真見たら出て行くんじゃないかと思って。	상처 받을까봐? 傷つくんじゃないかと思った？	섭섭해 할까봐 걱정이에요. 悲しむんじゃないかと心配です。
-ㄹ 수 있다/없다	당신을 따라갈 수 있어요. あなたについて行くことができます。	잘 찍을 수 있어요. うまく撮ることができます。	이제 용서할 수 있어요. もう許すことができます。
	그 추억을 아직도 지울 수 없어요. その追憶をいまだに消すことはできません。	당신을 잊을 수 없어요. あなたを忘れることはできません。	이것만은 허락할 수 없어요. これだけは認めることはできません。
-ㄹ 수밖에 없다	나로서는 떠날 수밖에 없어요. 私としては立ち去るしかありません。	안타깝지만 잊을 수밖에 없어요. 残念だけれども忘れるしかありません。	포기할 수밖에 없어요. あきらめるしかありません。
-ㄹ 뻔하다*	사고가 날 뻔했어요. 事故になるところでした。	잘못하면 죽을 뻔했어요. 1つ間違ったら、死ぬところでした。	아침에 늦게 일어나서 지각할 뻔했어요. 朝遅く起きたので、遅刻するところでした。
	(＊この形は、常に過去の意味で使われます。)		
-ㄹ 걸*	빨리 돌아올 걸 그랬어요. 早く戻ってくればよかったです。	조용히 앉아 있을 걸. 静かに座っていればよかった。	거긴 위험할 걸. そこは危険だろう。
	(＊-ㄹ걸のイントネーションのしくみは、PART1の5.4を参照してください)		
-ㄹ 때	술 마실 때 많이 마시면 안 돼요. お酒を飲むとき、たくさん飲んではいけません。	어렸을 때 잃어버렸어요. 小さい頃失ってしまいました。	결정할 때 고민해요. 決定するとき悩みます。
-ㄹ 줄 알다/모르다*	자전거 탈 줄 몰라요. 自転車の乗り方知らないんです	한글을 읽을 줄 알아요. ハングルの読み方知ってます。	수영을 할 줄 알아요. 泳ぎ方を知っています。
	(＊알다'知る'、모르다'知らない'は、変則活用の動詞です。→7の変則活用の表参照)		
-ㄹ지도 모르다	어디서 잃어버릴지도 몰라요. どこかで失くしてしまうかも知れません。	이대로 죽을지도 몰라. このまま死ぬかも知れない。	오해할지도 몰라요. 誤解するかも知れません。

6 連体形

　日本語と同じように、韓国語も、名詞句の前に修飾する節がきますが、その場合、動詞・形容詞などは、それらが文の中で示す「時」によって形が異なります。名詞句を修飾するときの活用語尾を連体形といいます。動詞の場合を見てみましょう。

時制	文章	修飾する節 + 名詞句	連体形の作り方
現在	매일 커피를 마셔요. 毎日コーヒーを飲みます。	매일 **마시는** 커피 毎日飲むコーヒー	語幹の最後が母音 → -는をつける
	매일 밥을 먹어요. 毎日ごはんを食べます。	매일 **먹는** 밥 毎日食べるごはん	語幹の最後が子音 → -는をつける
過去	어제 커피를 마셨어요. 昨日コーヒーを飲みました。	어제 **마신** 커피 昨日飲んだコーヒー	語幹の最後が母音 → -ㄴをつける
	어제 밥을 먹었어요. 昨日ごはんを食べました。	어제 **먹은** 밥 昨日食べたごはん	語幹の最後が子音 → 으を加えた 　-은をつける
回想の過去*	영미가 그 노래를 잘 부르더라. ヨンミがその歌をよく歌ったなあ。	영미가 잘 **부르던** 노래 ヨンミがよく歌った歌	語幹の最後が母音 → -던をつける
	그 아이가 떡을 잘 먹더라. その子はお餅をよく食べたなあ。	그 아이가 잘 **먹던** 떡 その子がよく食べたお餅	語幹の最後が子音 → -던をつける
	*-더は、「回想」の接尾辞です。連体形の形である-던の場合も、話者の「回想」の意味で使われます。		
未来	내일 커피를 마실 거예요. 明日コーヒーを飲みます。	내일 **마실** 커피 明日飲むコーヒー	語幹の最後が母音 → -ㄹをつける
	내일 밥을 먹을 거예요. 明日ごはんを食べます。	내일 **먹을** 밥 明日食べるごはん	語幹の最後が子音 → 으を加えた 　-을をつける

　形容詞、補助動詞の-이다、-있다/-없다(ある/ない)の連体形の場合、未来と回想の過去のしくみは、動詞と同じですが、これらのものについては、動詞の過去の形に対応するものがありません。また、現在の場合、形容詞と補助動詞の-이다は、動詞としくみが異なります。形容詞と補助動詞の-이다の現在の場合、次のようになります。

連体形現在	文章	修飾する節 + 名詞句	連体形の作り方
形容詞	그 사람은 키가 커요. その人は、背が高いです。	키가 **큰** 그 사람 背が高いその人	語幹の最後が母音 → -ㄴをつける
	그 사람은 키가 작아요. その人は、背が低いです。	키가 **작은** 그 사람 背が低いその人	語幹の最後が子音 → 으を加えた 　-은をつける
	NOTE　韓国語では、「背が大きい」、「背が小さい」と表現します。		
補助動詞 -이다	영미는 한국 사람이에요. ヨンミは韓国人です。	한국 사람**인** 영미 韓国人のヨンミ	→ -ㄴをつける

5で紹介した未来形の接尾辞-ㄹを使った例のように、連体形は、決まった名詞と結びついて、さまざまな表現を作ります。例をいくつか見てみましょう。

用法	現在	過去	未来
+것 같다	지금 자는 것 같아요. 今寝てるみたいです。	어젯밤에 잘 잔 것 같아요. 昨日の夜よく寝たみたいです。	앞으로는 잘 잘 것 같아요. これからはよく寝られそうです。
+모양이다	많이 싸우는 모양이에요. 結構喧嘩しているようです。	벌써 만난 모양이에요. もう会ったみたいです。	구름 보니까 비가 올 모양이에요. 雲を見ると雨が降りそうです。
+줄 알다/모르다	와 있는 줄 몰랐어요. 来ていると思いませんでした。	어제 온 줄 알았어요. 昨日来たと思っていました。	그럴 줄 알어. そうだろうと思った。

上の3つの用法は、現在、過去、未来の3つの場合が可能ですが、意味の内容によっては、特定の時制にだけ使われるものがあります。

　　　　過去　-ㄴ 지 되다　　　—　　결혼한 지 얼마나 됐어요?　　　—
　　　　　　　　　　　　　　　　　結婚してどれくらいになりますか。

　　　　過去　-ㄴ 후에/다음에　—　　졸업한 후에 미국에 유학할래요.　—
　　　　　　　　　　　　　　　　　卒業した後、留学します。

　　　　　　　　　　　　　　　　　이 방송 끝난 다음에 그만둘래요.
　　　　　　　　　　　　　　　　　この放送が終わった後、やめます。

最後に、日常会話で大変よく使われる用法で、ここまでの用法に含まれていなかったものをいくつか紹介します。
　まず、日本語の「〜んだけど」という意味に当たる接尾辞-는데を見てみましょ

う。−는데は、(a)話者が状況に対する背景的な情報を述べるとき、(b)頼みごと・提案などの理由を述べるとき、そして、(c)「〜だけれども」という逆接の意味で、使われます。活用のしくみは、形容詞と補助動詞−이다の場合は、連体形の現在の形を使い、動詞と−ㅆ系のもの(−있다/−없다と過去形−ㅆ)の場合は、そのまま語幹を使います。

	(a)背景情報	(b)理由	(c) 逆接
動詞	한국말 배우는데, 어려워요. 韓国語習っているんですが、難しいです。	시간이 없는데, 어서 가요. 時間がないんですが、早く行きましょう。	아깐 좋았는데, 지금은 안 돼요. さっきはよかったんだけれど、今はだめです。
形容詞	사람이 많은데, 아, 어지러워. 人がたくさんいるんだけど、あ、めまいがする。	날씨가 좋은데, 걸어가자. 天気がいいんだし、歩いて行こう。	걔 예쁜데, 성격이 좀…. 彼女、綺麗なんだけれど、性格がちょっと。
補助動詞	저 의산데, 도울 것 없어요? 僕医者なんだけど、お手伝いできることないですか。	별거 아닌데, 미안할 거 없어요. 別にたいしたことでないんで悪く思う必要はないです。	학생인데, 부자예요. 学生なんだけど、お金持ちです。

ここで紹介した−는데、そして、4の活用語尾③のところにあった−니까(〜ので)の用法にさらに、接尾辞−테を加えると、話者の強い確信の意味が加わります。接尾辞−ㄹ(時制不定)をつなぎに使います。

	語幹の母音で終わる場合	語幹が子音で終わる場合	하다動詞
−ㄹ텐데	오후에 비가 올 텐데, 어떻게 해야 돼요? 午後雨が降るはずなんだけど、どうしたらいいかしら?	더 잘 할 수 있었을 텐데. もっとうまくできたはずなのに。	안 가면 걱정할 텐데. 行かないと心配するのに。
	*−ㄹ텐데は、「〜はずだ、〜はずだった」というように、話者が考える、これから起こるであろう、あるいは、起こったであろう状況を表します。		
−ㄹ테니까	금방 싸질 테니까 좀 기다려요. もうすぐ安くなるからちょっと待ってください。	오빠가 여기 있을 테니까 푹 자. 兄さんがここにいるからぐっすり寝て。	내가 다 해결할 테니까 걱정 안 해도 돼. 僕がぜんぶ解決するから心配しなくてもいいよ。
	*−ㄹ테니까は、理由や、理由とその結果とのつながりについて、話者が強い確信をもとに述べるときに使います。		

もう1つの文末表現は、「理由・根拠」を表す**−거든**です。−거든は、理由を述べる状況を聞き手がわかっている場合に使います。語幹に直接つけて使われ、丁寧な文体では、−요をつけます。

韓国語文法のまとめ **281**

1. A：민기오빠, 오늘 나랑 점심 먹자.　　ミンギ兄ちゃん、今日私とお昼ごはん食べよう。
   B：왜?　　なんで？
   A：오늘 수업이 없거든.　　今日授業がないの。
   B：난 있는데.　　僕はあるんだけど。

2. A：프랑스 영화 좋아하세요?　　フランス映画はお好きですか。
   B：네, 어렸을 때부터 우리 아버지를 따라가서 많이 봤거든요.　　ええ、小さい頃から父のあとをついて行ってよく見たものですから。

3. A：당신 요즘에 피부가 좋아 보이는데.　　お前、最近肌が綺麗に見えるんだけど。
   B：정말? 피부과 다니고 있거든요. 근데, 그 선생님 키도 크고 정말 멋있든데.　　本当？皮膚科に通ってるのよ。それで、そこの先生、背も高くて本当に素敵なんだけど。
   A：그게 무슨 관곈데?　　それ、何の関係があるの？

7　受身と使役

　日本語の「〜れる、られる(受身)」、「〜させる(使役)」に対応する韓国語の表現は、いくつかあります。しかし、動詞の活用に限っていうと、ほとんどすべての他動詞が受身・使役の活用ができる日本語に対して、韓国語の場合、動詞の活用で作られるものは限られています。[12] ここでは、よく使われるもののみ、紹介します。

▶受身

　受身の形は、動詞の語幹に、−이、−히、−리、−기のうちのどれかをつけて作ります。受身の形を作れる動詞は限られていますが、4つのうちのどれをつけるかは、1つ1つ覚えていくしかありません。受身の形でもよく使う動詞を、以下にまとめます。最初は、例文とともに「−요体」で覚えるようにしましょう。

---

[12] Cho et al.(2001a: 233-5), Cho et al.(2001b: 193-4)

受身の接尾辞	動詞	例文	受身の辞書形	例文
-이	보다	하늘의 별을 봐요. 空の星を見ます。	보이다	하늘에 별이 보여요. 空に星が見えます。
	쓰다	이 꽃 결혼식에 쓸 거예요? この花を結婚式で使いますか。	쓰이다	이 꽃은 결혼식에 잘 쓰여요. この花は、結婚式でよく使われます。
	치다	앞 차가 아이를 쳤어요. 前の車が子供を轢きました。	치이다	앞 차에 아이가 치였어요. 前の車に子供が轢かれました。
-히	닫다	문 좀 닫아 주세요. ドアをちょっと閉めてください。	닫히다	매일 이 시간에 문이 닫혀요. 毎日この時間に門が閉まります。
	막다	교통정체가 길을 막아요. 交通渋滞が道をふさぎます。	막히다	차가 많아서 길이 막혀요. 車が多くて、道がふさがります。
	잡다	경찰이 도둑을 잡았어요. 警察がどろぼうを捕まえました。	잡히다	도둑이 경찰한테 잡혔어요. どろぼうが警察に捕まりました。
-리	듣다	라디오 자주 들어요? ラジオよく聴きますか。	들리다	우리 라디오가 잘 안 들려요. うちのラジオがよく聞こえません。
	열다	이 가게 언제 열어요? この店、いつ開けますか。	열리다	이 가게는 주말에 열려요. この店は、週末に開きます。
	팔다	요새 집 많이 팔아요. 最近、家をたくさん売ります。	팔리다	요새는 집이 잘 안 팔려요. 最近は、家がよく売れません。
-기	뺏다	오빠가 돈을 뺏었어요. 兄さんがお金を取りました。	뺏기다	오빠한테 돈을 뺏겼어요. 兄さんにお金を取られました。
	안다	아들을 좀 안아줘요. 息子をちょっと抱いてあげてください。	안기다	아빠한테 아들이 안겨요. お父さんに息子が抱かれます。
	쫓다	형사가 용의자를 쫓아요. 刑事が容疑者を追います。	쫓기다	형사한테 용의자가 쫓겨요. 刑事に容疑者が追われます。

▶使役

使役の接尾辞は、受身の接尾辞とよく似ているのですが、-이、-히、-리、-기、-우、-구、-추のうち、よく使う最初の5つについてまとめておきます。受身の場合と同じように、どの接尾辞を使うかは、1つ1つ覚えていかなくてはなりません。使役の場合も、「-요体」をもとに、活用した形で少しずつ覚えていきましょう。

使役の接尾辞	動詞	例文	使役の辞書形	例文
-이	먹다	아이가 우유를 먹어요. こどもが牛乳を飲みます。	먹이다	아이한테 우유를 먹여요. こどもに牛乳を飲ませます。
	죽다	사람이 죽어요. 人が死にます。	죽이다	사람을 죽여요. 人を殺します。
	끓다	물이 끓고 있어요. 水が沸いています。	끓이다	라면을 끓여요. ラーメンを沸かします(作ります)。
-히	입다	아이가 옷을 입어요. こどもが服を着ます。	입히다	아이한테 옷을 입혀요. こどもに服を着せます。
	눕다	환자가 침대에 누워요. 患者がベッドに横たわります。	눕히다	환자를 침대에 눕혀요. 患者をベッドに横たわらせます。
	앉다	여자친구가 의자에 앉아요. 彼女がいすに座ります。	앉히다	여자친구를 의자에 앉혀요. 彼女をいすに座らせます。
-리	울다	동생이 울어요. 妹が泣きます。	울리다	동생을 울려요. 妹を泣かせます。
	살다	그 사람은 살아 있어요. その人は生きています。	살리다	그 사람을 살려 주세요. その人を生かしてください。
	알다	나는 사실을 알아요. 私が事実を知っています。	알리다	그 사실을 알려 주세요. その事実を教えてください。
-기	벗다	아이가 옷을 벗어요. こどもが服を脱ぎます。	벗기다	아이의 옷을 벗겨요. こどもの服を脱がせます。
	웃다	좀 웃어봐요. ちょっと笑ってみてください。	웃기다	오빠가 나를 웃겨요. 兄さんが私を笑わせます。
	신다	은수가 신발을 신어요. ウンスが靴を履きます。	신기다	영미가 은수한테 신발을 신겨요. ヨンミがウンスに靴を履かせます。
-우	깨다	아침에 일찍 깨야 돼요. 朝早く起きなくてはなりません。	깨우다	나를 깨워 주세요. 私を起こしてください。

	자다	아이가 자요. こどもが寝ます。		재우다	아이를 재워 줘요. こどもを寝かせてください。
	타다	생선이 타요. 魚が焼けます。		태우다	생선을 태워요. 魚を焦がします。

8 変則活用のまとめ

　日本語の場合、「する」、「来る」のように不規則活用をする動詞は、数が限られていますが、韓国語の場合、変則的な活用の種類が多く、また、それぞれの変則活用にあてはまる動詞・形容詞も少なくありません。韓国語の7つの変則活用について表(p.286~287)にまとめます。[13]

引用文献

Cho, Young-Mee, Hyo Sang Lee, Carol Schulz, Ho-Min Sohn, & Sung-Ock Sohn. 2000. *Integrated Korean, Beginning 1*. University of Hawai'i Press.

Cho, Young-Mee, Hyo Sang Lee, Carol Schulz, Ho-Min Sohn, & Sung-Ock Sohn. 2001a. *Integrated Korean, Intermediate 1*. University of Hawai'i Press.

–––. 2001b. *Integrated Korean, Intermediate 2*. University of Hawai'i Press.

---

[13] Cho et al.(2000: 274-281)を参考にしています。

● 変則活用表 ●

	-ㄷ	-ㄹ	-ㅂ
例：辞書形		形容詞： 멀다 遠い 길다 長い 달다 甘い	形容詞： 춥다 寒い　덥다 暑い 쉽다 易しい 어렵다 難しい 반갑다 (会えて)嬉しい 즐겁다 楽しい
	動詞： 듣다 聞く 걷다 歩く 묻다 尋ねる	動詞： 알다 知る　살다 生きる 놀다 遊ぶ　열다 開ける 돌다 回る　만들다 作る 팔다 売る　들다 持つ	動詞： 돕다 助ける、手伝う

活用語尾

活用語尾	-ㄷ	-ㄹ	-ㅂ
-ㅂ니다/-습니다	듣습니다	멉니다 압니다	춥습니다 돕습니다
-고　活用語尾① 語幹	듣고	멀고 알고	춥고 돕고
-서　活用語尾② -요体	들어서	멀어서 알아서	추워서 도와서
-면　活用語尾③ 語幹/-으-	들으면	멀면 알면	추우면 도우면
-세요　(-십니다の-요体)　活用語尾③ 語幹/-으-	들으세요	머세요 아세요	추우세요 도우세요
連体形　現在	듣는	먼 아는	추운 돕는
過去	들은	― 안	― 도운
未来	들을	멀 알	추울 도울
-ㄴ데 / -는데　現在	듣는데	먼데 아는데	추운데 돕는데
-ㅆ는데　過去	들었는데	멀었는데 알았는데	추웠는데 도왔는데

● 変則活用表 ●

活用語尾	-ㅅ	-ㅎ	-으	-르
例：辞書形	形容詞： 낫다 よりよい	形容詞： 그렇다 そうだ 이렇다 こうだ 저렇다 ああだ 빨갛다 赤い 노랗다 黄色い 파랗다 青い 하얗다 白い	形容詞： 바쁘다 忙しい 예쁘다 綺麗だ 아프다 痛い 나쁘다 悪い 크다 大きい	形容詞： 다르다 異なる 빠르다 速い
	動詞： 짓다 建てる 낫다 治る		動詞： 쓰다 書く	動詞： 부르다 呼ぶ 모르다 知らない
-ㅂ니다/-습니다	낫습니다 짓습니다	그렇습니다	바쁩니다 씁니다	다릅니다 부릅니다
-고	낫고 짓고	그렇고	바쁘고 쓰고	다르고 부르고
-서	나아서 지어서	그래서	바빠서 써서	달라서 불러서
-면	나으면 지으면	그러면	바쁘면 쓰면	다르면 부르면
-세요	나으세요 지으세요	그러세요	바쁘세요 쓰세요	다르세요 모르세요
連体形　現在	나은 짓는 *낫는	그런	바쁜 쓰는	다른 부르는
過去	― 지은	―	― 쓴	― 부른
未来	나을 지을	그럴	바쁠 쓸	다를 부를
-ㄴ데 -는데	나은데 짓는데*낫는데	그런데	바쁜데 쓰는데	다른데 부르는데
-ㅆ는데	나았는데 지었는데	그랬는데	바빴는데 썼는데	달랐는데 불렀는데

PART1の索引

アクセント　114
アクセント句　115
息を開放しない発音　26-27, 32-33, 38-39, 43-44, 48-50, 54, 66, 68, 82-83, 87-88, 91
息を全く出さないまま発音(→息を開放しない発音)
意味のまとまり　148-149
音の大きさ　113-115
音の高さ(→ピッチ)
音の長さ　113-115
音節の再音節化　6-7
音素　68
疑問文　119-125, 129-131
　　疑問詞の疑問文　119-125
　　「はい/いいえ」で答える疑問文　119-125
強勢(→音の大きさ)
緊張音　22, 24-26, 30, 34, 36, 39, 41, 47, 97-103, 104, 117, 126
緊張音化　20, 22, 24-26, 37, 42, 97-103, 110-111, 122-123
　　規則的な場合　97-99
　　1つ1つ覚えなくてはならない緊張音化　99
激音　24
合成母音　12-15, 93, 97
　　'y'合成母音　12-14, 93, 97, 106
　　'w'合成母音　14-15
合成母音の弱音化　70-71
語根　95-96
子音　20ff.

ㅍ　23-29, 107, 109
ㅂ　23-29
ㅃ　23-29
ㅌ　30-35, 108, 109
ㄷ　30-35
ㄸ　30-35
ㅋ　36-40, 107, 109
ㄱ　36-40
ㄲ　36-40
ㅊ　41-46, 108-109
ㅈ　41-46
ㅉ　41-46
ㅅ　47-52
ㅆ　47-51
ㅎ　53-54
ㅁ　55-57
ㄴ　55-57
ㅇ　55-56
ㄹ　57-59
子音の弱音化　107-109
　　ㅍの弱音化　107
　　ㅋの弱音化　107
　　ㅌの弱音化　108
　　ㅊの弱音化　108
子音の連音化　6-7, 64-65, 80
接尾辞　22-23, 27, 33, 38, 43, 49, 73, 99-100, 106, 108-111
単語　22
　　複合語　23, 32, 43, 49, 95-96, 105
短縮形　72-76
　　ㅗ+ㅜ→ㅘ　72
　　ㅣ+母音ㅓ(接尾辞)→ㅕ　73

를(〜を)と는(〜は)の短縮　73-74
-이다(〜だ)の短縮形　74-75
よく使われる短縮形の単語　75
同じ母音が続いたときの短縮　75-76
単母音　9-13, 17
　ㅣ　9
　ㅡ　9
　ㅜ　10
　ㅔ　10-11
　ㅐ　10-11
　ㅗ　11
　ㅓ　11
　ㅏ　12
綴り　5-6
長めのㄴ, ㅁ　57
濃音　24
発音変化　63ff.
パッチム　26
ハングル文字　5-6
半母音　12, 70-71
鼻音化　86-90, 103-105
　ㅁとㄴの前で起こる鼻音化　87-88
　ㅁとㄹ以外の子音の後で起こるㄹの鼻音化　88-90
ピッチ　115-118
　ピッチ・フレーズ　115-126
フォーカス　118-125
平音　24
平叙文　122, 127-128
母音　8ff.

無気音　24, 27, 30, 36, 40, 41, 46, 47, 62, 68-69, 82, 88, 98-99, 102-103, 107, 122
無声音　21, 24, 27-31, 33-34, 36, 38-40, 44, 47, 65, 68-69
有気音　24, 27, 30, 34, 36, 39-40, 41, 46, 107-108, 117, 126
有気音化　20-21, 24-25, 28, 31, 33, 37, 42, 81-83, 106
有声音　21, 27-28, 31, 33-34, 39-40, 44-45, 54, 62, 65, 68-69, 100-101, 103, 107, 123
有声音化　20-21, 24-25, 28, 30-31, 34, 36-37, 39-40, 42, 44-45, 65-69, 103, 110-111, 122-124
リズムとイントネーション　113ff.
　文末のイントネーションと話者の意図・感情表現　131-146
流音化　84
練習問題　4-5, 157ff.
'sh'のような発音のㅅ　48
ㅓのように発音されるㅗ　76
ㅜのように発音されるㅗ　77
ㅎの弱音化　80-81, 122
ㄹのように発音されるㄴ　84-86
ㅁかㅇのように発音されるㄴ　91-92
ㄴを加える発音　93-97, 105
ㅅの挿入　104-105
ㅈのように発音されるㄷ　106-107
ㅊのように発音されるㅌ　106-107

練習問題の索引
(＊問題の見出しによる索引。括弧の中は開始のページ番号)

母音

ㅡ	母音1(159)
ㅜ	母音1(159), 母音4(163)
ㅔ	母音2(160)
ㅐ	母音2(160)
ㅓ	母音3(161), 母音5(164)
ㅗ	母音3(161), 母音4(163)
ㅏ	母音5(164)
ㅑ	母音6(165)
ㅒ	母音6(165)
ㅕ	母音6(165)
ㅖ	母音6(165)
ㅛ	母音6(165)
ㅠ	母音6(165)
ㅢ	母音7(166)
ㅟ	母音8(168)
ㅚ	母音8(168)
ㅙ	母音8(168)
ㅞ	母音8(168)
ㅘ	母音8(168)
ㅝ	母音8(168)

子音

ㅂ	子音1(170), 子音2(171), 子音3(172), 子音4(174)
ㅍ	子音2(171), 子音4(174)
ㅃ	子音3(172), 子音4(174)
ㄷ	子音5(177), 子音6(178), 子音7(180), 子音8(182)
ㅌ	子音6(178), 子音8(182)
ㄸ	子音7(180), 子音8(182)
ㄱ	子音9(185), 子音10(186), 子音11(187), 子音12(189)

ㅋ	子音10(186), 子音12(189)
ㄲ	子音11(187), 子音12(189)
ㅈ	子音13(192), 子音14(193), 子音15(194), 子音16(196)
ㅊ	子音14(193), 子音16(196)
ㅉ	子音15(194), 子音16(196)
ㅅ	子音17(199)
ㅆ	子音17(199)
ㅎ	子音18(202)
ㅁ	子音19(205)
ㄴ	子音19(205)
ㅇ	子音19(205)
ㄹ	子音20(206)

● 発音変化

子音の連音化	発音変化1(209)
有声音化	発音変化2(210)
合成母音の弱音化	発音変化3(212)
短縮形	発音変化4(213)
ㅜのように発音されるㅗ	発音変化5(213)
ㅎの弱音化	発音変化6(215)
有気音化	発音変化7(216)
ㄹのように発音されるㄴ	発音変化8(217)
鼻音化	発音変化9(219)
ㅁ,ㅇのように発音されるㄴ	発音変化10(224)
ㄴの追加	発音変化11(225)
緊張音化	発音変化12(227)
ㅅの挿入	発音変化13(232)
ㄷ,ㅌの発音変化	発音変化14(233)
子音の弱音化	発音変化15(234)

● リズムとイントネーション

高さ、大きさ、長さ	リズムとイントネーション1(236)
さらに音の高さについて	リズムとイントネーション2(236)
文末のイントネーション	リズムとイントネーション3(241)
文末のイントネーションと話者の意図・感情表現	リズムとイントネーション4(243)
意味のまとまりと発音	リズムとイントネーション5(256)

著者略歴

▶ **Choo Miho（秋美鎬）**

ハワイ大学言語学博士。テキサス大学オースティン校で8年間韓国語を教える。韓国語に関する著書に、The Handbook of Korean Vocabulary（ハワイ大学出版、William O'Gradyと共著）, Using Korean（ケンブリッジ大学出版, Hye-Young Kwakと共著）がある。

▶ **William O'Grady**

シカゴ大学言語学博士。ハワイ大学言語学部教授，言語習得，文法・統語論，韓国語の分野で著名な言語学者。
Principles of Grammar and Learning（シカゴ大学出版）, Categories and Case: The Sentence Structure of Korean（ジョン・ベンジャミン出版）, How Children Learn Language（ケンブリッジ大学出版）など著書多数。

▶ **山下佳江**

ハワイ大学言語学博士。明治大学経営学部教授、研究分野は、日本語・英語・韓国語の比較・対照における母語および第2言語習得。

韓国語発音ガイド ―理論と実践―

2008年 9月 10日　初版発行

著　者　秋美鎬・William O'Grady・山下佳江
発行者　佐藤康夫
発行所　白　帝　社
　　　　〒171-0014　東京都豊島区池袋2-65-1
　　　　TEL 03-3986-3271　FAX 03-3986-3272
　　　　E-mail info@hakuteisha.co.jp　http://www.hakuteisha.co.jp

組版　冊佳房　　印刷　平河工業社　　製本　若林製本所

Printed in Japan　　　　　　　　　　　ISBN 978-4-89174-887-6